福祉国家再生への挑戦
―― 国家・社会・個人のベスト・ミックス ――

眞 鍋 貞 樹
竹 本 善 次　著
岩 佐 充 則

中央大学出版部

序

　福祉国家は近代における理想的な国家像の一つだった。人びとが自由に生を営み，万一不幸にして経済的困窮や社会的に不当で差別的な扱いを受けたときには，彼らを国家の名のもとで救い，そして再び幸福な生活を営めるように，国家の名のもとで援助を行うような「温かな」国家の構想であった。それは，近代の到来とともに現れた産業社会，資本主義社会，自由主義社会の持つ様々なレベルでの「冷たい」社会の実態を，国家が補正しようとするものであったと言えよう。
　もちろん，この福祉国家の構想が近代から順風満帆に進められてきたわけではない。とりわけ福祉国家の構想は国家建設を巡る一つのイデオロギーであったために，国家そのものへ批判的なイデオロギーとの抗争は強いものがあった。しかし，そのイデオロギー間の抗争は収斂を迎え，今日に至っては福祉政策についての論争は存在するものの，福祉国家そのものの重要性について否定的な論議はない。
　ところが，日本のみならず先進各国で，今日の福祉国家の構想は危機的な状況を迎えているといっても過言ではない。その危機の語られ方は，主に少子・高齢社会の到来，中央・地方政府を問わず財政的赤字が蔓延化という経済・財政面から由来する。また，そうした経済・財政面からの危機の他にも，人びとが福祉政策に依存してそこから抜け出す努力を怠ってしまうような状況も，人間の自立的な生の営みを破壊し，社会の活力を削いでしまうことから福祉国家の危機と捉えられるときもある。一般的に福祉国家の危機とは，福祉政策の拡大による財政負担の増大，過剰な福祉サービス，個人の税負担の増加，個人の活力の阻害，経済の沈滞といった現状であり，かつては「英国病」と呼ばれ，現在では「先進国病」と呼ばれるものとほぼ同様なものと認識されている。
　日本に再び目を転じると，さらに深刻な現状を目の当たりにする。世界の先

進国の中でも最も急激な少子・高齢社会への転換，伸びつづける医療費・介護費の増大，慢性的に不足する高齢者介護施設，健康保険税・料の負担の増大，将来社会へのビジョンの欠如など，福祉政策に関わる面で明るい材料は存在しない。こうした日本の福祉国家の状況は，かつて我われが理想としていた福祉国家建設に至るまでのイバラの道なのだろうか，それとも福祉国家の失敗への道なのだろうか。

　日本においては，近代以降，福祉政策は国家の手によるものではなく，貧民対策的に社会的に福祉諸政策が始められた。そして，第二次世界大戦後から本格的に西欧型福祉国家を理想モデルとして福祉国家の建設を歩み始めた。西欧諸国とは異なり，そのほとんどの時期を保守主義政党が政権を担当するという政治状況の中で，幾多の変遷がありつつも，国民皆保険・皆年金を基盤として，生活保護，医療制度，健康施策，介護保険制度，雇用保険制度など，多くの福祉政策を多元的に重層的に（ある意味では積み木を積み重ねるように）構築してきた。福祉が社会的なものから国家的なプロジェクトとして始められた時が「福祉元年」と呼ばれ，その理想的な福祉国家の構想は人びとに今日の安心の確保と明日への不安の除去に大きく貢献するはずであった。しかし，その多元的に重層的に構築されてきた制度が，今日重大な危機に直面しているのである。それは，2003年現在で，長引く経済不況の下でデフレ・スパイラルになっているにもかかわらず，医療費とその負担だけが伸び続けていることに端的に象徴される。福祉諸制度がかつてないほどまでに充実してきているにもかかわらず，我われの実感として，また実態として明日への不安が解消され，今日の平穏が満たされていることはない。こうした現状は，果たして我われが理想としてきた福祉国家の本来のあり方なのであろうか。

　我われの福祉国家の構想は誤っていたのであろうか，それともその構想は正しくともその方法論に誤りがあったのだろうか，もっと異なる福祉国家の構想が存在するのだろうか。さらには，時代の変遷によって生じた新しい課題に応えることができなくなっているのだろうか。本書は，こうした福祉国家が抱えている非常に根源的で重要な問いかけに対して，我われなりの解答を見出した

い，という思いから書かれたものである。

　第1章は，眞鍋貞樹が担当し，近代以降の福祉国家の構想が危機的な状況になっているその原因と，克復への道筋について概念的な回答を示した。第2章は，竹本善次が担当し，具体的な制度論から福祉国家の構想の見直しを提起した。そして，第3章は，岩佐充則が担当し，経済的・財政的な側面から，福祉国家の構想の見直しを提起した。

　我われは，数回の打ち合わせ，発表と議論を重ねて執筆を進めた。三人に共通な点は福祉国家の重要性を認識しつつ，福祉国家の構想の危機的な状況に対して，我われなりの視点を提供したいという姿勢である。もとより，竹本善次を除いて，福祉の専門外からのアプローチである。敢えてその危ない橋を渡ろうとしたのは，福祉国家が抱えている問題を解決していくためには，様々な立場から異なるアプローチをし，新しい視点と議論を提供していくことが重要である，という認識を持っているが故である。本書が今日の福祉国家の危機を回避していくための，議論の一助になれば望外の喜びである。

2003年3月

目　次

序

第1章　福祉国家の危機
——資源再配分型福祉国家の限界とその克復——

はじめに ……………………………………………………………… 1
1．福祉国家の定義と重要性………………………………………… 4
　(1)　福祉国家の定義　4
　(2)　福祉国家の重要性　7
　(3)　小　括　9
2．福祉国家の危機 ………………………………………………… 10
　(1)　1970年代まで…財政的破綻による福祉国家の危機　11
　(2)　1980年代…福祉国家の失敗　13
　(3)　1990年代…新自由主義的福祉国家への批判　14
　(4)　日本における福祉国家の形成　15
　(5)　福祉国家のヘゲモニーの危機　17
3．資源再配分型福祉国家の危機の現れ ………………………… 19
　(1)　官僚の自律的決定　19
　(2)　パターナリズム…個人の国家への依存　20
　(3)　クライエンタリズム(顧客主義)…「市民」から「受給者」へ　22
　(4)　テクノクラシー的資源再配分　23
4．テクノクラシー的福祉国家 …………………………………… 26
　(1)　テクノクラシー　26
　(2)　現実的背景　28
　(3)　思想的背景　29

- (4) 功利主義と福祉国家　31
- (5) 産業社会の進展と福祉国家　34
- (6) 情報化社会と福祉国家　35

5. テクノクラシーによる民主的政策決定の喪失 …………………… 37
- (1) 人びとの政策決定過程からの排除（断層：その1）　38
- (2) 政府の政策決定と市民の自律的決定（断層：その2）　40

6. 福祉国家の危機回避——2つの断層の埋め込み ………………… 42
- (1) 福祉国家のヘゲモニーの転換＝「ガバナンス」の意義の再考　43
- (2) 福祉国家の思想的転換　45
- (3) 新しい福祉国家の構想——個人，社会，国家の連携　47

終わりに ………………………………………………………………… 59

第2章　福祉政策と福祉ミックス

はじめに ………………………………………………………………… 71

1. 福祉ミックスと基準 …………………………………………………… 72
- (1) リスクとミックス　72
- (2) 日本の現行制度と福祉ミックス　81
- (3) 国民負担率とミックスの基準　86

2. 老後の所得保障と福祉ミックス …………………………………… 93
- (1) はじめに　93
- (2) 日本の年金制度の体系　95
- (3) 年金制度の役割と給付水準の設計　100
- (4) 福祉ミックスと公的年金の給付水準　113

3. 医療・社会福祉政策と福祉ミックス ……………………………… 123
- (1) はじめに　123
- (2) 福祉政策の全体像　124

(3)　福祉ミックスと医療政策　127
　(4)　社会福祉政策と福祉ミックス　132
　(5)　医療と福祉——協調と競争あるいは公正と効率　140

第3章　新時代に向けた福祉国家財政について

はじめに……………………………………………………………… 153
1．人口高齢化，福祉の重圧に直面する先進諸国の財政………… 154
　(1)　人口高齢化に対応したOECDの提言　154
　(2)　「活力ある高齢化」を目指す先進諸国の取り組み　156
　(3)　財政出動から構造改革へのシフト　158
　(4)　高齢化が進展する国ほど経済は減速の傾向　160
　(5)　先進諸国に政策転換をもたらした4つの要因　161
　(6)　福祉国家における「効率性」と「不平等」のトレードオフ　162
2．レーガン，サッチャー改革と福祉国家再構築との関係……… 165
　(1)　レーガン，サッチャー改革の多面的解釈　165
　(2)　需要サイドからの脱却を図った英米政権　165
　(3)　レーガン，サッチャー改革を部分的に受け継いだ日本　167
　(4)　レーガン，サッチャー改革を「イズム」としてとらえる見方　168
　(5)　レーガン，サッチャー改革を先進諸国の共通課題への取り組みの中でとらえる見方　171
　(6)　レーガン，サッチャー改革を特定の先進国が辿るべき通過点とする見方　175
　(7)　サッチャー改革の基礎を引き継いだ英労働党政権　177
　(8)　中道志向を貫いたクリントン政権　180
3．日本財政に特有の諸問題………………………………………… 182
　(1)　財政規律確保に本気で取り組まなかった日本政府　182

(2)　フロー，ストック両面で最悪の財政事情　184
　(3)　日本のみ財政再建路線が挫折　185
　(4)　効果なき大型景気対策の乱発　188
　(5)　世界にも類を見ない少子高齢化の進展　190
　(6)　社会保障費の増大　190
　(7)　経済・財政への悪影響　191
　(8)　世代間の不公平の拡大　192
　(9)　政策当局固有の問題　193
　(10)　外部団体及び政策の枠組みの問題　196
4．競争力確保，福祉充実を両立させる財政政策の確立 ………… 199
　(1)　裁量的財政政策に終止符を　199
　(2)　「財政再建か経済再建か」の二分論からの脱却を　201
　(3)　産業擁護の福祉政策と本来の福祉政策との峻別を　203
　(4)　「レーガン，サッチャー改革」と「第三の道」の同時達成を　207
　(5)　「福祉ミックス論」は重要だが，国家軽視論は非現実的　210
　(6)　「モラルハザード防止」「国民のやる気を引き出すこと」にも
　　　重点を　214
　小　　　結 ……………………………………………………………… 218

第1章　福祉国家の危機
――資源再配分型福祉国家の限界とその克復――

はじめに

　日本のみならず今日の先進諸国における福祉国家の構想は危機的な状況を迎えているといっても過言ではない。先進諸国では1940年代からすでに福祉国家の限界についての議論がF. A. ハイエク[1]を起点として展開されていた[2]。それは端的に述べれば、「社会」保障が「国家」保障へと転化してきたことに由来する。今日の福祉国家は、ハイエクが提示した国家による介入か市場への信任かという選択的論議によって示されていた段階よりもさらに事態は悪化し、国家による保障制度はもはや危機とも言える段階に至っている。その危機とは1970年代から始まった、少子・高齢化社会の到来による負担と給付のアンバランスから派生し、21世紀の前半には財政的に破綻することが確実になっている現実である。また、人びとが年金制度の存続を前提とした人生設計をするなど、自己の生活全般を福祉国家に従属している観念的な状態を意味する時もある。それらは既に多くの論者たちが批判的に検討を加え、その解決を模索してきているものである。

　本章では、以上の福祉国家の危機への観点とは異なり、現在の福祉国家の構想においては、さらに深く根本的な問題を抱えているという点を指摘したい。それは、国家が占有する資源を再配分する手法から発生する福祉国家（資源再配分型福祉国家）の危機である。つまり、前述の財政的あるいは観念的な危機的状態とは異なり、福祉政策決定を人びとの集合的な討議によるのではなく、専門家に依拠するテクノクラシー的状況に陥っていることから生まれる危機で

ある。

　福祉国家の構想は啓蒙思想家たちを起点とした人権思想によって始まり，伝統的リベラリズム，功利主義そして後に興隆した社会主義（共産主義とは異なる）と接合することによって誕生したものと言える[3]。それは，国家に集められた資源を公平・公正に再配分することによって自由で平等な社会を建設しようとするものであった。しかし，国民国家の成長と共に，その資源再配分の構想そのものが官僚や専門家に委ねられることに至った。専門家たちは福祉政策を目的合理的に完結しようとするため，専門的知識を持たない普通の人びとが政策決定過程から排除される構造が作りだされたのであった。

　このように，今日，福祉国家が行き詰まっている原因のひとつに，福祉諸制度が複雑で巨大になりすぎ，専門家集団（専門家，官僚，政治家による政策決定集団）[4]によって目的合理的に福祉に関わる資源配分が全て数値化されて制御されていることが考えられる。すなわちヨハノ・シュトラッサーの指摘のように「従来，家族，家庭，あるいは近隣などで提供されてきたサービスが，徹底的に専門職業化され，貨幣（経済）化されてしまった」[5]のである。技術的に資源再配分を決定する福祉国家においては，専門的知識や技術を持たない普通の人びとはその資源配分的な政策決定過程から排除されてしまう。その結果，理想とする福祉国家とは異なる状況がいくつか発生してきた。その1つは，政策決定の煩わしさを専門家集団に委任することとなるが，それに慣れることによって，人びとは福祉サービスの顧客（クライアント）として扱われることである。そして2つには，高度にそして技術的に専門化された福祉国家においては，普通の人びとは専門的知識や技術を持たないために福祉制度に依存するか（パターナリズム），もしくは従属してしまうことである。現行の高度で複雑な福祉制度のもとで，人びとの自立性，自律性あるいは自主性が損なわれる結果になっている。こうした傾向は，超高齢化社会の到来による財政的な危機に対する警告の影に隠れてしまっているが，福祉国家が持つ本質的なジレンマによるものであり，このジレンマからの脱却を検討しない限り，根本的な福祉国家の危機回避は困難である。

こうした資源再配分的な福祉国家が陥った危機の根本的な原因を探っていくことは，その危機を回避する上で不可欠な作業であろう。そこで，本章では，最初に資源再配分型福祉国家の危機を概観する。続いて，資源再配分型福祉国家が危機に陥ったプロセスにテクノクラシーが介在することに至った経過と思想的な背景を分析する。そして，テクノクラシーに陥った資源再配分型福祉国家から脱却していくためにはどのような福祉国家の構想が必要なのかを示してみたい。

　もとより本章は，国家が実行する公共政策が資源再配分的機能を持ち，その国家機構の持つ配分機能の効率性や有効性を希求することを否定するものではない。むしろ必要だという認識を持つ。また，人びとの集合的な意思決定のみを重視し，議会制度という公共的な政策決定過程の重要性を否定するものでもない。そして，福祉政策を実際に実施していく時に，福祉の専門家や技術者が持つ専門的技術や知識を必要としないというものではない。むしろ，高度な福祉政策を実行していく上では，科学技術は不可欠なものであるとの認識を持っている。つまり，国家が持つ資源の配分機能について，議会，専門家や技術者のみならず人びとが集まって，より民主的な政策決定の方法論を模索しなければ福祉国家の危機を回避できないとする立場である。

　さらに付言すれば，福祉国家が今日危機に直面した原因が資源再配分的機能に基づくテクノクラシーにあるとすれば，その危機回避のためにテクノクラシーに替わって，どのような福祉国家に再構築を図っていくべきかの検討が必要なはずである。科学技術や専門的知識によって人びとの生の営みが拘束される福祉国家ではなく，そうした科学技術や専門的知識を，人間の生の営みの可能性を広げていく道具として使うための方法論を模索することである。

　こうした検討は現行の議会制度や福祉諸制度を根底から否定しているものとの批判と誤解を招くかもしれない。しかし，今日の福祉国家はそうした批判を享受しなくてはならない程に危機的状況に陥ってはいないだろうか。その危機を回避し福祉国家のあるべき方向性を模索したい，それが本章の意図である。

1. 福祉国家の定義と重要性

(1) 福祉国家の定義

　日本において初めて「福祉国家」という概念が国家政策として表舞台に登場したのは，1973年（昭和48年）であり，「福祉元年」と呼ばれている。しかし，今日の福祉国家に内包されている様々な福祉政策的な概念そのものは，明治時代に既に現れていた。それは，1902年の結党直後に解党された社会民主党の28か条の実践綱領に記載されている。すなわち，公的保険制度の確立という政策である。この綱領を執筆した安部磯雄は，1890年代に米国に留学した際に，キリスト教的社会主義に信奉することによって，帰国後，貧民対策などの必要性を訴えたのであった[6]。そして，幾多の変遷を経て，安部磯雄の福祉政策が政党レベルで公式に取り入れられたのは，1960年（昭和35年）の民主社会党（後の民社党）での綱領であり，「福祉国家の建設」という基本主張が盛り込まれたのであった。このように，日本においては福祉国家は，キリスト教的な貧民救済政策を講じていく主体として国家を位置づけることから始まったのであった。

　福祉国家の定義については，古くは英国の社会学者であるティトマスの3類型が一般的である。それは①残余的福祉国家，②制度的福祉国家，③普遍的福祉国家である。①の残余的福祉国家とは，市場で解決できないものについて，残余的にのみ国家が関与しようとするもので，市場を重視したモデルである。そして，最低限の国家介入，民間保険重視，自立・自助やボランティア，NPOの活動を重視するもので，米国がその典型的な例である。②の制度的福祉国家とは，主に職域を対象とした社会保険制度で対応しようとする社会保険モデルである。ドイツやフランスなどの大陸諸国がこれに該当する。そして，③の普遍的福祉国家は，北欧諸国や英国で見られるもので，租税を中心に，全住民を対象として，平等を志向するものである。

　こうした従来の福祉国家のモデルにしたがって福祉国家を定義し，福祉国家

の危機について考察を進めていくことについては，どうしても限界が派生する。なぜなら，いずれも近代以降の制度的な貧民救済的福祉国家を前提としているからである。むしろ，福祉国家とは，貧民救済的なものよりももっと広い近代社会の変容を前提として定義をしていかなくては，現在の社会に現出した福祉国家の抱えている危機を正確に把握することが困難になる。例えば，新自由主義からの，福祉国家は財政的逼迫と経済の停滞を招き，そして参加よりも権利の要求へと人びとを結果的にパターナリズムへと追いやってしまう，という批判がある[7]。また，福祉国家とは国家による「管理社会」をもたらすものであり，人びとの自由を阻害するという批判が1960年代後半に強くあった[8]。それに対して，福祉国家の危機を回避し新しい福祉国家を構想していく立場からは，なぜ，国家は人びとを管理しようとするのか，あるいはどのように人びとが国家に対するパターナリズムに追いやられるのか，というプロセスの分析が必要になるのである。したがって，そうした制度としての福祉国家の持っている限界を示し，そのオルタナティブな姿を構想していくためには，それらとは異なる視点からのアプローチによる定義が必要なのである。

1） 資源再配分型福祉国家

今日の福祉国家とは国家（地方自治体も含めて）のもとで資源（財源，人，物，情報）を集め，それを計画的に再配分することによってサービスを国民に付与するという資源再配分型福祉国家として定義できる。この定義に従えば，上記の3つの類型において②の制度的福祉国家モデル，そして③の普遍的福祉国家モデルに一致した形態であると言えよう。典型的な例が，年金や医療保険として見出せる。加入者は国民の全員を対象とし，税あるいは料金が強制的に徴収される。そして各種のサービスに必要な人的，物的，情報という資源をも国家が集め，具体的なサービスとしての給付も国家の管理のもとで進められていく。さらに，それらの徴収と配給という再配分に関する中・長期的計画も国家の管理のもとで行われるのである。

この社会主義的とも言える合理的システムが機能していかない理由がいくつか考えられる。その第1は，この資源再配分計画には，負担と給付という2つ

の財の流れがあるが，そのアンバランスが存在することにある。負担以上の給付を続けていく限り，財政的には破綻する。破綻を回避するためには，そのバランスを維持すればよい。しかしながら，実際には加入者である国民は，負担を最小限度に求め，給付を最大限に求める。しかも，医療現場などにおいては，個人の負担の限界をはるかに超えるような医療行為が日常的に行われている。その結果，加入者の本人の意思とは関係なく，負担以上の給付が実施されることになる。その典型的な例が老人保健制度といった高齢者医療の現場に見られる。制度としては既に財政破綻を迎えているにもかかわらず，依然として給付し続けなくてはならないシステムになっているのである。

第2に，資源再配分計画が，国民が関与し得ない場所，専門家集団で構成される審議会や協議会において策定され，官僚機構によって実行されていることである。もちろんそうした審議会や協議会，あるいは官僚機構が建前として透明性を持ち説明責任を担っているとは言え，国民が直接計画決定に関与できる範囲は非常に狭い。これらの機関で決定される再配分計画の中身はブラック・ボックス化しており，詳細な中身の検討は官僚に委任されているのである。

第3に，資源再配分計画は，ほとんどが定式化しており，そのシステム自体で自律的に財政計画が決定されているのである。官僚による配分計画の検討も全てが数値化されており，いくつかの変数を盛り込んだ上で数式によって中身が決定されていく。その端的な例が医療保険である。患者にかかる医療給付は点数化されており，患者の数と医療点数の総和によって財政における支出計画が自律的に決定されているのである。つまり，資源再配分型福祉国家においては，その自律的なシステムの働きによって個別の政策決定までも自動化されているのである。

2) 資源再配分型福祉国家の限界

新自由主義からは，こうした硬直化した資源再配分計画の策定に対して，民営化，競争原理，個人の選択といったものの導入によって効率性や有効性を確保しようとの試みがなされたのであった。確かに，社会主義的システムのもとで，硬直化していた資源再配分の流れに，カンフル剤的な効果があったこと

は，英国のサッチャーリズム[9]による改革の事例からも理解し得る。福祉分野において市場主義と競争原理を導入することで，効率的な資源再配分が実践され得るか否かの実験だったと言えよう。しかし，英国のそうしたカンフル剤的な福祉国家再建策は，1997年においてブレア首相が率いる労働党政権の誕生によってさらなる批判的な改革と検討がコミュニタリアニズム（共同体主義）の観点から加えられることになったのである[10]。コミュニタリアニズムの福祉政策は，これまでの国家による資源再配分的な福祉政策を転換させ，コミュニティの再生の中で展開させていくことを基本的な戦略としているのである。

また，今日の医療を巡る問題は，高度な医療技術の開発からもたらされる。従来のように，資源再配分的な保険制度の改革を議論していれば済むようなレベルでは既になくなっている。臓器移植，生体間移植，クローン人間の開発など，神や自然の領域を科学技術の発展に基づく医療が侵し始めているのである。本来的に平等であったはずの人間の死という生命の有限性というものが，科学技術によって崩れさろうとしているのである[11]。

こうした医療や福祉政策は生命倫理的な問題として解決が求められてきているのである。しかし資源再配分的な福祉国家においては，本質的に平等であった人間の生命の有限性というものの平等な「配分」に対して，倫理面からの回答を導きだすことができないのである。なぜなら，国家の名のもとにおいて，個人の生命の有限性を決定していくことに対しては，躊躇せざるを得ないからである。

(2) 福祉国家の重要性

福祉国家はなぜ重要なのであろうか。第二次世界大戦前後から西欧・北欧を中心に広まった福祉国家論は今や姿かたちは異なるものの，世界の国々で唱えられている。その内容には国によって格差もあり政策の重点も異なっている。また資本主義国やかつての共産主義国において政治的制度は異なっても，基本的に国家の指導者が強く大衆に訴える政策が福祉国家論である。なぜこのように福祉国家はイデオロギーとしての強いヘゲモニー[12]を持つに至ったのであろ

うか。

　第1に，福祉国家論は近代以降の産業社会の発展とともに，貧困や差別が発生してきたことに対して，国家の名のもとに人間の尊厳を護るという崇高な理想を全面に掲げてきたイデオロギーであった。そして，それは貧困や差別に喘ぐ人びとを救済する国家政策として幅広く大衆の支持を得てきたのであった。初期の福祉国家論が西欧の社会主義を中心に発生してきたことから，イデオロギー的に左右の両陣営から批判されてきた。にもかかわらず，福祉国家論が今日においても左右のイデオロギーの違いを超えて普遍的な価値を求めるイデオロギーとしての影響力を持っているのは，そうした大衆や諸団体からの支持が存在したからである。そして，福祉国家論は依然として国家が人間の尊厳を護る主体であるという普遍的な価値を具現化しようとするイデオロギーだからである[13]。そして，統治者にとってあるいは時の権力者にとって，その地位を保全するためには大衆や諸団体の支持が不可欠である。そのために，大衆に圧倒的な支持を得た福祉国家論は，左右のイデオロギーの違いを超えて，統治者あるいは権力者が自らの地位を保全するための最大の政策的プロパガンダになったのである[14]。

　第2に，社会から国家への現実的な要請であったことである。第二次大戦後の混乱した社会にあって，労働者のみならず勤労者のほとんどが貧困や差別あるいは病気などの苦しみに喘いでいた。そのために，人道的立場からの支援事業，生活協同組合事業といった初期の民間先行型の福祉政策が徐々に国家の政策として取り入れられてきたのであった[15]。これらを国家の政策として実行していく上では，国家が所有する資源の再配分機能を伴うものになったのである。それは新川敏光が指摘するように「個々人によっては対処しきれない市場経済固有のリスクに対応する施策を国家が日常的に展開する必要があり，それは国家の義務である」[16]としたからである。福祉国家における資源の再配分は目的ではなくあくまでも現実を解決するための手段であった。そして，初期の貧民救済的な福祉の理念から，国民の全般にわたる生活保障へと福祉の理念そのものが発展してきたのであった。

第3に，福祉国家の理念は単なる資金や資材という資源の再配分だけを求める思想から生み出されたのではない。個人の自由や平等あるいは公正，公平，正義，善といったリベラリズム的な諸価値あるいは共同，協働といった社会主義的な価値を基底から国家が保障することにあった。さらにそれらは各個人，地域共同体や民間の諸団体の連帯から成り立つもので，それらを包括的に組織化していくことを国家が担うことにあった。福祉国家においては平等の概念が重要視されるが，それは個人の自由を阻害するのではなく，むしろ人間が自由であるための平等的な最低限の環境を造ることが目的であった。福祉とは何よりも人間の尊厳を護ることを意図したものだったのである。

　人間の尊厳が歴史的にみても経済的，社会的，文化的そして政治的に貶められることがしばしばあった。戦争，暴力，病理，貧困，差別などを原因として人間が人間らしく生活を営めない状況を，共同体あるいは国家が政策として救済措置を講じるようになったのは，つい近代以降からのことである。貧民救済という概念そのものは宗教の始まりとともに芽生えていたものであった。それが国家あるいは共同体としての統治上の政策として「人間の尊厳」が謳われたのは，1215年の「マグナ・カルタ」[17]から始まり，近代のリベラリズムに基づく1776年の「バージニア権利の章典」[18]あるいは1789年の「フランス人権宣言」[19]などによって正当化された。そして社会主義運動によって強力に国家政策として進められた。このように，福祉国家とは，国家そのものが福祉国家であると定義づけ，理想国家として描いてきた伝統的リベラリズム，功利主義，そして社会主義などのイデオロギーが接合して生まれてきたものであった。

(3) 小　　括

　これまで見てきたように，福祉政策が最初から「国家」によって担われるべきものであるとの認識あるいは議論は無かったのであった。もちろん，国家政策の大きな柱として福祉政策が実施されることが求められてきたのであり，福祉政策を国家政策として部分的に担うことが期待されていたのであった。しかしながら，日本において福祉政策を全面的に国家が担うという意味での「福祉

国家」は，1973年の「福祉国家」元年から実質的に始まった。国民皆保険制度の実施という国家政策は，福祉政策を国家が全面的に運営と責任を担うことを宣言したものだったのである。もちろん，それまでの福祉政策が社会政策として国家以外のアクターによって十分に担われていたということではない。生活協同組合運動などを通じた貧民対策など限られたアクターによって部分的に担われていた。にもかかわらず，西欧の先進諸国をモデルとした「福祉国家」構想は，全面的に国家政策として担われていくことが求められたのであった[20]。

前述のように，「福祉国家」の構想が当初では左右のイデオロギー対決の場所となった時期もあった。その時の論争は，福祉国家が資本主義国家の矛盾を妥協調和させてしまう，あるいは労働者を怠惰にしてしまう，という批判であった。ところが今日に至っては，福祉国家が資本主義の矛盾を妥協調和すると批判した日本共産党が最も国家による福祉政策の実施を求め，その改革に抵抗する政治勢力のひとつとなっている。そして，労働者が怠惰になるとの自由民主党からの批判は，今日の経済発展の基盤となった日本の労働者の実態からも的外れであったことが判明する。

しかし，一方で日本を含めて先進諸国において福祉政策を全面的に国家が担うことの限界性が露呈してきたことも事実である。資源再配分型福祉国家の財政的な継続性，あるいはサービスの有効性や効率性に疑問が生じてきたのであった。そしてなによりも，国家の資源再配分計画によって全面的に個人の生活あるいは人生そのものが既定され，個人の自律性あるいは自立性といった福祉国家の持つ固有の価値との齟齬が今日我々の前に「福祉国家の危機」として表出しているのである。

2．福祉国家の危機

福祉国家の危機は前述のように1940年代にはすでにハイエクなどによってその持つ資源再配分的で国家に個人が従属してしまう危険性が指摘されていた[21]。もともと初期の資源再配分型福祉国家の構想はリベラリズムあるいは社

会主義勢力[22]を中心とした政治勢力による思想あるいはイデオロギーに基づくものであった。したがって，保守主義や共産主義といった左右の政治勢力からは，むしろそうした福祉国家論のヘゲモニーへの対抗的な構想が提示されていたのである。福祉国家が個人の国家への依存を招くとして批判する保守主義的な立場からは，家族や共同体を中心とした自律的な福祉国家が提唱された。新自由主義的立場からは，資源配分的な福祉ではなく個人の自由意思と責任によって福祉が構想されるべきだとされた。そして，共産主義的な立場からは，福祉国家は資本主義を延命するだけだとの批判から，国家が資源そのものを独占し，その全面的な責任のもとに，「労働に応じて」配分的福祉政策を進めるべきだと主張していた。

　以上のように，福祉国家はイデオロギー的に批判の対象となっていたものの，その後，西欧諸国において様々な類型のもとで福祉国家の建設が実質的に進められてきた。しかし，順風かと思われた福祉国家の建設も，1970年代からは，それぞれの国によって異なる経済的・政治的そして社会的文脈のもとで，実際に国家の主導による資源再配分機能の危機が語られるようになるのである。そして再配分機能の回復の決め手として登場したのが，かつてハイエクが提起していた市場原理の導入であった。福祉分野への市場原理の導入は指摘するまでもなく英国のサッチャーリズムによって世界中に喧伝された。しかし，英国では既にその修正がブレア政権の誕生によって行われているのであるが，日本においては依然として福祉国家の危機回避の手法として市場主義的な福祉国家の再構築が試みられている[23]。このように，福祉国家の構想は，常に厳しい批判と修正にさらされつつ今日に至っている。ここでは，年代ごとにどのように福祉国家の危機が現れてきたのかを検討してみたい。

(1) 1970年代まで…財政的破綻による福祉国家の危機

　1950，60年代には西欧諸国を通じて経済状況は，1947年から1951年まで実施されたマーシャル・プランに基づく米国からの様々な経済的支援によって，安定と発展を遂げていた時期であった。同時に，西欧諸国においては，福祉国家

の構想が戦争被害者への救済といった必要性から強く推進されていった時代であった。

　人間が人間らしく生活できるための最低限度の経済的，社会的，文化的そして政治的保障制度を設けることが初期の福祉国家における最大の目標とされたのであった。ところが，福祉国家はそれだけで自律的に成長をし続けた。英国のフェビアン協会を中心に展開された「揺りかごから墓場まで」のスローガンによって，福祉国家建設の構想は，人びとの誕生から死亡に至るまでのあらゆる生活を国家が保障する政策にまで拡大したのである。

　ところが，そうした西欧諸国における経済発展は，1968年に英国で緊縮財政政策が発表されたように，厳しい財政危機に見舞われることになったのである。1970年代になれば，J.オコンナーによる財政危機，R.ミシュラによる信頼性の喪失，正統性の危機といった批判がされることになった[24]。

　英国における理想主義的福祉国家は結局のところ財政的な破綻を迎え，退却を余儀なくされた。こうした西欧諸国における社民主義レジームの後退の時期が「福祉国家の危機」として語られもしたのであった[25]。しかも，英国では財政的な破綻と同時に，人びとの福祉への依存から，経済的，社会的そして政治的発展の原動力さえも失うこととなったのである。いわゆる「英国病」である。さらに，コンピューター技術の発達に伴い，社会全体が「管理社会」あるいは「監視社会」となり，人びとの自由な行動が全て国家による管理のもとに晒されることへの批判も発生した。人間の尊厳を護るために国家が全面的に個人の生活を保障する，という福祉国家はこの時点で転換を検討せざるを得なくなったのであった。人間の尊厳を護るために福祉はどうあるべきなのか。個々人の自律性を尊重しつつ，国家が全面的に私生活に介入するものではない社会保障制度とは何だろうか，これらの問いは，先進工業国にとって共通の課題となったのである。

　こうした西側先進国に共通して現れた「福祉国家の危機」の議論の背景には，1973年の第一次石油ショックと，高齢化社会の到来があった。第一次石油ショックによって，それまでの経済発展を前提として組み立てられていた福祉

諸制度の財政的基盤は，世界的な低成長時代を迎えたことによって崩れはじめた。国家財政の危機に伴って，福祉諸制度の見直しが迫られたのであった。さらに，西側先進国における高齢化社会の急速な進展は，医療，年金を中心に福祉財政の膨張を招いた。そして，その福祉関係予算の膨張によって，いずれの国においても国家財政が逼迫したのであった。

(2) 1980年代…福祉国家の失敗

個人間の平等的条件を作りだすために生まれてきたのが福祉国家の構想であった。しかし，1980年代からは，単なる経済的平等を作り出すためだけではなく，個人の幸福といった幅広い概念で福祉政策を再検討すべきだとの提起が行われていた[26]。それは，それまでの大きな政府による，非効率的な福祉サービスを継続していくことが，経済的な条件から暗礁に乗り上げつつあったからであった。すなわち，英国の「揺りかごから墓場まで」というイデオロギー的な福祉国家の構想が限界を見せ始めていたのであった。

1980年代まで，福祉国家は雇用と労働の場の確保，すなわち失業対策という社会政策との強いリンケージを持っていた。失業は社会的に最も大きな不安要因と混乱あるいは騒乱を引き起こす火種である。したがって，OECDの各国政府は，福祉政策は雇用を確保することに重点が置かれていった。福祉国家とはそうした雇用を確保するための資源再配分型国家と同義となったのであった。

このように国家政策として人間の平等的関係を築くことを理想とした福祉国家は，国家，社会，経済，家庭そして個人という様々なレベルにおける価値の変容と強いリンケージを持ち始めた。それはジェンダー問題や環境問題という新しい課題を解決しようとする立場から，福祉国家への批判が行われたことと無縁ではない[27]。国家政策としての画一的な福祉政策と，個人の価値や選好の多様化は，当然のように矛盾を孕むものであった。国家による福祉政策の実施は，国家政策の実施における非効率化，伝統的な社会や家庭の崩壊の促進，個人生活の福祉への依存，経済の停滞という負の遺産を生み出すことになったの

であった。

　こうした国家，社会，家庭，個人の価値の多元的な変容と福祉国家の画一的な構想との矛盾に喘いでいた英国において，小さな政府・効率的な政府，市場原理の導入，個人の責任を標榜したサッチャーリズム（保守党政権として1979-97）の登場はまさに革命的であった。国家による画一的な福祉政策から，人びとの個人の価値観や選好の多様化に応じた福祉政策へと大転換を図ったのであった。サッチャーリズムの影響のもとで，OECD諸国を中心に，国営企業の民営化，福祉部門の民営化あるいはエージェンシー化[28]が進められるなどの改革によって，国家による全面的な資源再配分型福祉国家の危機は回避したかに見えたのであった。

(3)　1990年代…新自由主義的福祉国家への批判

　サッチャーリズムの影響による先進工業国の福祉国家構想の大転換は，福祉国家そのものの新たな危機を派生することになった。サッチャーリズムの登場以前には，資源再配分型福祉国家の構想がヘゲモニーを把握していた。それをサッチャーリズムにおいては，国家の手による資源の再配分から市場による個人の自律的な決定による資源配分へと革命的に転換した。しかし，サッチャーリズムのこうした強さの反面，大きな矛盾を孕んでいた。つまり，福祉政策の転換による国家に依存しない個人の自律性を強めようとする動きと，一方でより強力な国家を創造しようとした点である。国家は個人や家族，地域社会の共同体的集合体であるとの前提にたち，個人を自律的に自発的な存在として強くすることによって国家全体を強くしていこうとする戦略は，結局のところクライエンタリズム（顧客主義）に陥った。福祉という市場に参加する人びとは顧客として扱われ，国家はサービスの供給者になった。したがって，顧客に対する国家による福祉サービスの合理性を求める基準は，顧客としての個人の満足度によって測られることになり，その満足度が福祉諸制度における政策決定の合理的根拠へと転換されたのであった。その結果，人びとはサービスを受給する顧客として資源再配分型の従来の福祉国家への期待と依存を強めたのであっ

た。そして，国家は顧客としての個人の自律を求めると同時に，市場競争に耐えられる効率的で効果的な機能が国家の資源再配分機能に付加されることになった。顧客としての人びとには福祉市場にあるサービスの「選択肢」が与えられるのみであり，国家の持つ資源の再配分をいかに効率的に，効果的にそして合理的に行うか，という政策の判断は，官僚機構の中に厳然と組み込まれた専門的知識と科学技術，そしてそれらを所有する専門家集団と科学者集団により一層委ねられることになったのである。

(4) 日本における福祉国家の形成

　日本における福祉国家の形成は4つに区分ができる。ここでその概観を示しておきたい。

　第一期（1945年から1960年）は，戦後の混乱した社会がそのまま福祉政策に反映した時代であった。1947年には米国社会保障制度調査団が来日し，「ワンデル報告」の中で，生活困窮者への緊急支援，引揚者対策，生活改善，伝染病予防といったものが，大きな福祉政策として実践が勧告されたのであった。福祉理念というよりも，生活保護政策の実践が求められた時代であった。

　第二期（1960年から1980年）は，1956年に経済白書において「もはや戦後ではない」という宣言に象徴される。戦後不況が朝鮮戦争特需によって克復された後，1960年には池田内閣によって，「所得倍増計画」が発表されるなど，高度成長期がスタートした。1961年には，国民皆保険・皆年金という社会保障制度がスタートして，後の社会保障制度の基盤が形成された時期であった。そして，1973年には「福祉元年」と呼ばれるように，社会保障制度が抜本的に改革され，西側先進国に遅れた形で日本型福祉国家の形成が始まったのであった。しかも，西側先進国は1973年からの二度にわたる石油ショックによる経済・財政危機の回復にとまどっている一方で，日本は速やかにエネルギー・産業構造を転換していくことによって乗り切り，「ジャパン・アズ・ナンバー1」と自他共に認めるほど経済的繁栄を謳歌した時代であった。

　第三期（1980年から1990年）は，高度成長期に引き上げられた福祉諸制度に

見直しが加えられてくる時期である。その象徴が1981年の第二臨時行政調査会（第二臨調）の設置である。それは財政赤字に加えて，非効率な行政による財政破綻を防ぐことが目的とされた。1982年には第二臨調は「行政改革に関する第一次答申」を発表し，年金の支給開始年齢の段階的引き上げと，給付水準の見直しが提起された。折りしも1981年には前述のOECDによって『福祉国家の危機』が出版され，各先進工業国は膨張した福祉財政と諸制度の見直しに着手したのであった。

第四期（1990年から現在）は，高度成長期が終焉を迎え，さらにバブル経済が崩壊した後に相当する時期である。この時期は，戦後に形成されてきたいわゆる日本型福祉制度の全面的な見直しが進められた。1989年には「高齢者保健福祉10箇年計画」が発表され，いわゆるゴールドプランが策定された。さらに，1990年には福祉関連法が改正[29]され，地方自治体に「老人保健福祉計画」の更なる上乗せを求めた「新ゴールドプラン」が策定された。そして1997年には介護保険制度が導入された。高齢化，少子化にともなって高齢者の在宅介護が女性に集中し，家族の介護の限界を改めることが趣旨であった。

このように，戦後における日本の福祉国家の形成過程を概観すれば，次のように集約できるであろう。

第1に，欧米諸国に遅れた産業化に伴う急激な福祉国家の形成である。指摘するまでもなく，日本の近代的な産業化は明治維新から始まった。既に欧米では産業化が進んでいた時点で，欧米に追いつこうとして産業化を始めた。しかし，産業化の進展に伴った各種の人権問題や貧困問題を解決しようとする社会保障の整備は，第二次大戦以降から実質的に始まったのであった。

第2に，急激な福祉国家の形成は，諸制度間の整合性がとれたものではなく，いわゆるパッチワーク的に様々な政策・制度をつなぎ合わせたものだった。例えば，年金や医療保険に見られるように，各種の制度が分立し，その制度間の不平等的な内容は長い間放置され続けた。

第3に，「福祉国家の危機」は，もっぱら高齢化社会の進展と，財政逼迫に対する認識として語られたということである。こうした危機は当然の認識であ

るし，切羽詰まった状況への認識であることは否定できない。しかし，近代化と産業化に伴って発生してきた社会問題を解決していくために生まれた福祉国家の構想は，産業化としての近代化という視点からのみでは不十分である。では，どういった視点が必要かについて，次節で述べてみたい。

(5) 福祉国家のヘゲモニーの危機

こうした日本や欧米諸国のような現代の先進工業国に現れた福祉国家の危機は，福祉国家の構想そのものがヘゲモニーの危機に陥ったことを意味するのである。それは，イデオロギーの対立からでも，経済情勢による人びとの分断でもない。国家による資源再配分が科学技術の専門的知識に基づいて行われるテクノクラシーのヘゲモニーへと転換され，サービスを享受する顧客となった人びとは，その資源再配分に関する政策決定過程から分断されることによって派生する危機である。

ニクラス・ルーマンは，福祉国家の危機を次のように述べている。

> 通例の福祉国家の描写は，社会的任務および諸活動の増加という歴史過程に言及している。国家はしだいに社会諸問題の解決に対する責務を受け入れてきている。このことは，財政負担，官僚制化および法制化，そして国家にコントロールされた諸決定への日常生活の依存をもたらす。このように，国家の福祉国家としての描出は，成長の肯定，否定両側面の現象に，また成長は無限に持続するものではないがゆえに，成長に組み込まれた危機に関心の焦点をおいている。福祉国家は危機状態の国家であり，あるいはこうもいうことができよう。すなわち，それはみずからの危機を決定し，それを統治の持続的変動の誘因として用いることができる国家である，と[30]。

このように，ルーマンは，福祉国家の危機を官僚化による国民への介入と，国民のそれへの日常生活の依存に見出しているのである。また，アレックス・デミロヴィッチは福祉国家の危機について次のように述べる。

> 福祉国家は既に久しく危機に瀕している。この危機は，階級対立そのも

のに潜むダイナミズムとその内的矛盾の結果である。この階級対立に対しては，過去数十年にわたって階級間妥協を目的として労働者階級を政治決定に参加させる政策が福祉国家という形態において多かれ少なかれ成功裡に遂行されてきたのである[31]。

このマルクス主義的な視点からの福祉国家への危機の認識は，階級的対立を議会内での政治参加によって妥協を得られたことから福祉国家の危機が表出することを免れてきたことを指摘している。実際，ハイエクの指摘以来，福祉国家は常に危機に晒されてきたのであるが，その危機の表出を回避してきたことについて，デミロヴィッチは「大衆の購買力拡大による不断の経済成長，集団拘束的な標準的生活コースの普及および福祉国家的な生活保障制度」[32]に由来するものであると指摘する。しかし，そうした危機への回避は，デミロヴィッチからすれば本質的な危機の表出を回避させてきただけなのである。そして，デミロヴィッチは危機の本質は次の3点であるとする。

　1つは，過去数十年間に作り上げてきた国家干渉機構
　2つは，調整メカニズム
　3つは，政治参加の諸形態が新種の，福祉国家的に組織された階級間妥協によって生み出された社会的諸問題を前にして，機能しなかったこと

これらの指摘の中で最も重要な点が様々な利害の対立を調整していくメカニズムにある。なぜなら，国家干渉機構も調整メカニズムによって具体的な政策が実施されるし，そしてデミロヴィッチの言うところの階級間妥協も調整メカニズムの範疇に入るからである。その調整メカニズムがテクノクラシーすなわち専門家によって自律的に実施される資源再配分的政策決定に他ならないのである。このことによって，福祉国家のヘゲモニーは，ほぼ完全に少数の専門家集団によって担われることとなった。専門家集団にとって，自己の持つ専門的知識を駆使して，社会を合理的に組織していくことは，自己の持つ政策の正当化と政策の自己主張を満足させるに足る行動だったのである。

3．資源再配分型福祉国家の危機の現れ

(1) 官僚の自律的決定

　ヒー・バオガン（He, Baogang）が指摘するように，「福祉国家は，全ての社会的ネットワーク，協同（association），そして連帯というものが国家・行政関係に取って代わられることによって，それらを崩してしまう」[33)]のであった。「福祉国家論」とは，国家・行政によってのみ福祉が実践されるべきものであるとの思想ではなかった。しかし，その政策が全て国家・行政によって委ねられることによって福祉国家は，行政福祉国家さらにはテクノクラティック福祉国家へと転化したのであった。ヒーの指摘のように，福祉国家とは，官僚によって福祉諸政策が立案され，決定され，そして執行される形態に他ならない。もちろん，法的，形式的には国民の信任を受けた代表者によって構成される議会あるいは首長によって，政策が決定され，執行されることになっている。官僚は人びとの代表者である議会や首長によってさらに業務委任される存在であることになっている。しかし，官僚機構はそうした業務委任によって他律的に動くものではなくなった。官僚機構の巨大化は，官僚による自律的な政策の立案と決定，そして執行をもたらしたのであった。そして，その巨大な官僚機構を形成してこなくてはならなかった背景に，資源再配分型福祉国家の構想が存在するのである。法，制度そして手続きの名のもとに，官僚によって資源が集められ，官僚によって資源の再配分が決定され，そして官僚によって資源の再配分が執行される巨大な機構ができあがったのであった。

　こうした官僚機構による自律的政策決定が強くなった結果，個人の自律的決定が困難になった。テリー・ピンカードはコミュニタリアニズムの観点から，行政や官僚制度によって個人の自律的決定が困難になる状況について次のように述べる。

　　　　複雑な官僚制社会においては，いかにすれば個人的な自己決定の主張が
　　　　それよりも大きな社会生活における目的や目標と調和するのかを理解する

ことが困難になる[34]。

　官僚機構は自律的に発展していくものである。官僚の自律的な発意と行動によって，法律の立案・決定のみならず実務的・手続き的分野において自律的に決定を行っていく[35]。官僚による福祉政策に関わる業務は官僚によって作り出され，そして官僚組織は肥大化していくのである。それを制御する役割が代表者による議会に委ねられているのであるが，それはあくまでも期待値である。実際は，資源再配分型福祉国家の進展とともに専門職化し，複雑化していく一方の官僚制度は，議会のチェックでは及ばない組織的な強さを持つに至ったのである。さらに，議会の中にある諸政治勢力はむしろそうした官僚組織の自律的な強さを利用しようとする。こうした政治勢力と均衡しながらも官僚機構は自律的に発展をしていき，人びとの手による民主的な制御からは徐々に遊離していくことになるのである。

(2) パターナリズム…個人の国家への依存

　　われわれはだれも自分の生存に役立つ他人，自分の世話をする他人を必要とする依存的な存在として出発する。成長するにつれて，われわれは独立した存在になることを求めるようになる。しかしながら，われわれは自らの本質に関する二つの特徴を失うことはない。すなわち，独立への欲望と他人に世話され，他人を世話する欲望である[36]。

「揺りかごから墓場まで」を象徴的なスローガンとした福祉国家は，ピンカードの指摘とは裏腹に，個人の独立の欲望と，他人に世話され他人を世話したいという欲望が，国家による政策へと転化したものと言えよう。保守主義的な国家への親密性と依存性から生まれた福祉国家の一断面である[37]。確かに，国家は父性的なものと母性的な性格を内包している。国家と国民の平和と安全を保障することと，個人の生活の安定を確保する社会保障はまさに近代以降の国家に求められた最大の課題だったのである。国民国家が国民国家であるためには，こうした父性的，母性的な国家へと転換することが必要不可欠だったのである。

ところが，こうした父性的，母性的性格を持つ福祉国家は，個人の生活のあらゆる面を保護し，介入することを意味した。それは日本の場合とりわけ企業社会によって個人の人生計画そのものまでをも規定することになったのである[38]。その1つの例が年金制度である。国民皆年金制度の理想は，生活の保障が不安定な高齢時において最低限の生活保障を国家として実施することを意味する。高齢者という定義は年齢を判断するしか方法が存在しない（所得によって調整される）が，それは個人間に精神的，肉体的，経済的な格差が存在することを除外して構想された。その国家による加齢の定義は，産業社会における雇用の形態をも規定し，定年制度という個人の能力や意思とは無関係な雇用関係の終了を決定しているのである。この国家による加齢の基準と実際の雇用契約期間とのミス・マッチを解消するために，さらに複雑な雇用関係（例えば公務員の再雇用制度）が形成されてきているのである。

　もちろん年金制度は，高齢者における最低限の生活保障として必要不可欠なものであることは言うまでもない。しかしながら，問題はアンソニー・ギデンズが指摘するように，国家による一律な加齢の定義と，個人の持つ能力，意思とが完全にミス・マッチをしているにもかかわらず，それらが，個人の独立の意思とは無関係に制度として確定していることである[39]。ギデンズは，こうした国家による加齢の定義は，高齢者を人的資源ではなく，社会の問題源だとの認識から生まれてくるものだと指摘する。

　このように，個人は国家によって保障された年金制度に信頼と期待を置いてしまい，企業において定年に至るまで労働に従事する。そして，本来的には人的資源として社会になんらかの貢献が可能なはずなのに，定年後は国家によって保障される年金による最低限の生活を期待するのである。ただし，定年後にもなんらかの職に従事するのが一般的ではあるが，人びとの期待と意識の中では，国家による生活保障を強く期待するのである。しかし，現実は国家によって保障されるはずの年金制度は破綻寸前にある。国家に対する個人のパターナリズムは，国家のテクノクラートによって策定された年金の原資の確保と配分計画における判断ミスと，彼らが予想し判断し得る範疇を超えた急激な少子・

高齢化によって実質的に砕かれつつあるのである。

(3) クライエンタリズム (顧客主義) …「市民」から「受給者」へ

ハーバーマスの指摘では福祉国家はクライエンタリズム[40]を招来したとされる。すなわち国民が国家や行政にあらゆる面で恩恵を受け，サービスを受ける顧客となってしまうことである。そこに個人の自由や自律に基づく生の営みが本当に存在するのかどうかが問われている。ハーバーマス流に言えば，生活世界が国家・行政によって経済的，社会的に侵蝕されることを意味する。そうした場では，中岡成文によれば「市民に与えられている政治参加の権利は，本来の広がりと創造的可能性を失い，目の前のメニューから選ぶだけの選挙民の役割へと縮小される」[41]のである。またボブ・ジェソップは，「クライエンティリズムとは，代表の一様式であって，政治的支持が特定の便益の供与と交換される様式」であり，「これは国家の配分，分配ないし再分配の役割と深く結びついている」としている。さらに，「スポンサー的行政諸省を設置したり，あるいは規制機関を促進的・保護的機関に変え，規制の対象とされた利益のために行動することと結びついてくる場合も多い」[42]と指摘する。このように，資源再配分型福祉国家は，クライエンタリズムと密接な関係を持っているのである。

このクライエンタリズムには2つの側面が発生する。1つは，行政サービスというものの質的転換である。行政サービスは公平，公正を求められるために，とかく画一的で標準的，しかも非効率な面が否めない。そこに，クライエンタリズムにおいては，福祉も市場としてとらえることから，サービスの供給者と受給者の交渉と契約によってサービスの内容が決定されていくことになる。非画一的で効率的なサービスが期待できるという点である。しかし，一方で，福祉がすべて市場としてとらえられ，そこにはサービスの売買取引しか存在しないために，個人の自律的で創造的な生の営みの場はサービスを消費する場に縮小されていくのである。

実際，現在の日本で2003年4月から実施が検討されている福祉制度改革のス

ローガンは「与えられる福祉」から「選択する福祉」への転換である[43]。これは，市民の側の選択権を拡大し，よりきめ細かなサービスを受給することが可能になることを目的としている。行政側の一方的で平準的なサービスを受けるよりも，受給者のニーズに合ったサービスの提供を行うという点では画期的な転換といえよう。こうした制度の転換に対しては，浅井春生のように，国家による責任を個人の自己責任へと転嫁したものであるといったステレオ・タイプの批判がなされている[44]。こうした批判は，現行の新自由主義的福祉政策を批判しつつ，国家によるクライエンタリズムを促進する主張となっている。むしろ，日本政府の福祉制度改革はクライエンタリズムの範疇での改革であるとの見方と批判を試みる方がより的確ではないだろうか。

これまでの一方的な「国家によるサービスの配給制度」から「市場を通じたサービスの配給制度」に転換することの意味は，サービスの消費者である市民が福祉市場における顧客としてより一層扱われることである。「与えられる福祉」において市民は顧客とは見なされず，サービスを受給する「権利者」として見なされていた。その「権利者」に加えて，さらに「顧客」という「消費者」の立場が加えられることになるのである。

この立場をむしろ受給者である市民が歓迎し支持していることがこうしたクライエンタリズムを惹起した大きな背景となっている。確かに受給者としての権利の行使においてクライエンタリズムはそのサービスの選択の拡大，契約に基づく効率的なサービスの実施が期待される。しかし一方で，いみじくもかつてハイエクが「保障という特権の価値は絶えず増加し，それに対する要求は益々熱心になり，遂にはいかなる対価も，自由という対価でさえも，高過ぎることのないように思われるに至る」[45]と警鐘を鳴らした事態に陥る可能性が大きいのである。

(4) テクノクラシー的資源再配分

福祉国家の構想が国民国家の形成と接合したことによって，福祉諸制度は国家に対してその責任と義務が付加されることになった。国民国家の正統性を国

家そのものが国民に対して提示し、それに対して国民が承認するためには、そうした護民官的政策の実施を必要としたのであった[46]。そして護民官的政策の実施をするためには、高度な専門的知識と技術を所有する専門家がその政策を立案し、そして実行していく必要性に迫られた。その思想的なプロセスについては次項で検討することとして、実際に日本においてどのようにテクノクラシー的に資源再配分が決定されているかを見てみよう。議論を判りやすくするために、ここである事例を示したい。

厚生省（現厚生労働省）の次のような方針が新聞記事に掲載されたことがある。

医療費負担　「高齢者1割定率」答申　医療保険福祉審議会
医療保険福祉審議会の運営部会（部会長＝塩野谷祐一・国立社会保障・人口問題調査研究所所長）は3日、70歳以上の高齢者の医療費自己負担を原則一割定率に改めることを柱とする医療保険制度改革関連法案要綱に対する答申をまとめ、丹羽厚相に提出した。…厚生省は与党との調整を経て、今国会に同法案を提出する方針[47]。

この短い記事にテクノクラシー的要素が凝縮している。医療費負担という国民に多くの影響を与える可能性を持つ政策の決定が、医療保険福祉審議会（当時）の運営部会という下部組織において検討され、それが厚生大臣（当時）に政策を提示する。その審議会の部会長は学者であり知識人であり、専門分野での権威を持っている。そして、医療分野の専門家集団である厚生省における政策の討議がなされ、次に実質的な政策決定権を持つ与党との協議の結果、政策の決定が自律的に行われる。そして代表者である国会での議論を経ることによって民主的な政策決定とされている。この重層的な政策決定過程において、少数の専門家と代表者による公式的で、形式的な討議のプロセスが凝縮されているのである。こうした福祉政策の決定過程は一般的で正当性を持ったものとされている。さらにいくつか日本の福祉制度における例を挙げてみたい。

福祉制度を支える財源は税もしくは料金及び本人負担である。これらは本人負担を除いて全て中央・地方政府もしくは保険者（国民健康保険は自治体、健

康保険は保険組合）が付加し徴収する。国民健康保険の税もしくは料金体系は中央政府の決定の範囲で地方自治体が決定する。各自治体で徴収した税もしくは料金は，医療機関からの請求に応じて支払われる。

　老人保健は，国民健康保険会計などの各健康保険組合から診療報酬支払い基金へ繰り出したものが，各自治体に再配分される仕組みとなっている。そして，各自治体においては，国民健康保険会計は赤字であるために，国庫交付金あるいは各自治体の一般会計からの繰り出し金によって赤字を埋め合わせている。各医療保険は財政破綻寸前にあるために，国民健康保険などを全国的に統合するのか，他の保険組合との統合を進めていくのかが，厚生労働省の保険医療審議会で検討されている段階である。

　国民健康保険や老人保健よりもさらに精緻な分配の仕組みをつくったのが介護保険である。法律によって中央・地方政府そして本人の分担割合が決定され，なおかつサービスの供給の内容も一律に決定されている。本人の要介護と要支援の区分けがコンピューターで最初に決定される。その後のサービス内容はランク付けされ，ランク単位でサービス内容が決定される。すべての介護サービスが事前に決定されており，人びとがその制度にどの程度適応しているかが問題とされるだけである。

　こうした財源の調達と配分は保険制度を採用する限りは一般的な方法論である。こうした調達と配分による保険制度の特徴の第１は，そのいずれも技術的な問題であり，政治が関わる領域は，税と料金の設定ぐらいにとどまり，さらに一般の人びとは税や料金の負担者とサービスの受給者にとどまっていることである。そして，実際に調達する方法や配分する割合を決定しているのは，技術的な知識を持つテクノクラートに委ねられている。複雑で巨大化した福祉制度の全般にわたる知識を持つ専門家でない人びとは，その政策決定に全く関与できない。

　第２は，保険制度にも所得の再配分機能が付加されていることである。例えば国民健康保険においては，世帯構成が全く同じ世帯であっても，所得の低い階層からの税金（または料金）には軽減策が講じられている。その結果，加入

世帯間での所得の再配分が行われているのである。
　制度として出来上がっているこうした福祉制度は，その資源再配分の方法そのものの改変についても，ほとんど全てが専門家集団（テクノクラート）による討議に委ねられている。それどころか，テクノクラートは制度そのものを自律的に決定をしていくのである[48]。この種の福祉政策において予算や税すなわち資源の再配分の決定については，全てが計数化されている。例えば国民健康保険の予算に関しては，人口の増減率，保険加入者の増減率，診療行為の増減率などを基礎として策定される。疾病の発生についても，例えば冬のインフルエンザの発生予想も数値化されて予算に計上される。各自治体の予算編成においては，こうした蓄積されたデータの分析によることが不可欠の作業となっている。したがって，その予算の執行にあたっては，効率性，有効性，合理性が付加されることが求められるのである。中央・地方の政府を問わず福祉制度全般にわたって，全ての事業が予算化されるために，その経済的合理性が最も重視されるのである。こうした福祉政策の事実上の執行における予算主義は，全ての福祉事業の執行に影響を与え，福祉サービスの内容も数値化されるのである。数値化のプロセスに一般の人びとが関与することはまず不可能である。全ての作業が福祉政策の専門家である官僚に依存するテクノクラシーになっているのである。

4．テクノクラシー的福祉国家

(1) テクノクラシー

　ここで，テクノクラシーについての一般的な定義を示しておきたい。
　テクノクラシーは近代の所産であると断言しても差し支えないであろう。それは，マックス・ウェーバーの命題である「合理化」の概念でまず説明できる。ウェーバーは，近代を，効率性に基づいて科学技術を駆使して社会生活や経済生活を組織化することであると定義したのであった[49]。柿原泰によれば，テクノクラシーとは「意思決定が技術的合理性の観点から行われる統治であり，専

門知識を動員して権力的支配がなされることが社会的に合理的であるという意思,思想を表しているような体制」[50]である。そして,テクノクラートとは「狭義の科学技術ばかりではなく,行政,財政,経済,統計,法律などの専門知識を駆使して,政策決定・権力機能を行使する者を指す」としている。資源再配分型福祉国家におけるテクノクラシーを分析する上では,テクノクラシーの定義を広く捉えることが必要であろう。なぜなら,テクノクラシーは特別の行政的な領域とりわけ官僚機構の中にだけ存在するものではなく,あらゆる社会に幅広く浸透しているものだからである。官僚機構の中にのみテクノクラシーが存在するとの認識を持つと,むしろテクノクラシーの持つ強い働きを見失うことになる。例えば,企業やNPOといった組織にもテクノクラシーは存在するのである。一方,広く定義するだけでは逆に不十分である。なぜなら全ての知識人や専門家が決定論的にテクノクラートになるのではないし,科学技術に依拠する政策決定の全てがテクノクラシーでもないからである。村田純一が定義しているように,テクノクラシーとは「技術(者)による社会の合理的制御を構想する」[51]ものなのである。

このように,現代的な意味でのテクノクラシーとは,専門的な知識や技術をもつ専門家集団によって,科学技術を根拠として政策決定がなされ,その判断が合理的であるとの思想に基づいて政策決定が重層的に委任されて統治される形態である。

そのテクノクラシーの特徴は,第1にテクノクラートに専門的知識に基づいて合理的と認識した政策について自己主張を行う自律性が存在することである。テクノクラートは自らの専門的能力を自らの意思に従って高めることによってテクノクラシーの発展を促していくものである。村田は「必ずしも直ちに,技術が人間の手を離れた自律的な論理をもって社会のなかに貫徹するものだというわけではない」[52]としている。この指摘は,科学技術が決定論的に人びとの生活を決定していくものではない,という点においては正しい。しかし,テクノクラシーにおいては科学技術が技術者や専門家の持つ論理によって自律的な発展を遂げているという点についての認識は曖昧である。テクノクラ

ートとしての科学者あるいは専門家という存在は，自律的に自己の研究や主張を進めていくというその事実によって，非テクノクラートと区別されるのである。

第2に，テクノクラシーはテクノクラートが科学技術を駆使しながら自己の政策の正しさを正当化している形態である。そこには他者による批判を受容することやあるいは自己に対する批判を試みることがない。これらの特徴において，知識人や専門家であっても，他者からの批判を享受し，そして自己の認識を改めていく者はテクノクラートではない。

第3に，テクノクラシーにおいては，政策決定のプロセスが重視されず，その目的が達成される目的合理性が重視されることである。つまり，政策決定過程において目的合理的でなく討議合理性（注＝人びとが自由で平等的な関係のもとで，集合的に討議を行うことによって得られる合理性）をもたらそうとする知識人や専門家はテクノクラートではない。

第4に，この点が最も重要であるが，テクノクラシーにおいては，専門的知識の集積によって形成された複雑で高度なシステムをコントロールするために，ますます専門的な知識が必要になってきていることである[53]。

このようなテクノクラシーの問題点は，第1に，専門的知識や技術を持たない人びととの通約可能性が存在しないために，専門家集団の内部での議論の可能性があっても，専門的知識や技術を持たない人びとをそうした議論の場から排除することである。そして，第2に，テクノクラートは科学技術至上主義のもとで，社会に存在する限りある人的・物的そして財政的資源の再配分という政策の執行において威力を発揮する。そして，自己の意思を貫徹するために政治的・社会的な多くの負担や代償（総じてcost）を厭わないことでもある。これらは，人びとの集合的な民主的討議を経ずして様々な政策がテクノクラートによって自律的に策定されそして実施されることをも意味するのである。

(2) 現実的背景

ヨハノ・シュトラッサーは，今日の福祉国家がテクノクラシー的福祉国家に

陥った背景を次のように述べている[54]。
1 戦争の結果として大量の人間が社会から根こそぎに切り離されたこと。
2 隅々にまで経済が発展した結果として地理的にも社会的にも流動性が一挙に高まり，それに続いて，どちらかといえば小さい社会構成単位の役割が低下したり，全く消滅してしまったりしたこと。
3 ヨーロッパでは現代的な「アメリカ的生活様式」として理解されるようになった生活様式が特に魅力的であったこと。

既に第二次大戦後からこうした技術的福祉国家が進められてきたことには注目をしなくてはならないであろう。日本においても戦争犠牲者の救済から福祉が始まった。そして，アメリカ的生活様式がモダンなものとしてもてはやされた時代と軌跡を同じくして福祉制度が発展していることも重要である。日本においても，アメリカ型消費社会を憧れとする時代が存在し，その社会に「追いつけ追い越せ」を国家的目標に設定していた。しかし，そのアメリカ型消費社会は人びとの生活を全て市場へと還元するものであり，厳しい個人間の競争によって成立する社会であった。そしてアメリカ型福祉社会とは，そうした厳しい競争に参加できない人びとを救済するというキリスト教的慈善事業（教会を中心としたコミュニティ）から始まったものである。古来，日本においては個人間の競争よりも，他者との融和や共助の精神を尊ぶ精神的風土と共同体意識を持っていた。しかし，アメリカ型消費社会の一面だけを取り入れていくことによって，日本の古来より存在した共助の精神的風土と共同体意識が破壊された。日本においてはシュトラッサーの指摘のように，共同体の崩壊の代替措置として国家による企業を通じた救済事業としての福祉制度が組み立てられてきたのであった。日本の福祉制度を実質的に担った共同体は企業であるというまさに日本型福祉国家が建設されてきたのであった[55]。

(3) 思想的背景

ジャック・ドンズロによれば福祉国家の建設というユートピア的な構想は，「個人の解放によって結合力が生まれ，経済に対してしだいに社会が勝利する

ことに支えられていたのである。福祉国家の危機によって，国家がはたす役割をますます強める形での保障の実現と，国家の役割の肥大化を拒絶する自由とのあいだで行きづまりを宣告された」[56]のである。しかし，ドンズロはむしろこうした福祉国家の危機によって「私的なものと公的なもの，また国家と市民的なものとの境界が，ますます曖昧になってきているのだ。そしてこの境界の曖昧化こそが，一世紀以上にわたって，社会的なるものの根底にありつづけてきた」[57]と指摘する。ドンズロは，個人としての自主的な責任と分担によって，様々な社会的な利害の対立と調整という，伝統的な自由主義の根本的理念を再提起し，そして福祉国家構想によってもたらされた硬直した社会に対して活性化をもたらそうとするのである。このように，今日の福祉国家構想は国家の肥大化やパターナリズムを招き，そして国家と社会，そして個人の分断をもたらした点が批判されているのである。

福祉国家構想は伝統的リベラリズム，功利主義あるいは社会主義の伝統である。特に強い影響力を持ったのが西欧における社会主義の伝統に基づくものであることは指摘するまでもないことであろう。しかし，社会主義だけの思想から今日の福祉国家が形成されたのではない。リベラリズムの伝統に基づく人間性の解放の運動，功利主義に基づく配分的正義，ケインズ主義に基づく国家による市場への介入政策，保守思想の伝統にある共同の思想，キリスト教による博愛の精神あるいはとりわけ日本に強く見られる国家へのパターナリズムなどが折り重なって形成されてきたと考えられる。そこには理想主義的な福祉政策，現実主義的で救済民運動的な福祉政策，国家を統合するための手段として福祉政策，あるいはとりわけ政治家に見られるような自己の利益を最大化するための福祉政策などもこれらに織り込まれたのであった。

多種多様な思想と方法論によって経験的に積み重なって形成されてきた福祉国家において，観念論ではなく，何を根拠として福祉政策が決定されるべきかが最大の課題となった。つまり，福祉国家論というイデオロギーが支配的になった西欧や日本などの先進諸国においては，具体的に，実践的に，そして技術的に福祉政策を策定していかなくてはならなくなったのであった。具体的，実

践的かつ技術的な福祉政策においては，博愛や人間性の解放といった形而上学的な観念論は必要ではなくなった。そのかわりに，どのように施設を整備するのか，どのように制度を作るのか，どのように手続きを作るのかという目的合理的な専門的知識と技術を必要とされたのであった。

そして，20世紀の中ごろからの東西冷戦期においては，福祉国家論は東西の陣営にとって「どちらがより幸福な社会か」を巡ってのイデオロギー闘争の場でもあった。その闘争とは，税金も医療費も無料という恐ろしく狡猾なイデオロギーと，税金は高いが福祉サービスも良いという批判と受容が半ばするイデオロギーとの対立だった。この闘争は結局のところ1989年のベルリンの壁崩壊によって後者のイデオロギーの勝利が明白なものとなった。それによってフランシス・フクヤマが指摘したように，イデオロギー闘争の「歴史は終わった」[58]。実際，福祉国家論においてもイデオロギー的な争いが持ち込まれることは少なくなったのだが，その替わりもっぱら議論の焦点は，制度的，手続き的なものとなり，技術的なものが政策決定の基準へと転化していったのであった。

もっとも福祉国家論がテクノクラシーに陥った思想的背景は近代以降の産業革命時にまで戻って検討しなければ正確なものとはいえない。産業の進展と技術の進化は密接不可分であり，それらが相まってテクノクラシーが誕生してきたからである。

(4)　功利主義と福祉国家

ヒューム，ベンサム，ジョン・スチュワート・ミルによる功利主義のテーゼである「最大多数の最大幸福」は，現在の政治諸制度，福祉制度の思想的な根幹を形成したものであることは指摘するまでもなかろう。中でもミルはヒュームなどの思想の伝統を受け継ぎ，個人の思想の自由への不可侵性などの市民的権利や，民主主義諸制度とりわけ代議制の理論的基盤を造り，近代の自由主義，民主主義の発展に最も貢献した思想家のひとりである。ジョン・グレイはこうしたミルの制度的理論の思想的貢献と同時に，「個人の人間性と自己発展」

についてのミルの自由原理の考察が重要であると指摘している[59]。ここでいう自由原理とは「社会あるいは国家による個人の自由の制限が，その個人の行為が他者の利益を損なう場合に限定されるべきだ」とするものである[60]。

　ミルが求めた人間性とは「責任ある自律的個人」である[61]。ミルは個人の自由の領域として，3つの領域をあげている。第1に「意識」という内面的領域における良心の自由，思想および感情の自由である。第2に，「嗜好および目的追求の自由」である。他者を害することがなければ誰からも邪魔されないという自由である。そして第3に，「各個人の自由から生まれる個人相互間の団結の自由」[62]である。

　こうしたミルの思想は，当時すでに産業革命が進展し資本主義が発展段階にあり，人口の増加や都市問題，さらには労働問題などが発生していたことと無縁ではない。産業社会の発展に対してミルは社会主義的なリベラリズムに対して懐疑的[63]でありながらも，現実の産業社会が「財産の不平等な分配と産業組織の抑圧的システム」[64]にあることに対して批判的であったのである。こうしたミルの道徳的で個人主義的かつ理想主義的なリベラリズムは当時既に発生していた社会主義，とりわけ英国でのフェビアン社会主義に多大な影響を与えたのであった。

　さて，こうした功利主義がどのように資源配分的な福祉国家あるいは福祉制度に強い影響力を与えたのかを検討しよう。

　それは，功利主義が追求しようとした価値そのものである。W. キムリッカが指摘するように，「功利主義は単に，人間の福祉や効用の追求が公正になされ，社会の全成員のためになされることを要求する」[65]思想である。功利主義はそもそも理想主義的なものであり，神の支配によって人間の福祉が実現されるのではなく，人間が理性に基づいて自らの人生の幸福を最大化させることを意図して生まれてきたものである。人びとの幸福という形而上学的な価値は計量不可能であろうが，功利主義はそうした観念論的な福祉あるいは幸福を排して「道徳性の名の下に権威を主張する人びとに挑戦するための基準や手続きを提供して，偏見や迷信にたいする強力な武器となった」[66]のである。

こうした功利主義的な幸福を最大化しようとする初期の戦略は間違ってはいなかったであろう。啓蒙思想家たちが人間の悟性の解放を目指して奮闘した背景に，キリスト教による教義との妥協あるいは調整そして抵抗といったものがあった。神に替わって自らの幸福を追求しようとするならば，自らが幸福を最大化していく「ものさし」を手にすることが必要だったのである。その「ものさし」は，人間が手にしようとする誤りの無い合理性へと向かったのである。それが「効用」である。

　功利主義は情報を駆使して人びとの合理的な判断を促して効用を最大化することによって幸福の最大化を目指した。功利主義は「誤った非合理的な選好を拒絶するが，完全な情報と正しい判断に基づいた選好充足を目指すとされる。人びとが選好する十分な理由がある事物，人びとにより良い人生を送らせる事物を提供しようとする」[67]のである。この事物をいかに公正に配分し，そして効用を最大化していくことができるのか，という功利主義の最も優れた道徳的思想は，福祉国家の建設という目的論的な政治の大きな構想に結びついた。そして，それは産業社会と情報社会の進展による科学技術[68]の成果を，行政機構，官僚機構のみならず政治諸制度の構想と結び付くまでに大きな貢献をしたのであった。それは，サン・シモンによる産業民主主義やヴェブレンのテクノクラシー論などのように，福祉国家の建設のために科学技術を判断の基準に置くことによって，産業社会の暴走を制御しようとした思想や運動に現れたのであった。そして，第二次大戦以降の福祉国家の構想とはまさに，事物をいかに公正に配分し，そしてその効用を最大化していくのかであった。そしてその効用の判断は，誤りの無いとされる科学技術によって裏づけされた情報の蓄積に基づいて発展と整備が進められてきた近代の官僚機構の中で実践されてきたのであった。その結果，マイケル・サンデルが指摘するように，分配的正義のもとでの福祉国家においては「自由に選択する，独立した自己として思考し，行為するときにさえ，われわれは，自らの理解やコントロールを許さない非人格的な権力構造によって支配されている世界に直面する」[69]ことになったのである。

(5) 産業社会の進展と福祉国家

　福祉国家の構想は産業革命時には既に始まっていた。いわゆる社会主義の祖とも言えるサン・シモン，フーリエ，あるいはオーエルそしてウェッブ夫妻を中心としたフェビアン協会の思想と運動である。これらの社会主義の思想家あるいは運動家は，産業革命がもたらした労働者の劣悪な労働環境の改善をキリスト教的博愛の精神から求めたのであった。サン・シモンのような理想主義的な思想家は，産業社会の急激な発展を目の当たりにして，産業あるいは産業の発展の基盤となった科学技術，そして専門的な知識を持つ知識人の役割をそうした社会の改善に活用しようとした。資本家が独占的，占有的に持つ資源の分配を求めた彼らは，労働者自らがそうした資源の再配分を享受する権利を持ち，さらには自らが再配分の政策決定過程（議会）へと参加する権利を求めた運動（参政権運動）を始めたのであった。そのためには，労働者自身も専門的技術や知識を所有することによって，資本家との闘争を対等なものにしようとしたのである。社会主義において，労働者が団結して労働組合を結成し，なおかつ政党を支持し，場合によっては政党を自ら造ってきたのはまさにそのためであった。労働者の生活基盤を支える福祉制度を作っていくことに，労働組合自身が積極的に参加したことは言うまでも無い。資源の再配分を技術的に行う知識が次第に官僚と労働組合そして経営者という専門的集団によって蓄積されてきたのであった。

　一方，さらに過激に構造的に労働者の解放を求めた共産主義にあっては，労働者が資源の再配分を享受するにとどまらず，革命によって自らが資源の再配分を行う権力者となる道を選択したのであった。革命が成功したソビエトにおいて，典型的なテクノクラシーが展開されたのは，そうした資源の再配分を労働者自らが決定するためには，経済などの専門家の知識に頼らざるを得なかった結果である。アダム・スミスのような古典的経済のみならず，諸個人が集合的に集まる自由な市場に自律性を求めた経済体制においては，知識人が作る制度や手続き（経済計画）のもとで無数の行為主体が自律的に活動することによって市場・経済が動いていく。しかし，諸個人の自由と自律性のない経済体制に

おいては，その経済を動かしていくものは専門家や知識人すなわちテクノクラートが作成する計画経済しかなかったのであった。

　ソビエトのみならず共産主義国家にあっては，もともと福祉国家の構想は存在しなかった。「働かざる者，食うべからず」の発想は，労働することに応じて労働者は救済されるのであるから，福祉はその時点で完結しているのである。労働による賃金ではなく，対価として無料の医療，教育，食物の配給が行われたのであった。それらは全てテクノクラートが作成した計画のもとで配分され，受給者の選好は全く考慮されることが無かったのである。

　こうした近代の産業化に伴う福祉国家の構想を巡る政治的対立の中で，両者はともに一定の方向性に収斂されてきた。それは，福祉国家という理想的社会を構想するために，現実主義的な方法論の構築であった。それはハーバーマスが言うように「自然と社会の未来を理性的に制御するために期待のできる，揺らぐことのない手段として，科学，技術，計画が考えられた」[70]のであった。そして，ウルリッヒ・ベックが指摘するように，産業社会はリスク社会へと転化し，そのリスクの回避として採用された国家形態が福祉国家であった。しかし，ベックは「今日人びとは，多岐に及ぶ，互いに矛盾する場合もある，地球規模のリスクや個人的リスクとともに生きることを求められている」[71]と言う。つまり，近代の不確実性と複雑性のもとにおいて，人びとは国家に依存してリスクを回避するのではなく，むしろリスクを好機として捉え，自分のものにしていくことが必要とされていると指摘するのである。

(6) 情報化社会と福祉国家

　国境を越え，時間と場所の制約を超えて科学技術を媒介として交換される大量の情報を収集し，瞬時に分析し，処理していくためにコンピューターは欠かせないものになった。今やあらゆる分野，自然科学のみならず経済学，社会学，文化・芸術そして政治学といった社会科学，人文科学においてもコンピューターに依存している社会となった。コンピューターへの依存はすなわちコンピューターを操作し分析する技術を持つ専門家（テクノクラート）に全てを依

存していることを意味するのである。

　情報化社会の到来は福祉国家にとっても，その資源の再配分機能が持つテクノクラシー的要因を加速させた。コンピューターによる「管理社会」の到来である。例えば，健康保険制度における保険税・料あるいは支払い保険額の算定や配分においてコンピューターは欠かせない。コンピューターに保険制度そのものが依存するとともに，その制度を動かしていくのもコンピューターを使ってデータの収集，管理，出力を操作している専門家に依存せざるを得なくなった。コンピューターの操作方法を知らない者にとっては，その保険のデータの塊はブラック・ボックスと化して，直接アクセスできないものとなっている。しかも，今日の医療・健康保険制度のように巨大化して複雑化したシステムは，その全体を中央において把握し，制御しようとする存在は極く少数の人間に限られるようになった。巨大化し複雑化した福祉制度において資源配分機能を制御し得るのは極く少数の専門家しかいない。そしてそうした少数の専門家たちは，自律的にそのシステムの拡大や改変を行うことを試みる。しかも，その拡大や改変にあたっては専門家集団は自己の政策の正当性について実証的に語るために必要な様々な分析，説明も彼らに経験的に蓄積された専門的知識が駆使される。そのため，そうした専門的知識を持たない者にとっては理解し難い状況が生まれてきているのである。さらに，それらの中央における個別分野に分かれた専門家集団は必ずしも部分的なシステムについての知識を持っているわけではない。中央における専門家集団が必ずしも部分的な専門家集団の知識と同じものを持っているとは限らないのである。専門家集団の間ですら通約不可能な状況が生まれている。

　かくして福祉国家は，福祉諸制度が資源再配分的機能を持っているがゆえに，テクノクラートによって制御される巨大なシステムへと転化したのであった。

5．テクノクラシーによる民主的政策決定の喪失

　今日の福祉国家のテクノクラシー化現象は，福祉国家を建設するというイデオロギーそのもののヘゲモニー（福祉国家を支配的なものとさせる言論）の危機とも言える。福祉国家は第二次大戦後に急速に西欧先進諸国に広まったヘゲモニーである。そのヘゲモニーが今日危機的な状況にあるという意味は，福祉国家においてテクノクラートの自律的な政策の形成によって，政策決定者と普通の人びととの間に政治的な断層が表出していることである。マイケル・サンデルは，こうした状況を「選択しなかったアイデンティティの重荷から解放され，福祉国家によって保障された一連の権利を与えられたにもかかわらず，われわれが独力で世界に立ち向かわなければならないとき，圧倒されている自分に気付く」[72]と述べている。サンデルは福祉国家の構想が自己統治とコミュニティの衰退すなわち自己による自己の生の営みの決定と地域などの通常による福祉社会の創造が喪失していることに福祉国家の危機を見るのである。

　具体的な例を見れば，第１に，福祉制度の設計にサービス受給者として位置づけられた国民は，そうした制度設計に関わることが全くできなくなっていることである。自らの生活を既定する制度の設計に自らは関与することができない。ここに政策決定過程における政策決定者と受給者として位置づけられた国民との間に断層が生じているのである。その結果，福祉制度は複雑な計算と技術的なものによって成り立つものとなってきた。それは医療費の計算から，年金の支給，介護の認定に至るまで，ほとんど全ての福祉制度が技術的なものによって制御されその資源が配分されていることである。こうした技術的制度には専門家集団が形成され，専門的知識と技術によってその制度が運営されているのである。

　第２に，福祉国家における新しいアクターの登場である。これまでの福祉国家においては，政治社会に位置するアクターすなわち政治家や官僚による政策の決定と執行であった。こうした政治社会におけるパターナリスティックな福

祉政策に対して，市民社会における自律的，自立的な福祉政策の実現を求めようとする NPO の動きである。この市民社会における新しい動きと，政治社会における従来からの動きとの間に，目に見えない断層が存在し，両者は互いに牽制し合いながら紛争や対立をしばしば発生させてきた。こうした様々な局面において表出している断層は，福祉国家論のヘゲモニーの危機の現れとしてとらえることができるのである。

(1) 人びとの政策決定過程からの排除（断層：その１）

　福祉国家のヘゲモニーの危機における第一の断層は，福祉政策を決定する政策決定者と福祉サービスの受給者としての人びととの間に明確な排除の構造が現れていることである。ここで言う政策決定者は中央・地方政府にも存在するし，またそれは官僚や政治家のみならず，厚生労働省に存在する社会福祉関係の諸審議会のメンバーすなわち知識人と呼ばれる専門家も含まれる。こうした政策決定者の間の議論の場に，人びとはほとんどのレベルで介入もしくは参加することが困難な状況に至っているのである。その具体的な例を以下で見てみよう。

　日本の福祉国家を支えてきた年金，医療保険，老人保健，そして介護保険などの諸制度は，複雑でなおかつ巨大化している。中央・地方政府間の財政制度の複雑さ，サービス内容の複雑さについては，直接その制度に関わっている行政関係者，議会関係者そしてサービス事業者においても，全容を全て把握していることは稀であることからも判るであろう。多くの問題点，例えば医療保険において負担と受給の不公正，財政的な破綻，受給者のニーズとのミス・マッチなどがある中で制度改正が議論の遡上にある。しかし，制度改正の議論そのものが，中央政府なかんずく厚生労働省における社会保障審議会における少数の医療関係者と呼ばれる専門家の議論に委ねられており，地方政府関係者や受給者がそうした制度改正の議論に実質的に関与することができないでいる。

　地域の医療保険の中核を担う国民健康保険制度に至っては，制度改正そのものが国会の議決を必要としているために，地方政府が自律的に制度の改正を行

うことが不可能なのである[73]。ましてや，地域の住民にとっては，地方政府と中央政府という二重の制度の壁にあって，自らの医療保険については単なる受給者としての地位に甘んじざるを得ないのである。仮に，地域住民がそうした政策決定過程に参入する機会を得たとしても，複雑な制度を目の当たりにして，制度の問題を指摘しえても，その制度の改革について具体的に提言していくことは非常に困難であろう。国民健康保険法には国民健康保険運営協議会という住民の代表者の参加による協議会の設立が規定されており，その協議会で予算や税額の改定などが審議されることが各自治体に義務付けられている。しかし，その協議会での審議は制度の複雑さの前に低調を極め，形骸化，形式化してしまっており，ほとんど行政側から出される提案を追認する機関となっている。その提案はまさに技術的なものばかりであり，その制度について知識を持たない協議会のメンバーと行政側とは通約不可能な状況に陥るのである。

　老人保健制度においては，各自治体で行っていることは社会保険診療報酬支払基金からの交付金（特別な計算方式によって専門家によって算定される）と，国庫補助を管理し，そして医療機関からの支払い請求に応じているだけの技術的なものに過ぎないものになっている。高齢化の急激な進捗によってその財政膨張はとどまるところが無いにもかかわらず，自治体が財政的に歯止めをかける方法を持ち合わせていない。

　現行の日本の福祉制度はことごとくこのように中央集権的に制度が決定されており，地方自治体はおろか住民が政策決定過程あるいは配分の決定に介入することは困難である。そして，一旦決定した制度の運営は予算の策定・配分・執行に至るまであらゆる局面において中央・地方の専門家が全てを決定しているのである。もちろん，地方自治体における議会においてもそうした各種制度が議論の俎上に上る。しかし，制度改正の法的権限を持たない地方議会での議論は，制度改正というようなレベルのものではなく，予算も中央政府によって配分が決定されているのであるから，全てが技術的な配分方法の「確認」にとどまるのである。

　この技術的に資源を再配分する福祉諸制度の構造は，人間の尊厳を護るとい

う福祉国家の本来の趣旨から発生したものではない。福祉国家は，上記のように人びとの病気や苦悩を数値化し，そしてそれらの不幸を除去するために資源の再配分を技術的に決定していくものではないはずである。ところが，医療や福祉の現場にあるのは，サービス受給者という名称とともに商品化された人びとと，医療や福祉機関という人びとの苦しみを除去するはずの公共的機関が，経営と資産の形成を図っている資本主義的な企業へ転化した姿である。人びとの苦しみを癒す医療行為は点数化され，それはすなわち薬品会社，医療器具製造会社などの資本へと還元されている。人びとの苦しみそのものも基準化され，ランクが付けられた上で，サービス受給者という商品として介護施設においてベッドに「収容」されてしまう。すべての医療・福祉制度が人間の尊厳を護るために機能するのではなく，人間を商品化していく機能を果たしているのである。

　福祉国家における諸制度が，こうした技術的再配分の構造に転化していった根源的な原因は，人びとを政策決定過程から排除する構造に存在する。専門家による技術的な決定に，人びとが介入するためには，専門家と同レベルの知識を持たない限り，討議を試みる前に，専門的用語の壁によって討議が成立しない。そのために専門家は，それが例え人びとの苦しみを除去しようとする意図から生まれ出たものとはいえ，自らの専門的知識と技術を自律的に駆使して，人びとの悩みを数値化することに専念するのである。

　このように技術的な資源の再配分の構造に転化してしまった福祉国家においては，人びとを福祉政策の決定の場から排除し，政策決定者との間に断層を生み出すことによって，そのヘゲモニーの危機の発生を見ることができるのである。

(2)　政府の政策決定と市民の自律的決定（断層：その2）

　第二の福祉国家の危機による断層は，政治社会における政府の政策決定と市民社会における市民の自律的決定との間において発生する。

　上記の第一の断層を埋め込もうとして現代社会に登場した新しいアクターが

NPOである。市民社会に現れたNPOは，政策決定者と人びとの間にある大きな断層を埋め込む機能を持つ。人びとの自律的な意思が実際に活動として社会に現れたのである（social agency）。実際に新しい福祉制度である介護保険制度においては，介護サービス事業者としてNPOが正式に福祉制度の現場に現れたのであった。

ところが，介護保険制度でもNPOは行政の執行する各種介護サービスにおける実施の事務委任機関（administrative agency）へと追いやられたのである。ここに現れたNPOは，行政とのパートナーシップとの美名のもとに，補助規準のもとで，定式化した補助メニューにしたがって，各種の事業を行うだけである。確かに市民が自律的に自発的に事業を開拓していくという意味で画期的な事業体（social agency）であるが，彼らもまた制度そのものに対する制度改革の創設者でも制度改革者でもなく，単なるサービス事業者へと押し込まれたのである[74]。

また，NPOのみならず，個人の決定との断層も表出している。個人の生活実態やあるいは個人の嗜好，病症などは千差万別である。しかし，例えば介護保険制度における要介護・要支援のサービスの決定は基準化され，個人の意思とは無関係に「決定」される。基準を上回るサービスの要請は却下され，基準を下回るサービスの拒否は無視される可能性を持つのである。また逆に，本人のニーズをベースとしたときに，本人が不要と判断したサービスも支給されるし，本人が必要と判断したサービスの支給も拒否される。すべてがコンピューターによって判定される基準によって決定されていくのである[75]。

今日の福祉制度は，中央政府による極めて高度で複雑でなおかつ巨大な統治手法のひとつとして考えられる。統治手法であるから，介護サービス事業者は，その機関の下請け的な位置に置かれるのである。個人の意思はほとんどこうした専門家によって決定される基準の前に無意味である。個人の尊厳を護るはずの福祉が個人の意思と無関係に進められる。全く転倒してしまっているのである。

6. 福祉国家の危機回避——2つの断層の埋め込み

　以上で検討してきた資源再配分型福祉国家のテクノクラシー化による危機的状況によって現れた2つの断層に対してどのようにすればそれが回避できるのであろうか。これまでに議論から2つの試みが考えられる。

　第1には、福祉国家が宿命的に持つ資源配分的機能において、その配分に関する政策決定過程を専門家集団だけで目的合理的にかつ技術的に決定していたものを、どのように人びとの集合的な討議に基づく政策決定へと転換していくか、とする試みである。

　第2には、政党・政治家、官僚、専門家集団といった政治社会領域だけでヘゲモニーを担って福祉国家を建設していこうとしたこれまでの福祉国家建設の構想を市民社会領域にまで拡大していく試みである。

　こうした資源再配分のあり方を根本から見直す動きは、伝統的リベラリズムや功利主義の伝統からも生まれてきている。その代表的な思想家がジョン・ロールズである[76]。ロールズの「公正としての正義」の理論は、功利主義の「最大多数の最大幸福」というテーゼが、資本主義社会と接合することによって却って少数者への不平等を生み出す結果となってきたことに対して、配慮と尊敬という道徳的な価値の再評価を目指したものと言えよう。ロールズは、資源再配分においてその基底に諸個人の共通の価値すなわち公正としての正義についての合意が存在することを前提として語っている。資源再配分が少数者の排除にならないためである。そして、その方法論としてデリバレーション（討議）による合意を求めているのである[77]。こうしたロールズの「公正としての正義」の理論に対して、R. ノージック[78]のリバタリアニズム、ハーバーマス[79]らの批判理論、M. サンデル[80]らのコミュニタリアニズムあるいはロールズと同じくリベラリズムの伝統に立つJ. グレイ[81]などが批判を展開している。これらの批判が集中する点は、ロールズの平等主義的な価値と自由との関係、ロールズが合意を所与のものとしていることに対する真理の探究への阻害といったも

のである。これらの批判は，福祉国家そのものに関する論議ではないが，福祉国家を支えてきた資源再配分の方法論とその価値を巡る議論であり，今後の福祉国家の危機を検討し回避していく上で，欠かせない議論なのである。

　こうした資源再配分型福祉国家の危機を回避しようとする試みを理論的に補強しようとする立場のひとつがデリバラティブ・デモクラシー（討議民主主義，熟議民主主義あるいは審議民主主義）である[82]。デリバラティブ・デモクラシーによる福祉政策決定は次のように構想されている。

　1　技術的配分決定から討議合理性による配分決定へ
　2　中央で資源を集めて再配分する方法論の再検討
　3　中央で決定して地方で実施する方法論の再検討
　4　専門家集団と一般の人びととの討議の場の構築

　福祉国家の構想において限られた資源の再配分を伴うことは不可避である。これまでに実践され，蓄積されてきた福祉国家をより良きものにしていくためにも，福祉諸制度がより良いものでなくてはならない。そのためには，より良い制度をどのようにして再構築していくのか，の検討そのもののプロセスを重視していかなくてはならないのである。デリバラティブ・デモクラシーの戦略は，福祉諸政策の決定過程において目的合理性のみを追求して技術的に決定するのではなく，その政策決定過程における集合的討議の重要性を再認識することから，福祉国家の危機を回避しようとするのである。

(1)　福祉国家のヘゲモニーの転換＝「ガバナンス」の意義の再考

　国家的なプロジェクトとして発展してきた福祉国家のヘゲモニーは，国家のヘゲモニーを担う行政組織あるいは官僚組織そして専門家集団による福祉政策の展開という宿命を持っている。国家がその政策を実施していく上では，その内容は千差万別であるものの，基本的に行政機構は不可欠である。そして，行政組織には官僚による自律的な決定と執行というものが付随する。彼らの持つ専門的知識や技術は国家の運営にあたり人びとの統治への煩わしさを代行するものとして必要な時もあり，一方で人びとにとって過剰な統治として不必要な

時もある。こうした矛盾する機能と人びとの要請によって形成されてきた官僚機構をどのように民主的に制御していくことが可能なのかが,デリバラティブ・デモクラシーにとっても重要な課題なのである。その回答は,国家による政策決定にあたって自由で平等的な環境のもとで人びとの集合的な批判的討議の場をいかに構築できるか,という規範的なものである。

このデリバラティブ・デモクラシーにおける理想主義的な要請は,これまで福祉国家が発展してきた経過の中で,とりわけ日本において軽視されてきたものである。日本におけるガバナンスとは,行政による統治そのものを前提として,中央集権的,官僚統治的に民主主義的制度が形成されると同時に,福祉諸制度も技術的にそして目的合理的に形成されてきたものである。これに対してデリバラティブ・デモクラシーは,そうした官僚によって形成される政策について,より合理的なものは何か,正当性は何か,という課題を人びとの集合的な相互批判の場に議案(agenda)として投げ入れることの意義を唱えるのである。もちろん,こうした集合的討議の場は,現代のように巨大化した社会(とりわけ大都市)においては,明らかに実現不可能なものとしてとらえざるを得ない。したがって,ここで新しいガバナンスを見出すために「委任」という意味を再検討していく必要性がある。それは,人びとの集合的討議によって現れる政策的な諸要請をだれに,どのように委任をしていくか,である。この統治の委任の形態を再検討していくことによって,今日における福祉国家の危機を回避していく糸口が見出されることになる。すなわち,福祉国家のヘゲモニーを「人びとから委任を受けた国家の議会あるいは官僚だけが担う」という統治の形態から,「個人とその集合体である社会も担う」という統治の形態へと移行していくことである。

政治学における「委任(mandate)」には,二通りの意味が存在する。それは,代表者と有権者との間で結ばれる社会契約的な行為としての命令委任と自由委任である。クリストファー・ミュラーによれば,前者は,委任された者(代表者)と委任した者(有権者)との契約は委任された者を拘束するが,後者においての契約は,拘束されないとする[83]。ミュラーのこの委任に関する解釈は,

ワイマール共和国の崩壊が命令委任を前提とした議会制度であったために，議会が大衆運動に拘束されてしまい却ってファシズムに流れていった歴史からの教訓から来ている。確かに代表者の言論や活動が全て大衆の意思に拘束されることを前提とすることは，有権者の意思を議会に直接反映することを意味するが，裏返せば大衆迎合政治である。したがって，議会において代表者は，自己の信念に従って自由に政策判断をしていくことが求められることになるのである。しかし，このことを裏返せば，大衆の意思を無視あるいは軽視した政策判断を容認することを意味する。これらの代表者と有権者との同一性が矛盾した状態（民主主義は大衆を行為能力者として理解するが，それらを全て組織化できないというジレンマ）を解決するために，ミュラーは，自由委任の規範を尊重すべきだとする。と同時に，こうした矛盾の解決はむしろ両者の間にある複雑性は心理学的あるいは社会学的なアプローチから解決されることをミュラーは暗示している。

　　すべての影響の準拠点は統治のエリートである。彼らは人民から見れば，影響を及ぼそうとする対象である。だが彼らは同時に主体として現れる。その行政装置のおかげで，彼らは人民に対して技術的に優位している。彼らはそれ以上に，決定権限を有しており，人民に由来する影響力の社会的条件を変更する事実を作りだすことができるのである[84]。

この人びとによる政策決定者への「委任」を介在した国家機構と人びとの間にある相克は，福祉国家における新しいガバナンスを思考していく上で非常に重要なものである。ミュラーのこの指摘は，統治の形態を急進的な人民民主主義的な福祉国家を構想していくことと，そして一方で国家を主体とした福祉国家のままでいることの危うさを示しているのである。これらの急進的なものと保守的な福祉国家構想に対するオルタナティブな構想について次に述べてみたい。

(2) 福祉国家の思想的転換

　西欧における社会主義やリベラリズムが担ってきた福祉国家の構想は，本来

的に国家のみがヘゲモニーを担うものとして構想されたものではない。まして や国家の存在を抜きにして，個人と社会のみによって構成される福祉社会を構 想したものでもない。彼らは，19世紀から20世紀にかけて展開した，国家の存 続と国家の廃棄を巡る左右のイデオロギー闘争の渦中にあった。その時，自由 と平等を確立させ，そして互いに助け合う民主的社会を実現していくための方 法論として，共同体としての国家と国民との親密性を持たせる戦略を構想した のである。したがって，今日，ある程度の自由，平等そして民主的社会が具現 化した国家あるいは社会において，国家のみがその戦略を担うのではなく，個 人や社会（例えば地域共同体）においても共同あるいは協働して福祉国家を建 設していくことが求められてくる。それは国家の重要性を否定するものでも， 国家の革命的な消滅を戦略とするものではなく，国家の役割の再検討である。 その国家の役割とは，第1に，資源の再配分を専横的に官僚によって検討し実 施していくという役割ではなく，人びとの集合的で批判的な討議の場所を確保 することにある。そして，第2に，人びとの集合的な討議の場は，全員の合意 が収斂することがなく，全員の合意に基づく政策の決定にはおよそ程遠いもの である。したがって，ここに代表者による「決定の委任」としての議会の役割 が重要になるのである。議会は国家における政治社会の中枢を担う権力機構の ひとつであると同時に，そうした人びとの集合的な討議を収斂させて，実際に 実行していく政策を決定させていくものである。故に，国家における官僚組織 は，議会のもとでの制御が必要不可欠なのである。

　社会主義やリベラリズムの福祉国家の構想は，こうした国家の役割の転位を 前提としたものであったし，同時に，個人や社会の福祉国家建設における役割 をも求めるものでもあった。近代の始まりにおいては，個人や社会が国家に支 配される構造であったものを，国家の役割を転化させることによってその支配 からの解放を求めてきたのである。ところが，支配構造から脱却したものの， 現代に至ってはハイエクの予想のように，結果的には福祉国家に人びとは従属 することになった。ハイエクは，従属の道を避けるために人びとの自由な参加 が保障される市場の道を示した。しかし，市場も人びとの自由や尊厳を保障し

得るものでもなかった。市場に参入できる者とそうでない者とに分類されてしまったのである。参入できるものはより自由な市場を求めるし，市場に参入できない者は，周縁化され排除されてしまうか，福祉国家への従属の道を選ばざるを得なくなるのである。したがって，ハイエクの福祉国家への批判の趣旨を再検討することが必要である。すなわち，福祉国家への人びとの従属を回避し，そして全ての社会的問題の解決を貨幣化し個人的な利害得失を自由な市場で満足させようとする意味での市場主義をともに回避し，自由で平等的な環境のもとで人間の尊厳を最大化していく道を模索していかなくてはならないのである。

(3) 新しい福祉国家の構想——個人，社会，国家の連携

従来の西欧型福祉国家が高齢化社会の到来によって見直しを余儀なくされており，いずれの国においても，少なからず福祉制度改革を進めているのが実態である。新しい福祉国家の模索は先進諸国共通の悩みである。少なくともヨーロッパにおいては「伝統的な福祉国家を支持する声はほとんど聞かれない」[85]のである。新しい福祉国家の構想は，世界的に眺めれば，英国のブレア首相の「第三の道」などの一連の新しい西欧社会主義の路線と部分的に一致している。ヨーロッパにおける福祉国家の改革の方向性は，新川敏光によれば「参加型の福祉社会（市民の自由と平等を前提とした新たな連帯の形成）の希求」[86]である。しかしながら，新しい福祉国家の構想にも様々な立場の相違が見られることも事実であるし，その姿は依然として明確なものではない。そして，「参加型」と呼ばれる福祉国家においても，英国労働党政権のように地域共同体を基盤として志向していく構想もあれば，日本のように新自由主義的に福祉市場に競争原理を導入し，企業などの「参加」を求めていく福祉国家の構想がある。いずれにせよ，これまでの福祉国家の構想から，超高齢化社会という我々にとって未経験の社会へと確実に向かっている時に，何が必要だろうか。それは福祉国家構想をより具体化していくためには，目的合理的福祉政策からの脱却を模索して，新たな福祉国家の構想を試みていくことである。その時，個人，社

会そして国家の相関関係をどのように捉えるのか，そして福祉社会の展望は民主主義との関わりでどのように発展させていくのか，を明確にしていくことが必要であろう。なぜなら，これまでの福祉国家のように，国家のみが全面的に個人を保護，救済することが基本とされていた思想から根本的に考え直していかなくてはならないからである。もちろん，国家が国民を保護，救済する責任と役割は喪失しないにしても，その方法論や内容が変わっていくことになる。すなわち，国家が福祉政策の全てを決定し実行していくこと，そして資源を国家が集めてそれを計画的に再配分していくことをどのように変えていくか，ということである。

　この試みは，国家，社会そして個人がより人びとの自由で平等的な関係を保障しながら，いかに福祉政策を進めて行くか，という問題に他ならない。それは，国家が個人をクライアントではなく，一個の人間として把握し，個人は国家に対するパターナリズムを克復していくことを意味するのである。

　今日の国家において福祉国家はヘゲモニーの危機に陥っていることは既に述べた。では，福祉国家が自らのヘゲモニーの危機を回避する方法論は何であろうか。唯一の方法論は，福祉国家の中に様々な個人，団体の言説をその政策決定過程の中に企投させることである。すなわち，政策決定過程から人びとを排除しないで，内包していくことである。もちろん，中央政府における政策決定過程に全ての人びとを内包することは現実的に不可能である。したがって，ここで地方政府すなわち地方自治体における政策決定過程の中にいかに人びとを内包していくかが重要な視点となるのである。さらに，今日の地方自治体は都市圏においては，巨大化する一途であるし，日本においては合併による規模拡大がむしろ財政再建の切り札であるように語られ，そして合併が進んでいる。そのため，地方政府においてさえも全ての人びとを現実的に内包することは困難になりつつある。したがって，現代社会において人びとを政策決定過程に内包していく方法は，個人個人の手の届く範疇の中すなわち共同体において，個人の知識（ローカル・ナレッジ）によって政策を立案し，そして実行していくものでなければならないのである。

今日，日本において措置制度から契約制度へと福祉政策全般の転換が図られている。これは，個人の自律性や自主性と選択権を保障するといった名目で語られているが，それは，政府が用意したメニューを選択するものであって，メニュー作成の段階においては個人の知識は考慮されない。したがって，今後は，政府が用意したメニューを個人が選択していく方式を，メニューや「食材」をも個人が用意していく方式を検討していく必要がある。もちろん諸個人が勝手に闘争的に資源を奪い合うような状況を設定しているものではない。その資源再配分の方式を地域の共同体レベルにおいて検討していくように改めていくことである。そこに専門的知識を持った専門家が政策決定の中に介在し，専門的知識とそして人びとの持つローカル・ナレッジによる討議合理的な福祉政策を検討し，実践していくことなのである。

1） 個人のレベル……パターナリズムからの脱却
　　　　──クライアントからアジェンダ・セッターへの転換──

　資源再配分型国家の最大の問題点は，様々な専門的知識が国家の中枢に集められ，そこで様々な資源の再配分計画や予算などの福祉政策が決定され，実行されていることである。今日，世界的に地方分権が求められている流れは，こうした知識の中央集権化を，地方分権化し，個人のレベルに存在する知識を，その国家の政策決定過程の中に組み込んでいこうとする動きに他ならない。この知識生産の過程において，個人を内包化することによって，福祉国家にもたらされた財政的危機を回避しようとしている[87]。しかし，日本におけるこうした地方分権の流れは，福祉国家の財政的危機を回避する文脈でのみ語られている[88]。もちろん財政的危機への対処は必要不可欠であるとしても，本章で見てきたテクノクラシー化による福祉国家の危機への回避といった狙いは全く存在しない。このままでは，国家に集中していた知識が地方政府レベルまで降りてくることにすぎない。もちろん，地方分権化は，人びとにとって地方政府は国家の中央政府よりもより身近に接する機会が多く，テクノクラシー的状況に対する観察も容易に可能となる。しかし，国家への個人のパターナリズムの客体が中央政府から地方政府へと転移しただけに終わってしまう可能性が否定でき

ない。

　こうした動きの中で，個人のレベルにおいて考えていくべき点は，国家政策としての福祉制度に対するパターナリズムからいかに人びとが脱却するかである。しかし，このパターナリズムの克服については賛否が分かれるところである。前述の浅井においても，個人の自由と自立による福祉社会の構想を打ち出す半面，福祉の「措置制度」（個人の選択よりも国家がメニューを用意する制度）に基づく国家の公的責任の継続を求めるなどの混乱が見られる[89]。福祉制度をどのように改革していくにせよ，国家政策のひとつとして位置づけられることは変わらないであろう。しかし，国家政策と個人との関係において，個人は国家に対して自己の自由と責任（risk）の保障までも国家に依存して期待と要請すること（パターナリズム）を控えることである。なぜなら，それは再び個人による国家へのクライエンタリズムへと還元されてくるからである。

　そこで第1に，個人として行うべき行為は，国家政策として実施される福祉政策について，顧客や受給者としてではなく，政策の提案者（agenda setter）としての主体的立場を取り戻すことである。もちろん福祉政策はサービスを媒介として国家と個人とが結びつく性格がある以上は，個人の位置はサービスの受給者あるいは顧客としての位置は今後も継続するであろう。しかし，重要な点はそうした顧客という立場に甘んじるのではなく，自らの独立の意思を具体的に行為すなわち発話や活動として表わすことである。その発話や活動は国家に対する過剰な期待と要請ではなく，自らの生の営みを具現化するものでなければならない。なぜなら，個人の過剰な期待と要請は，限られた資源の再配分のテクノクラシー化を助長していくだけであり，結局は福祉政策の根本的行き詰まりが再び個人に還元してくるからである。

　第2に，個人の国家への期待と要請は，個人の独立の意思として生の営みを具現化していくものへと収斂する方向性のものが求められる。つまり，個人の生の保障すなわち自由と責任の所在を国家に依存するパターナリズムではなく，個人の生を自らがリスクとして負い，自由と責任を個人の所在のものとすることである。個人がリスクを負うという意味は，「危険の負担」を個人が全

て負うという意味ではない。リスクを自らの自由と責任の代償として自己のものにする，という意味である。国家の役割はそうした個人の自由を保障することに努めるとともに，個人の責任を代替したり個人のリスクの全てを回避する措置を実施するのではなく，個人のリスク負担による自由と責任の実践を支援する，あるいはそのための環境を整えることなのである。

　第3に，福祉諸制度を，英国の労働党のアジェンダである「Welfare-to-work（働くための福祉）」[90] あるいは「セーフティ・ネット」から「トランポリン」[91] のように，福祉諸制度に頼らざるを得ない人びとを単にフォローするだけでなく，人びとを再び自由と責任の場へと戻していくために後押しをする機能を持つものへと変えていくことである[92]。その時，個人はトランポリンで飛び上がるだけの勇気を持つ必要性がある。黙って落ちていき，国家の政策のクライアントとしてのみ自己を意識しているだけでは再び跳び上がることはできない。もちろん，トランポリンで全ての人が再び跳び上がることができるとは限らない。その時のための社会的なセーフティ・ネットが必要であり，それを国家が保障する必要性は指摘するまでもない。それが社会保障（social security）である。

　2）　社会のレベル…新しい福祉政策の主体としての＝エージェンシー

　新しい福祉国家の構想は，「福祉社会国家」という言葉に表される。それは，国家のこれまでの資源再配分的な計画を策定し，実施していくという役割を変えていくことに他ならない。つまり，国家がこれまでのようにあらゆる法的な権限と，財源そしてサービスの質量の決定といった役割を担ってきたものから，国家を「コーディネーター」として位置づけようとするものである[93]。そして，実質的な福祉政策の担い手を，地域社会における地方自治体あるいはNPOそして企業も含めて地域社会に根づいている個人や諸団体に委ねようとするものである。それは，「共同体的福祉国家」の構想とも言えよう。英国での共同体的福祉国家の構想は，従来のような国家によって組み立てられていくものと異なり，地域の共同体における構成員の様々な活動や言論を通じて構想されていくものである。それは具体的にエージェンシー[94]の構想と結びついた

ものである。この場合のエージェンシーは、サッチャーリズムによって改革された新自由主義的な概念による機関委任とは全く異なる新しい概念に基づくものである。人びとの意識に基づいて言論や活動を実践していく行為主体としてのものである。

〈エージェンシー（行為媒体）の構想〉

　個人の自由と責任を具体的に実践する新しいガバナンスで注目すべき統治形態がエージェンシー（行為媒体）である。日本では独立行政法人と訳されており、効率的な行政を実現するために事務委任を受けた機関がそのように呼ばれているが、そうした趣旨とは異なるものとして議論すべきものである。端的に表現すれば、人びとの意識に基づいて表される言論や活動といった行為を実際に社会において実践している行為体（body）である。日本において実際に広い意味での福祉政策の現場で見られる例としては、NPO、生活協同組合、企業、労働組合、互助会、社会福祉協議会、シルバー人材センター、町内会（自治会）、自衛消防団などである。あるいは個人のボランティア活動なども含まれる。いずれにせよ、定型的なものではなく、個人にしろその集合体にしろ、人びとの意思が実践に表われている行為体である。それは、何らかの構造の中や外に存在し、個人の意思が表れる場である。さらに、その表れによって構造そのものが変容していく可能性を持っているものである。

　行政上の組織としてのエージェンシーは、例えば英国において第二次大戦以前から存在していたもので、政府の業務を下位の行意機関や民間団体に委任することの意味で存在していた。かつて英国のサッチャーリズムによる行政改革においてエージェンシーの改革と、大胆な行政機構のエージェンシー化が進められたことで脚光を浴びたものである。今日においては、英国における地方自治の改革の議論では、コミュニティの再生を目指すプログラムの中に、エージェンシーを単なる行政機構として捉えるのではなく、コミュニティにおける人びとによる活動の実践の場として捉えなおす動きが始まっているのである。その趣旨は、行き詰まった福祉国家を、地域共同体に住む人びとが、自らの生の営みを自らの意識と行動によるものに再び手にしようとする試みである。英国

病と呼ばれた福祉国家の行き詰まりをサッチャーリズムのもとでの効率主義,市場主義によって再生した揺り戻しである。それは,地域の共同体が崩壊してきたことに対して再び地域共同体を中心とした福祉社会を建設していこうという構想なのである。

日本においてのエージェンシーは独立行政法人の議論に還元されてしまったのであるが,本当に必要なことは,前述のように日本の地域社会に存在する様々なアクターをエージェンシーの概念から再検討を行い,新しい福祉国家の構想にそうした地域の力を活用していく理論と実践を導き出していくことなのである。

〈エージェンシーの理論的アプローチ〉

エージェンシーの議論は,今日において社会学の分野,特に構造主義,ポストモダニズムあるいは社会構築主義などの諸理論が1990年代から研究を進めているものである。基本的には前述のように,構造の変容をもたらす役割を担うアクターがエージェンシーとして捉えられている。構造によって周縁化されたアクターたちの自律的な動きとそれによる社会の変容を説明するときには有効な理論的枠組みといえよう。だが,今日の福祉国家の議論は,そうした周縁化された人びとにとっての問題ではなく,その構造の中に組み込まれている中で,いかに自律的な動きと構造の変化を見ようとするものであるため,こうした構造主義的なアプローチからだけでは困難である。したがって,もう少し構造あるいは行政そのものに接近したアプローチが必要となるのである。

エージェンシーには前述の構造主義といった諸理論からのアプローチのほかにいくつかの理論的アプローチが存在している。

第1のアプローチが新自由主義あるいは新行政管理論（NPM）で議論されているものである。このアプローチは日本で独立行政法人として語られているように,政府部門における競争原理を導入して効率的な行政を執行するために,政府機関の業務を別の機関に委任する行為を指すものである。実態的には,1980年代に英国のサッチャー政権下において強力に進められたものである。政府機関から独立した権限と財源を有し,自律的な決定と執行を行うこと

が特徴である。このエージェンシーにおいては，サービスの受給者は顧客として位置づけられる。したがって，顧客の要求を満足させるサービスの提供に努力するという長所がある。しかし，一方では住民はサービスの選択をするだけにとどまり，自律的に地域の福祉やコミュニティの形成というものに主体的に取り組む機関とは評価し難い。

　第2のアプローチが，コミュニタリアンからのアプローチである。同じく英国においてブレア政権が進めた地域のコミュニティ形成のために住民による自主的な事業の推進を行う主体としてエージェンシーを捉えるものである。基本的な構造はサッチャー政権時のものと変わらない。特徴的な点は，効率的行政へと傾斜しすぎていたエージェンシーを，地域コミュニティの自律性を高めるための機関として位置づけたことである。つまり，顧客主義からの脱却である。もちろんかつての労働党政権下における非効率な行政体を復活させようとするものではない。効率的行政の実現を図りつつ，なおコミュニティの復活を目指しているものといえよう。このエージェンシーの場合には，利点としては，顧客主義を脱して，なおかつ行政が全てを担う行政国家からも脱却を図ろうとするところにある。行政と民間の人びとがパートナーシップという関係を保つのみならず，個人の選択と独立，そして自己責任に裏打ちされた関係に押し上げるものと言えよう[95]。

　第3のアプローチがデリバラティブ・デモクラシーが求めるエージェンシーによる新しいガバナンスの構想である。前述のように，デリバラティブ・デモクラシーにおいては，人びとの持つローカル・ナレッジを集合的な討議に付すことと，その討議による実践の「表れ」を重視する。できる限り多くの人びとを自由で平等的な関係にある政策決定過程の中に内包しようとする。そしてその討議の結果を統治の実践に具体的にどのように「表れ」ていくことが可能かを模索する。そして，人びとは統治の実践のすべてに自らが参加することは不可能であるから，具体的な政策の実践をエージェンシーへと「委任」するのである。この場合の「委任」とは，前述のミュラーの定義による自由委任を意味するだけではない。デリバラティブ・デモクラシーにおいては他者へ自らの

生の営みを全て「委任」するとは考えない。自己の自由と責任を自己のもとにおいて，自己の意識と言論そして活動を，エージェンシーという行為媒体の中に企投することを個人に求めるのである。

以上の3つのアプローチを複合した形態が新しい統治手法としてのエージェンシーとして考えられよう。すなわち，これまでの福祉国家が行っていた資源再配分の決定手法と統治手法が，少数のエリートによって技術的に行われるのではなく，人びとの集合的意思の「表れ」として決定し，そして実践されていくものとなる。そして，エージェンシーの運営は，エージェンシーの運営を担うのは行政官僚ではなく，人びとの「委任行為」によって選出されたエージェント（社会的行為媒体者）によって行われる。このことによって，これまでの福祉国家の構想が招いた人びとの国家へのパターナリズム，クライエンタリズム，そして官僚主導型の福祉政策という負の遺産を清算していくことを目標とするものである。

〈エージェンシーの意義〉

福祉国家におけるエージェンシーの意義は次のように考えられる。第1に，福祉政策の決定過程が，中央政府を中心として計画的に資源配分がなされるものだった点が，エージェンシーによって人びとの集合的な意思と行動の「表れ」として生まれてくることである。そして，集合的な討議の場において，専門的知識と非専門的知識（ローカル・ナレッジ）の交換がなされる。福祉政策の決定は，専門家集団だけではなく，普通の人びとをも政策決定過程の中に内包するのである。もちろん福祉政策そのものが資源を集め，再配分をしていくことによって成立するものであるが，国家レベルでの目的合理的な計画によるものではなく，ローカル・レベルでの討議合理的に策定された計画によって実践されていくことになる。これらによって，これまでの「国家」による保障から「社会」による保障への再転換を意味するのである。

第2に，人びとはサービスの受給者であるとともに，サービスのローカル・レベルでの計画を提起し考える立場（agenda setter）に転換されることである。政府によって一元的に決定された内容が，政府の管轄圏内において一律に

実践されるのではなく，ローカルな共同体レベルにおいて，多元的に決定されることになる。何が公平で，何が公正なサービスなのかは，そのローカルなレベルにおいて，人びとの集合的な討議によって検討されることになるのである。しばしば「民が主役で公が支援する福祉」という議論が盛んにされている[96]。その「民が主役」という意味は，人びとの自由で平等的な関係のもとで討議と実践が行われるという意味であり，そして「公共」とは行政体を意味するのではなく，そうした人びとの集合的な討議の場が公共なのである。

第3に，福祉制度が国家レベルで一律であり，どこにおいても，誰であっても一律のサービスと負担をすることを前提としてきたものが，地域によって個人によってサービスの内容と負担が変わるのである。おそらくこの点が最も議論を呼ぶであろう。境界を少し越えただけでサービスの受給と負担の割合が異なるのは不公平だとする議論である。そしてまた，政府の責任の放棄であるという批判が予想される。しかし，分権とは画一化や同一化を排するものである。画一や同一を保障しなければ不公平とする議論は再び福祉国家の危機を招来することになるのである。

そこで，第4に，国家あるいは政府の役割は，そのようなローカルなエージェンシーの自律的な活動を支援する，あるいは全体を調整する役割を担うことになる。あまりにもサービスの受給と負担のバランスが共同体によって大きく異なり過ぎないようにするためと，地域によってはそうしたサービス事業そのものが困難なケースも考えられる。そうした地域毎の格差や財政調整といった役割を担うことになろう。あるいは，福祉諸制度のミニマムなレベルを国家・政府が担い，そのレベル以上のサービスを共同体のレベルで付加するかどうか，付加すれば何をどのように付加するかを決定していくことも考えられるのである。

　3）　国家のレベル——クライエンタリズムからの脱却

現在の福祉国家の構想は，税金という経済的資源と知識人あるいは専門家集団という知的資源を国家の中枢に集めて，資源再配分計画を目的合理的に決定していくことにある。しかし，この構想を続けていては，個人や社会の自律

的，自発的活動が活発化していくことはない。人びとはクライアントの地位に甘んじてしまうからである。さらに，人びとの福祉国家へのパターナリズムが繰り返されていては，結局は財政破綻を恒常的に続けていくことになりかねないのである。

また，国家レベルでの資源再配分計画は，科学技術の驚異的な発展に依拠する医療・健康政策の実践を意味し，その結果，日本においては超高齢化社会が誕生した。本来，人間の長寿は喜ばしいはずなのに，一方で，寝たきり老人，痴呆性老人を大量に社会で抱えてしまう「希望の無い超高齢化社会」を招来させたとも言えるのである。

国家レベルの資源再配分のプロジェクトによって生み出された超高齢化社会を，再び国家レベルの資源再配分型福祉政策によって改善しようとすることは，タバコを販売しながら禁煙を勧めている現在の政府の政策と似ている。つまり，国家政策の二面性である。国家としてタバコの販売量を増やし独占的に税収を確保する一方で，禁煙による健康を推奨するという矛盾した政策目標を実践している。同様に，超高齢化社会への対応策も，国家政策としての二面性を発揮している。つまり，国家は一方で国民の国家へのパターナリズムを満足させ，資源再配分計画の実践の結果によるクライアントとしての国民の長寿を祝うという親密性を見せながら，一方ではその資源再配分計画を実践していくための原資を独占的に保持し，効率性と有効性の名のもので配分を削減しようと試みている。こうした国家と国民の相関関係による矛盾した政策と国家による個人の選好への介入は，資源再配分型福祉国家の持つ最大の特徴なのである。福祉国家と国民との親密性はそうした矛盾を隠蔽するとともに，福祉国家に対する個人のパターナリズムは，個人の自律的な生の営みを縮減してしまうのである。なぜなら，こうした矛盾した福祉国家における資源再配分的政策のもとでは，個人は自らの生の営みを国家に委ねていく方法に個人の選択は限定されるからである。

こうした資源再配分型福祉国家の矛盾を解消し，その限界を乗り越えて新しい福祉国家を構想するためには，国家によって独占されている資源を再配分し

ていく福祉国家から，その資源の活用の方法論を転換していくことが求められる。それは，前述のような個人の力と地域社会の力（地域力）を高めていくことによって実現するものである。そうしたローカルな所から国家レベルでの福祉国家を再構想していく必要性が存在するのである。もちろん，ここで言う個人の力とは新自由主義的な経済力や社会的地位あるいは能力，競争力だけを指すのではなく，「自らが生きようとする力」であることは言うまでもない。そして，地域力とは「共に生きていく力」である。これまでの国家レベルでの福祉政策は，こうした個人の力あるいは地域の力を押し上げようとして，国家レベルでの計画策定と資源再配分を繰り返してきた。しかし，それを繰り返していても，結局のところ個人の力や地域の力の回復あるいは向上には至らなかった。むしろ，国家と個人の間でのクライエンタリズムとパターナリズムを増長させ，地域社会での個人間の連携は分断されてきたのである。

　新しい福祉国家の構想は，国家の役割の縮小と責任の放棄あるいは転嫁を意味するものではない。国家の役割を変えることを意味する。そして国家の新しい役割とは，浅井[97]の主張のように，福祉財政の危機の回避だけに目を奪われて，国家を福祉の市場化の「監査」的なものに限定することではない。いわんや，個人，社会レベルで発生してくる人びとの自律的，自発的な福祉にかかわる言説や活動を規制や制御することではない。国家の新しい役割は，個人，社会そして国家を集成（integrate）あるいは集約（fusion）する公共の場を作ることである。つまり，国家は技術的に資源の再配分計画を策定して執行，制御していく役割から，個人や社会に存在する福祉の関わる言説や活動を集約し，個人や社会のアクターの活動を支援していくための公共的な場の環境作りをすることに変るのである。具体的には前述の福祉国家における福祉諸制度は，競争社会から落ちこぼれる人びとをセーフティ・ネットで受けるにとどまらず，トランポリンのように人びとを自由と責任を持つ主体として再び社会へと戻っていけるように後押しをすることである。そして，戻った先は市場だけが全ての政策を決定していくような社会ではなく，人びとが自由で平等的な環境のもとで，自らの生の営みを自己のものとして言論や活動の責任を背負う社会であ

る。

　こうした国家の役割の変化は福祉国家の終焉を意味するのではなく，そのことによってむしろ福祉国家のヘゲモニーは強まるのである。なぜなら，これまで議論してきたように，ローカル・レベルでの人びとの自律的で集合的な意思の「表れ」によって地域での公共性は広がりを見せていく。その公共性の広がりが国家レベルにまで拡大し，人びとの意思と活動が蓄積されていくことによって，福祉国家への人びとの意識や信頼が集積されていくのである。その人びとの意思と活動の集積（accumulation）によってこそ，福祉国家のヘゲモニーの危機は回避されるのである。

　その時，地方自治体の役割もまた，国家の役割の変化と同様に，変わっていくことになる。現在の地方分権の議論は，中央政府の持つ権限・財源の地方政府へどのように再配分をしていくかを巡って行われている。こうした議論の結果，地方自治体（地方政府）が，これまでの福祉国家が招来していた負の遺産である管理社会におけるクライエンタリズムとパターナリズムを継承するものになってはならないのである。

終わりに

　シュトラッサーは，「福祉国家を徹底的に改革するには，福祉国家の対象となる人びとに活力を与え，専門職業家と非専門職業家との協力を促し，そして人びとが独力で，あるいは他者と協力して，彼らが抱える問題の多くを解決するのに援助することを目的として方策が講じられる必要がある」[98]と述べる。本章で指摘した点は，シュトラッサーのこの指摘とほぼ同一の視点に立っている。それは，資源再配分型福祉国家の限界性を克復していく上での，政策決定者・専門家と一般の人びと・非専門家との間での様々なレベルの場における討議（deliberation）と実践によって福祉政策を決定していくことの重要性，合理性そして有効性である。これまでの日本における福祉国家の再考の議論は，逆にそうした政策決定過程は非合理的で非有効的なものと考えられてきたので

はないだろうか。複雑で高度に専門化された福祉諸制度を変えていくための議論を素人が行うのではなく，専門家や知識人に「委任」していくことの方が，合理的で有効なものである，という認識である。もちろん，こうした人びとによる集合的討議にともなう合理性が問題解決の万能薬ではないし，しかも逆に時間や労力といった代償（cost）を伴うものであろう。しかしながら，今日の福祉国家の状況はこれまでの認識からだけではなく，新たな視点から徹底的に改革していかなければ，福祉国家そのものが成り立たないまでに至っている。

　資源再配分型福祉国家の負の遺産である国家による管理に基づく人びとのクライエンタリズムとパターナリズムを克復していくことが重要である。そうした負の遺産を除去するためには，これまでのように専門家や知識人だけが国家の名のもとで福祉制度改革の議論を行い，政策を決定し，そして執行しても，負の遺産を除去するまでには至らないことは容易に想像しえる。諸個人の認識からスタートして福祉国家の構想を考えていかなくては，福祉国家への諸個人のパターナリズムが除去されることはないであろう。資源再配分型福祉国家の負の遺産を除去することの目的は，自らの人生は自らが決定するという自由への希望と，人は他者とともに生きるという平等的な依存関係の両方を満足させることである。したがって，その方策を具体的に作り上げていく方法もまた自己決定と他者への依存との関係から生まれてくるようなものとなることが望まれる。福祉国家の制度改革をもテクノクラートによる自律的決定に委ね，福祉サービスの受給者あるいは客体として人びとが留まる限り，この負の連鎖から脱却することは困難である。人びとは，自らの生の営みを自分の手に取り戻すためには，自己責任（リスク）をも自らの手に持っていなくてはならないのである。

　このように西欧における伝統的リベラリズム，功利主義あるいは社会主義の伝統によって形成されてきた福祉国家は，今日深刻な危機を迎えているのである。それは，これまで語られてきた財政的，制度的，社会的な状況から発生する危機よりもさらに深刻である。福祉国家の危機を，新自由主義的な観点すなわち資源再配分を市場主義と競争原理に基づいて効率化させることによって回

避することは，逆に一層人びとを福祉政策から疎外させ，福祉国家の危機を増幅していく道に他ならない。なぜなら，市場主義的な福祉国家においては人びとは再び単なる顧客（クライアント）として扱われるにとどまるからである。人びとは顧客であれば煩わしい政策の議論や実践を専門家に委任しておけば良い。しかしそれでは，人びとにとっては気楽である一方で，人びとは政策決定過程から排除されることになる。そして，人びとは科学技術に基づく目的合理的な決定すなわちテクノクラシーに信仰ともいえる信頼や期待を持つようになってしまう。そうしたいわば福祉政策決定への「白紙委任」は，委任した自己へ，再び福祉国家の危機として再帰的に還元されてきているのである。

　資源再配分型福祉国家の危機を回避しようとするならば，こうした人びとの批判的精神を喪失させていくテクノクラシー的福祉国家から脱却あるいは再転換をする必要がある。さらに，個人の人格の自由な発展を保障する福祉国家本来の構想を具現化しようとするならば，人びとの自由で平等的関係のもとで，批判的精神の発露によって政策が決定され，そして実践されていくものへとその方法論を再検討していかなくてはならない。こうした福祉国家の再構築の試みは，実は，近代以降の様々な思想や哲学が生み出した諸個人の自由と尊厳の確立という福祉国家の理想を，再び人びとの手に取り戻そうとする新しくて古い試みなのである。

注
1) F. A. ハイエク（1954）を参照。
2) ヨハノ・シュトラッサー（2001：215）を参照。
3) 福祉国家という政治領域と科学技術が親和性を持っていることについて，米本昌平は優生学を例に次のように述べている。「近年の優生学史研究は，優生学をナチズムと同一視するのは誤りであり，むしろ福祉国家と強い親和性があったことを明らかにしている。市野川容孝氏の「福祉国家の優生学」（世界5月号）によれば，戦前に福祉国家をうち立てたスウェーデンは34年（筆者注：1934年）断種法を成立させ，70年代に至るまで福祉サービスとの見合いで半強制的な断種を行なっていた。優生学はナチスの崩壊によって終わったのではなく，逆に暴力的なナチス政権が消滅したことによって科学的優生学の時代が到来した。戦後のス

ウェーデンや日本の優生政策の強化はその典型であった。氏によればこの二つの国の差は，スウェーデンが調査のうえで生存者には補償を行なおうとしているのに対して，日本政府は過去に触れようとしない点である」(1999年4月28日，読売新聞，夕刊)
4) 専門家集団とは，ある分野において獲得された特別な知識や技術を持ち自律的に政策の決定を行う者の集団を指す。
5) 前掲書，221頁を参照。
6) 西田編（1998：218-219頁）を参照。
7) ハイエク（1954）を参照。
8) 代表的な論者がヘルベルト・マルクーゼであった。詳細は『一元的人間』（1974）河出書房新社，を参照されたい。
9) サッチャーリズムを新自由主義的とみるか新保守主義的とみるかは論者によって異なるが，市場と民間を重視することから新自由主義的であり，家族や共同体よりも個人の自由を重視することから新保守主義的とみることができる。一方で保守主義の伝統的な国家の価値をより強いものにしていこうとした意志も存在した。このように，それらが渾然一体化したものをサッチャーリズムとして評価することが妥当と思われる。
10) 英国労働党下院議員 Alan Whitehead 氏の講演より（2002.7.20）。
11) Francis Fukuyama (2002) Our Posthuman Future, Farrar, Straus and Giroux, New York を参照。
12) 本章で使用するヘゲモニーの定義はグラムシの定義にならって「言説によって発生する非暴力的な安定装置」という意味である。国際関係論でしばしば使用される「覇権」といった国家権力の行使による支配状態を指すものとは異なることに留意されたい。
13) 初期の福祉国家論に対して，資本主義の陣営からは資本主義を侵す労働者の政策として拒否したし，共産主義の陣営からは，労働者を怠惰にするものであるとして批判したことは歴史的事実である。
14) 第二次大戦後に生まれた政党レベルにおいて，福祉国家論を日本で最初に具体的な政策として提唱したのが自由民主党の結党時の綱領（1950年）であり，続いて民社党（当時）の結党時（1960年）における暫定綱領の中であった。当時，福祉国家を謳った自由民主党は，福祉国家の建設よりも経済発展が重要であると政策を転換した。共産党は，資本主義を延命するだけのもので革命を遮るとして批判した（梅澤1996：90）。後に，両党が福祉国家の建設を政党の中心的政策に据えたことは指摘するまでもない。このように福祉国家論は政治イデオロギー闘争の側面を持つものだったことに留意すべきである。
15) 今日の労働組合運動や生活協同組合の協同福祉的運動は大正時代からの貧民救

済活動や，第二次世界大戦後の生活改善運動があったことを留意すべきである。
16) 新川 (2000：142) を参照。
17) 第39条において「自由人は，その同輩の合法的裁判によるか，または国法 (law of the land) によるのでなければ，逮捕，監禁，差押，法外措置，もしくは追放をうけまたはその他の方法によって侵害されることはない」(出典：高木八尺他訳，『人権宣言集』，岩波文庫，1957年) と規定されたことによる。ただし，自由人とはバロン (国王によって封を受けていた者) を指しており，封建的な意味が強い。しかし，後の1628年の権利の請願においてその根拠とされるなど自由や人権保障の概念が形成されていく上で，歴史的意義が大きいことは言うまでもないことである。
18) 冒頭に「すべての人は生来ひとしく自由かつ独立しており，一定の生来の権利を有するものである。これらの権利は人民が社会を組織するに当り，いかなる契約によっても，人民の子孫からこれを（あらかじめ）奪うことのできないものである。かかる権利とは，すなわち財産を取得所有し，幸福と安寧とを追及獲得する手段を伴って，生命と自由とを享受する権利である」(出典：高木八尺他訳，『人権宣言集』，岩波文庫，1957年) と規定された。
19) 第1条に「人は，自由かつ権利において平等なものとして出生し，かつ生存する。社会的差別は，共同の利益の上にのみ設けることができる」(出典：高木八尺他訳，『人権宣言集』，岩波文庫，1957年) と規定した。
20) 本章では詳細に検討を加えないが，こうした福祉国家の文脈が，全面的に国家によって担われるものと変容したことについては，社会変動論が，産業化・近代化が社会の基礎団体・基礎社会を解体させるという命題を示している。
21) 前掲書，参照。
22) 本章でいう社会主義は，ロシア型社会主義や中国型社会主義を指すのではなく，西欧型社会主義であり，日本で言えば民主社会主義を指す。西欧諸国での社会主義は，マルクス・レーニン主義との思想的な関連性について，西欧社会主義政党が集まって行なったフランクフルト宣言 (1952年) によって決別したものであることに留意すべきである。
23) 浅井春生 (2000) を参照。谷藤は，こうした日本における福祉制度改革を「20年遅れのサッチャーリズム」だと批判する (谷藤2002：9)。
24) 伊藤周平 (1996：1) を参照。
25) 宮本太郎 (1999：44-45) を参照。
26) OECD (1983：115) を参照。
27) 伊藤，前掲書 (1996：3-4) を参照。
28) 後述するが，サッチャー政権下でのエージェンシーは，業務の外部化あるいは委任化の受け皿となる各種の団体を指す。

29) 改正された内容は以下のような点である。①地方公共団体の福祉に関する事務の再編成・分権化、②在宅生活支援事業の社会福祉事業としての位置づけ、③老人福祉計画、老人保健福祉計画の作成、④社会福祉・医療事業団による社会福祉事業助成策の強化、⑤共同募金の配分規制の緩和、⑥社会福祉協議会の機能強化
30) ニクラス・ルーマン（1996：186-187）を参照。
31) アレックス・デミロヴィッチ（2000：289）を参照。
32) 前掲書，（2000：289）を参照。
33) He, Baogang（2002：206）より引用。
34) テリー・ピンカード（2001：144）を参照。
35) この典型的な例が，中央政府で行われる様々な政令，省令，規約，規則，要綱，通達といった名称が付記された官僚の手による法令の決定である。政令などは閣議の承認事項であるが，その他のものは閣議の決定を経ずに行われる官僚機構内部での政策決定であり，実質的に法律を規定するものである。さらに，地方自治体においても同様であるが，法律で定められた介護保険計画などを除いても，法律によらず政策的判断によって官僚が自律的に決定する各種の計画によって実質的に福祉政策が実行されている。
36) ピンカード，前掲書（2001：144）より引用。
37) Robert Leach（2002：60-62）を参照。
38) 新川，前掲書（2000：145-147）を参照。
39) A. Giddens（1998：120）を参照。
40) ルーマン（1996：278）はクライエンタリズムに陥るプロセスを次のように語っている。「法システムにおける卓越した考察は，その組織された活動，および／あるいは専門的な活動というものに関わっている。そのシステムのなかで働いていないひとは「クライアント」として扱われ，それゆえ智勇心的な課題は，いかにしてそのシステムがクライアントに仕えるかということである。」
41) 中岡成文（1996：178）より引用。
42) ボブ・ジェソップ（1994：238）より引用。
43) 2003年4月から適用される新制度は，身体障害者，知的障害者，障害児の福祉分野である。リハビリをする厚生施設や職業訓練を行う授産施設，ホームヘルプ，グループホームなどの利用者が対象となる。（読売新聞2002年4月5日：15を参照）
44) 浅井，前掲書（2000：98）を参照。
45) ハイエク，前掲書（1954：165）より引用。
46) 護民官的国家の形成については，アンソニー・ギデンズ（1999）松尾精文，小幡正敏訳，『国民国家と暴力』，而立書房を参照。
47) 読売新聞（2000.2.3）より引用。

48) シュトラッサー，前掲書（2001：222）を参照。
49) アンソニー・ギデンズ（1998：33）
50) 柿原泰（2001：123）より引用。
51) 村田純一（1999：144）より引用。
52) 前掲書，（1999：147-148）より引用。
53) ルーマン（1990：108）を参照。
54) 前掲書，（2001：221-222）を参照。
55) 新川，前掲書（2000：145）を参照。
56) ジャック・ドンズロ（1994：114）より引用。
57) 前掲書，（1994：114）より引用。
58) Francis Fukuyama (1992) *The End of History and the Last Man,* AVON BOOKS INC., New York.
59) ジョン・グレイ（2001：2）を参照。
60) 前掲書，（2001：3）を参照。
61) 前掲書，（2001：7）を参照。
62) ジョン・スチュワート・ミル（1971：29）より引用。
63) この点についてハイエクはむしろミルは社会主義に共感を持ち，大多数の自由主義者が穏健な社会主義に移行する準備を整えたと指摘する（ハイエク1986：218）。
64) グレイ（2001：6）より引用。
65) W.キムリッカ（2002：19）より引用。
66) 前掲書，（2002：21）より引用。
67) 前掲書，（2002：29）より引用。
68) 本章で言う科学技術の概念は幅広く捉えている。自然科学上の技術，工学的な技術はもとより，社会科学の分野において誤謬性がなく客観性があると考えられ，専門的で技術的な知識を使うことによって分析が行われる様々な方法論を指す。例えば社会科学における分析のツールとしての統計，諸制度を構成していく法律，経済学上の分析の方法論などを指す。
69) マイケル・サンデル（1999：41）より引用。
70) ハーバーマス（1995：198）より引用。
71) ウルリッヒ・ベック（1997：20）より引用。
72) 前掲書，（1999：41）より引用。
73) 国民健康保険制度の問題を解決するために各地方自治体で可能なことは，税率の改定と人間ドックなどの事業を実施するか否かといった点ぐらいであり，制度の根幹を改めることは法律上不可能である。
74) 介護保険制度の導入以前より自治体の補助金を受けて介護サービスを実施して

いたNPOが，介護保険制度の導入とともに，介護サービス事業者として制度に組み入れられるか，もしくは，介護保険制度の適応外として，従前の補助金が打ち切られる。後者の例では，自治体は介護保険の導入によって補助金の意義が無くなったとするが，このことは，住民の自律的な福祉政策が，国家の政策変更によって縮減されることを意味するのである。

75) コンピューターによる初期の判定そのものが要介護・要支援認定の基準となるわけではないが，要介護者の判定はそこから始まり，なおかつサービスの内容は介護福祉士，ケースワーカーあるいは医師などの専門家集団（介護認定審査会）によって決定されるのである。

76) Rawls, John (1971) *A Theory of Justice,* Belknap Press of Harvard University, (1993) *Political Liveralism* Columbia を参照されたい。

77) Rawls (1993：430) を参照。

78) 嶋津格訳，『アナーキー・国家・ユートピア』，木鐸社 (1998) 第7章を参照。

79) Habermas, Jurgen (1998) *Between Facts and Norms*, The MIT Press, Cambridge, Massachusetts, Chapter 2を参照。

80) 菊池理夫訳，『自由主義と正義の限界』，三嶺書房 (1992)，第3章を参照。

81) 山本貴之訳，『自由論』，ミネルヴァ書房 (2001)，第3章を参照。

82) デリバラティブ・デモクラシーの系譜には伝統的リベラリズム，ポスト・マルクス主義，あるいはコミュニケーション理論，あるいは市民社会論など様々なアプローチが存在している。各アプローチの立場は異なるが，共通した点は，討議あるいは審議といった民主主義の基本的な方法論を再検討し，分断された諸理論と実践を再集成あるいは収斂していこうとする方向性を模索していることである。詳細は，千葉眞 (1995：205-225)「デモクラシーと政治の概念」，『思想』，9月号，岩波書店，James Bohman and William Rehg edit., (1999) *Deliberative Democracy*, The MIT Press, Cambridge を参照されたい。

83) クリストフォー・ミュラー (1995) を参照。

84) 前掲書，(1995：201-202) より引用。

85) 新川，前掲書 (2000：144) より引用。

86) 前掲書，(2000：144) より引用。

87) 例えば，以下のようなレポートでそうした動きが日本の地方自治体で始まっていることを示している。「千葉県（592万人）」は，21世紀福祉戦略の構築作業を進めている。NPO代表や福祉施設代表，学識経験者など約10人で構成される「福祉戦略検討会」で検討するが，同時併行で福祉施設の職員や利用者，その家族らを対象に聞き取り調査を実施。さらに，広報紙などを通じてNPO・ボランティア団体などから意見や提言を寄せてもらう」『ガバナンス』(2002) 2月号，ぎょうせい，59頁より引用。

88) 日本の地方分権の議論が福祉国家の再構築を趣旨としているものではないが，その中で見られる合併推進の議論には，福祉国家の行き詰まりによって財政的に困難な状態に陥った地方自治体の改革が盛り込まれている。「地方分権推進委員会第 2 次勧告」(1997) 地方分権推進委員会発行，第 6 章を参照されたい。
89) 前掲書を参照。日本において「措置制度」から「契約制度」へと福祉政策の基本的思想を転換したことに対する批判である。措置制度は国家による全面的な保護政策を意味するが，契約制度は国家（契約当事者は地方自治体）と個人との契約関係を前提とするものである。
90) Giddens (2000：3) を参照。
91) セーフティ・ネットからトランポリンへという暗喩は，すでに英国労働党の1994年におけるゴードン・ブラウンの報告によって示されたものである。それは福祉国家の見直しの中で，Welfare State から Welfare-to-work というスローガンのもとに，福祉に依存する人びとに教育や機会などを提供することによって労働へと復帰させていくことを福祉政策の柱として据えていることによるものである。付言すれば Welfare State から Welfare-to-work という労働党の政策的戦略が，弱者に労働を強制することにあたる Workfare (no work, no benefits) なのではないかとする批判と論議が展開されている。詳細は Driver & Martel (1998：107-113) を参照されたい。
92) Driver & Martel (1998：107) を参照。
93) 浅井 (2002：131) を参照。
94) 構造主義，ポストモダニズムあるいは社会構築主義といった諸理論においてエージェンシーが社会的行為媒体として盛んに議論されているが，それらは社会構造の変容をもたらしている媒体として研究がされているものである。したがって，福祉制度を行政官僚機構が担うものではなく擬似行政機構によって担うものといった意味での議論はこうした諸理論では扱っていない。Marsh, David and Gerry Stoker edit., *Theory and Methods in Politcal Science*, Palgrave Macmillian, 2nd edition (2002), pp. 271-291を参照されたい。
95) Driver & Martell (1998：104) を参照。
96) 瀧井宏臣 (2001) を参照。
97) 浅井 (2002：131) を参照。
98) 前掲書，(2001：231) より引用。

参 考 文 献

浅井春生 (2000)「新自由主義の福祉政策＝非福祉国家への道」『現代思想』, vol., 28-4　3月号，青土社，90-103頁

浅井春生（2002）「福祉国家の再編」『現代思想』, vol., 30-7　6月号, 青土社, 119-132頁
伊藤周平（1996）『福祉国家と市民権』, 法政大学出版局
梅澤昇平（1998）『現代福祉政策の形成過程』, 中央法規
OECD編（1983）厚生省政策課調査室, 経済企画庁国民生活政策課, 労働省国際労働課監訳,『福祉国家の危機』, ぎょうせい
岡本信一（2001）『独立行政法人の創設と運営』, ㈶行政管理研究センター
柿原泰（2001）「ネオリベラル・テクノクラシー批判」『現代思想』, 2月号, Vol., 29-2 122-135頁
権丈善一（2001）『再分配政策の政治経済学』, 慶應義塾大学出版会
酒井隆史（2001）『自由論』, 青土社
新川敏光（2000）「日本型福祉体制の特質と変容」『現代思想』, vol., 28-4 3月号, 青土社, 141-154頁
末廣幹（2000）「エイジェンシー」『現代思想』, 2月号, Vol., 28-3 52-55頁
総務庁編（1997）『武藤総務長官　英国行政改革実情調査結果報告』, 総務庁
瀧井宏臣（2001）「民が主役で公が支える高齢者福祉」寄本勝美編著,『公共を支える民』, コモンズ
谷藤悦史（2001）「英国における行政改革と公共サービス管理の変容」『季刊行政管理研究』No. 94 3-21頁
谷藤悦史（2002）「陥穽に満ちた小泉構造改革」『改革者』, 政策研究フォーラム, 2月号, 6-9頁
西田毅編（1998）『近代日本政治思想史』, ナカニシヤ出版
宮本太郎（1999）「福祉国家の世紀と政治学」『年報　政治学』, 日本政治学会編, 岩波書店, 35-52頁
村田純一（1999）「技術論の帰趨」, 加藤尚武, 松山壽一編,『科学技術のゆくえ』, ミネルヴァ書房,
安章浩（2001）「現代イギリス政治の動向と課題」岡野加稲留, 大六野耕作編著,『比較政治学とデモクラシーの限界』, 東信堂
丸尾直美, 益村眞知子, 吉田幾彦, 飯島大邦編著（2000）『ポスト福祉国家の総合政策』, ミネルヴァ書房
ウォルツァー, マイケル（1999）山口晃訳,『正義の領分』, 而立書房
ギデンズ, アンソニー（1998）松尾精文他訳,『社会学』, 第3版, 而立書房
キムリッカ, W（2002）岡崎晴輝, 木村光太郎, 坂本洋一, 施光恒, 関口雄一, 田中拓道, 千葉眞訳,『現代政治理論』, 日本経済評論社
グレイ, ジョン（2001）山本貴之訳,『自由主義論』
サンデル, マイケル（1999）中野剛充訳,「公共哲学を求めて」『思想』, vol., 904

10月号，岩波書店，34-72頁

シュトラッサー，ヨハノ（2001）石田淳，越智敏夫，向山恭一，佐々木寛，高橋康浩訳，「社会進化論と過保護国家の間で」マイケル・ウォルツァー編，『グローバルな市民社会に向かって』，第15章，日本経済評論社

ドンズロ，ジャック（1994）「社会の動員」『現代思想』，4月号，青土社，Vol., 22-5 107-115頁

ハイエク，F.A.（1954）一谷藤一郎訳，『隷従への道』，創元社

ハイエク，F.A.（1986）田中正晴，田中秀夫訳，『市場・知識・自由』，ミネルヴァ書房

ハーバーマス，J（1995）河上倫逸監訳，『新たなる不透明性』，松頼社

ハンプトン，W（1996）君村昌訳，『地方自治と都市政治』，敬文堂

ピンカード，テリー（2001）石田淳，越智敏夫，向山恭一，佐々木寛，高橋康浩訳「共同体主義論争に関する新ヘーゲル派の考察」マイケル・ウォルツァー編『グローバルな市民社会に向かって』，日本経済評論社

ベック，ウルリッヒ（1997）松尾精文，小幡正敏，叶堂隆三訳，『再帰的近代化』，而立書房

ミュラー，Ch.（1995）大野達司，山崎充彦訳『国民代表と議会制』，風光社

ルーマン，ニクラス（1996）土方透，大澤善信訳，『自己言及性について』，国文社

Birch, Anthony H, (1998) The British System of Government Routledge, New York

Blau, Peter M. (1963) The Dynamics of Bureucracy Univ. of Chicago Press

Bohman, James (1999) "Deliberative democracy and Effective Social Freedom" James Bohman and William Rehg edit, , *Deliberative Democracy*, The MIT Press, Cambridge

Bourdieau, Pierre (1998) Practical Reason, Polity Press, Cambridge First published in France as Raisons Pratiques, edit., du Seuil 1994

Driver, Stephen and Luke Martell (1998) *New Labour* Polity Press, Cambridge

Dworkin, Ronald (1992) "Liberal Community" *Communitarianism and Individualism*, Oxford University Press, New York pp. 205-223

Giddens, Anthony (1994) *Beyond Left and Right* Polity Press, Cambridge

Giddens, Anthony (1995) *Politics, Sociology and Social Theory* Polity Press, Cambridge

Giddens, Anthony (1998) *The Third Way*, Polity Press, Cambridge

Giddens, Anthony (2000) *The Third Way and its Critics*, Polity Press, Cambridge

He, Baogang (2002) "Civil Society and Democracy" Carter, April & Geofferey

Stokes edit., *Democratic Theories*, Polity Press, Cambridge

Leach, Robert and Janie Percy-Smith (2001) *Local Governance in Britain*, Palgrave New York

Leach, Robert (2002) *Political Ideology in Britain*, Palgrave, New York

McAnulla, Stuart (2002) "Structure and Agency" David Marsh and Gery Stoker edit., *Theory and Methods in Political Science* Second edition, Palgrave Macmillan New York pp. 271-291

Peters, B. Guy (1996) *The Future of Governing* University Press of Kansas

Rhodes, R. A. W. (1997) *Understanding Governance*, Open University Press, Buckingum

Stewart, John (1995) "Local Authorities as Community Government", Stewart, John and Gerry Stoker edit., *Local Government in the 1990s*, The Macmillan Press Ltd, London

Stewart, John and Gerry Stoker (1995) "Local Government Restructuring 1979-94: An Evaluation" Stewart, John and Gerry Stoker edit., *Local Government in the 1990s*, The Macmillan Press Ltd , London

第 2 章　福祉政策と福祉ミックス

　は　じ　め　に

　第 2 次大戦後の世界経済において，1973年までの約30年間を「黄金の30年」と呼ぶことがある。経済の順調な発展に伴い，先進諸国では国民の生活を保障する社会保障制度が拡充されていった。国々の歴史的沿革や経済事情により，制度の類型は様々であるが，いわゆる「福祉国家」が成立した。ところが1973年の石油ショックで世界経済は暗転した。経済は低成長からマイナス成長が定着し，税収や社会保険料の伸びも鈍化した。潤沢な税収や社会保険料の伸びに支えられて拡充されてきた社会保障制度も曲がり角に直面した。
　1970年代後半から，先進各国は福祉見直しを行った。1979年に成立したイギリスのサッチャー政権，1981年に成立したアメリカのレーガン政権による新自由主義的改革がその代表例である。日本でも1981年に設置された第 2 次臨時行政調査会で精力的な審議が始められた。国家予算の最大費目になっていた「社会保障関係費」[1]がそのターゲットになるのは当然であった。近年の福祉国家を取り巻く変化がこれらの改革を喚起した。高齢化の本格的進展，少子化の進行，経済の低成長，社会の成熟化，財政赤字の累積などが国家財政を直撃した。一度始めた給付やサービスを削ることは議会制民主政治のもとでは容易なことではない。有権者の声が絶対視され，既得権が堆積する。
　社会や経済の変動に対応して国民の生活を保障するうえで，国家は少し退却せざるをえなくなった。行政の非効率性という政府自体の失敗もある。大衆の要望を最優先する議会制民主政治と結びつくといったん始めた制度を止めるこ

とは難しい。既得権が擁護され,赤字国債が堆積し,財政の制約が増加する。

政府の役割の減少を埋めるのは民間以外にない。民間にもいろいろな組織がある。代表的なものは,民間営利団体としての企業である。民間非営利団体の進展も著しい。その中間にも,ボランティア団体や地域団体など無数の組織が存在する。国家の財政危機を背景に,政府,市場,インフォーマル部門の3者の適切な組み合わせで国民の生活を保障しようとする考え方が登場してきた。福祉ミックス論であり,供給システムに限定して考えた場合,福祉多元主義とも呼ばれる。

本章では,まず福祉ミックス論の基本的考え方を概観し,福祉社会の基礎で,所得保障の中心である老後の所得保障での福祉ミックスのあり方について考察する。公的年金制度が老後の生活費全体のどのくらいの範囲を保障することが適切か,現役時代からの自助努力,共助との組み合わせの在り方について,1つの政策的インプリケーションを提出したい。

さらに,残る福祉政策の分野である「医療政策」,「社会福祉政策」の現在のあり様について概観し,福祉ミックス論を踏まえた,今後の政策展開のあり方を探ってみる。

1. 福祉ミックスと基準

(1) リスクとミックス

1) 増加するリスク

今日では多くの先進国が福祉国家と呼ばれるようになった。その制度的中心は,社会保険を中核とする社会保障制度である。所得の喪失・中断・減少に対応して所得保障する老齢年金,失業給付,公的扶助,社会手当などを中心に,医療供給,社会福祉サービスなど対人社会サービスがその回りを取り囲み,個人に医療や福祉サービスを提供するシステムを整えている。その外延には,住宅,教育,雇用など社会サービスと呼ばれる分野がある。これらの所得保障,対人サービス,社会サービスが組み合わさって,今日の福祉国家はトータルに

個人の生活を保障しようとしている。通常の生活を維持することを脅かすものは，生活上の予測しがたいリスクである。人々が生きていくうえで，なにもかも順調な人生はありえない。思った通りにいかないことはもとより，予測できない危険に遭遇することが多い。現代社会は人口の増加，産業化，都市化，高齢化，情報化，交通手段の発達，環境悪化などが進展し，大規模で複雑な社会となりつつある。生活上のリスクそのものが増加している。

　経済の成長は人々の生活を豊かにし，豊かな生活は必然的に長寿化をもたらした。1人当たり国民所得と平均寿命は相関関係が高い。もとより，医療技術の進歩，栄養状態の改善などによる乳児死亡率の低下，病気治癒率の上昇なども大きな要因である。長寿化は喜ばしいことではあるが，別の観点から個人をとってみると「長生きのリスク」が高まることでもある。つまり，働くことによる収入がなくなっても，生活していかなければならない時期が長くなることを意味する[2]。

　高齢期の所得保障の手段としての公的年金の果たす役割は大きくなる。しかも，生活費の基礎的な部分を保障することにとどまらず，従前生活の維持にまで及ぶ時，要する費用は膨大なものとなる。自ら拠出し積み立ててきた保険料だけでは自分の年金受給額をまかなうことはできない[3]。先進諸国で年金制度を社会保険方式で運営している国では，高齢者の年金を現役労働者の保険料でまかなう賦課方式に移行してきた。

　病気の危険性も増している。食事や住環境の影響により生活習慣病などの慢性疾患が増加している。急性疾患から慢性疾患への変化である。慢性疾患はなかなか治癒しがたく，症状が固定し障害の状態にとどまることが多い。慢性疾患は高齢者に多く，身体能力の低下とあいまって，要介護のリスクを増大させている。とくに75歳以上の後期高齢者は痴呆や寝たきりなど身体介護や生活介護を必要とする事態に陥ることが多い[4]。

　情報技術の進展は，生産現場に浸透し技術・技能を陳腐化する。労働の現場では雇用の流動化，多様化が進行している。情報化による生産性の向上に伴うリストラ圧力や従来型の技術が不要になること，中国など発展途上国での生産

の増加による産業の空洞化などが進展し失業のリスクも増大している。労働の現場では機械化が進んでいるが，労働災害の危険性は増している。自動車が普及し，仕事はもとより通勤や買い物，レジャーなどに利用されるにつれ，交通事故も増加している。

　社会が複雑で大規模になればなるほど，以上のような生活上のリスクは増大する。「リスクあるところに保険あり」と言われる。民間保険会社の販売する保険の種類も増加してきた。生命保険や損害保険に加えて，医療保険などの第3分野の保険の増加である。このような増大するリスクにどこまで公的に対応し，残りを私的対応に任せるか，共助の分野でできることは何なのかが問われている。

　2) 減少する家族・地域の扶養力

　産業化は大量の労働者を必要とし，農村からの農民の移動を促した。雇用労働者化が進行した。都市の人口が増加し，必然的に都市化をもたらしてきた。都市に出てきた労働者は新しい家族を構成し，親と子どものみから構成される核家族が数多くつくられる。核家族化の進行である。世帯の平均人口の減少というかたちで明確に現れる[5]。これに高齢化が平行して進行すると，65歳以上の夫婦から構成される高齢世帯が増加し，夫婦のうち，どちらかが先に死亡すると高齢単身世帯となる。家族の扶養力は著しく減少し，逆に扶養を必要とする世帯が増加していく。

　2001年国民生活基礎調査で日本の世帯の状況をみてみよう（以下，2001年6月7日現在）。日本の世帯総数は4,566万4,000世帯，そのうち高齢者世帯は全世帯の14.6％と徐々に増加している[6]。65歳以上の者がいる世帯のうち，「単独世帯」が19.4％，「夫婦のみ世帯」が27.8％となっている。この両者で47.2％と約半数を占めるに至っている。一般に女性の方が長生きなので，女性の高齢単身世帯が大幅に増加している[7]。

　一方，都市化の進展とともに，地域の共同体も崩壊した。地域内での扶養意識は，地域内の住民がなんらかの関係性を保つことで醸成され，維持される。都市化は都市自体の人口規模を大きくするとともに，交通手段の発達もあいま

って人口の移動量を大きくした。住民の関係性は比較的小さな規模（人口的，地理的に）と移動の少ない社会において濃密に醸成される。都市住民の人間関係の稀薄さは地域コミュニティの崩壊をもたらし，地域の扶養力の著しい減少を招いた。たとえば，公団住宅などでの誰にも看取られない孤独死の増加などはその象徴的な例であろう。

3）ニーズを満たす方法

このような，リスクの増大と家族と地域の扶養力の減少があいまって，人々の福祉ニーズを増大させることにつながる。従来，家族や地域の中で扶養され介護されていた人々の扶養や介護が外部化され，社会化される必要が出てくる。これらのニーズのうち，より公共的に対応が必要と考えられるものは，公共的に提供され，そうでないものは市場を通じて提供される。

経済学では，人々が要求する財やサービスを3つに分類する。純粋な公共財は，国防や消防，警察，道路，公園，などサービスの利用を排除できない財をいう。公的にしか供給できない財である。私的財とは，それを得ることによるメリットが完全に個人に属する財であり，私的に（市場を通じて）供給される。準公共財とは，その中間の財で，メリットは基本的に個人に属するが，外部性があり公共の利益・福祉の増進にも資すると考えられる財である。準公共財は，公的にも私的にも提供できる。公平性や効率性の観点から，またその時点での人々の要求の強弱にもよって，公的に行うか，私的に行うかは分かれる。第2次大戦後の先進国は，経済の好調さもあって，人々の要求に応え，できるだけ準公共財の提供を公的に行うことで国民のニーズに応えてきた。

ところが，市場も失敗するが，政府も失敗する。政府の非効率性の問題である。政府の提供するサービスには，競争原理が働かず，利潤というインセンティブもない。効率性より公平性が優先される。人々の平等，全国的公平性が重視され，赤字の事業でも継続されることが多い。そこに人々の要求があるからである。人々の要求に無限に応えられるほど財政は豊かではない。経済が低成長になれば当然，税収や社会保険料収入の伸びも鈍化する。議会制民主政治のもと，政治家はできるだけ有権者の支持を獲得するため，準公共財の提供を拡

大してきた。いったん拡大された準公共財の提供は，削減することがひじょうに難しい。既得権に切り込むからである。一度得た既得権は離されない。こうして財政赤字が堆積していった[8]。このような事態は「政府の失敗」と呼ばれる。

　福祉ニーズは基本的にその充足のメリットが個人に属する「私的財」あるいは外部への波及効果の少ない「準公共財」に属するものと思われるので，その供給方式の境目はあいまいである。財政的な制約や社会的な合意により，公的対応が必要とされるサービスや給付は時代に応じて変化する。その境目の絶対的基準というものはなく，議会制民主政治のもとでは最終的な判断は国民の選択に任されているといえよう。

　4）　家族・市場・政府

　近代の経済発展は，家族や地域社会の扶養力を弱めた。それを補完するものとして，政府が社会政策を行い，国民の生活保障に乗り出してきた。いわば「家族の失敗」を政府によって補おうとしてきた。ところが，「政府も失敗」することが多くなってきた。その非効率性に加えて，経済発展や生活向上に伴う国民のニーズの増大，多様化，高度化に応えられなくなってきたからである。政府による財やサービスの提供は，一律的で画一的なものになりがちである。国民の生活を保障するうえで，この政府の失敗を補うものとして登場しなければならないのが，民間の営利・非営利団体を含む諸団体や個人である。福祉ミックスとは，それぞれのセクターの失敗をそれぞれが補うためのものである。

　福祉ニーズとは生活自立へのニーズである。人は誰でも自らの力で自らの生活を営みたいと願っている。他人から干渉されたり，国家から束縛されたりすることは個人の自由の侵害と受けとめられる。近代資本制社会は，生活自助原則を基本原則とし，私有財産制を法律で定め，財産権を保護している。ところが，生活上のリスクが増大する一方，家族や地域の扶養力は弱まった。加齢に伴う身体・精神能力の低下により生活を自力で維持していくうえでの危険性は高まるが，危険に陥ったときの家族や地域社会によるインフォーマルな援助も薄くなっていった。

生活上のニーズを満たす方法として，私的に対応する方法，共同的に対応する方法，公的に対応する方法の3つの方法がある。公的な対応とは，主に公共財の提供を税・社会保険料を財源に行うことである。私的な対応とは，自らが働いて得た収入，資産からの収入などを活用して，自らの家族の生活を維持することである。飲食料など生活必需品の市場からの購入や現役時代から貯蓄や個人年金に励み，老後の生活費を用意する。公的な対応と私的な対応の間に，人々の共同の領域（パブリックな領域）があり，共同的な対応が行われている。

　家族や地域社会といった基礎的な集団での共同の取り組みを始め，現代社会では家族・地域社会と国家の間に，無数の機能集団が存在する。株式会社など民間営利組織が代表的なものであるが，営利を目的としない様々な団体・集団も数多く存在する。町内会・自治会など地域の諸団体，ボランティア団体，非営利団体などである。目的が達成されたら解散したり，自然消滅する団体も多い。これらの団体の活動を通じて，あるいは集団内での人々との協力・交流を通じて，諸個人の生活ニーズの一部を満たそうとしている。公的な対応を「公助」，共同的な対応を「共助」，私的な対応を「自助」ということがある。

5）　広がる共同的な対応

　職場での相互扶助は，職場を同じくする人々が共済組合などをつくり，互いに危険を減少させ生活上のニーズの一部を満たそうとすることである。職場での共済的機能は徐々に政府による社会保障の機能に移されていった。が，今日でも健保組合や企業年金などで行われている。また共助については，従来は家庭内や地域社会内での共同的な援助や機能集団内の共済組織や地域におけるボランティア団体などがその中心であった。が，近年では民間非営利活動・団体に注目が集まっている。

　民間非営利組織（NPO）と一口に言っても，その形態は様々である。学校法人，社団法人，社会福祉法人，宗教団体，業界団体，協同組合など多種多様である。非営利とは，事業やサービスの提供は行うが，その利益を団体の構成員に分配しないということを意味する。報酬を支払うスタッフと無償のスタッ

フがいる。社会的に責任ある活動を事業として展開し，その活動内容を明確にし，継続的に展開していくことが必要となってくる。

政府・行政は，公平・平等な対応をしなければならず，現代社会の多様で高度なニーズに応えていくことは難しい。民間営利団体（企業）は利潤の出ない仕事は行わない。企業がある事業に乗り出すのは，ニーズの大量の存在が前提となる。NPOは国際協力，福祉，環境などニーズが多様で高度，かつそれほどの量が存在しない分野で，機動的な動きができる。

近年，NPOをはじめインフォーマル部門が注目されるようになったのは，次のような理由が考えられる。第1は，在宅福祉サービスをはじめ公的福祉サービスが拡大されていっても，依然として，高齢者や障害者のケアには家族や親族の力が大きいということである。介護を必要とする事態に陥ったとき，身近な人に面倒をみてもらいたいというのは自然な感情である。要介護の状態によって異なるが，家族が大部分をみて残余を公的サービスに任せる方法と公的サービスに大部分を任せ残りを家族がみる場合がある。いずれにせよ，介護というきわめて対人的なサービスにおいては，家族や親族などの果たすべき役割は必ず残るということである。日本の介護保険導入時に家族介護の場合に現金給付するかどうか大きな議論になったが，「要介護状態」を保険事故としてみた場合，現金給付がないことには合理性がない。

第2は，公的サービスは税金で運営される以上，どうしても公平性を重視し，サービスが画一的，固定的になりがちである。ケアを必要とする事態は多様である。個別のニーズに対する柔軟で機動的な対応が求められる。公的サービスのメニューにないサービスを求められる場合もある。このような即応的な対応に関して，まさに制度化されていないところにインフォーマル部門は強みがある。公的サービスのような画一的・固定的なサービスでは，まかないきれない分野が高齢者や障害者のケアなど対人福祉サービスの分野である。そこで登場してきたのが，ボランティア団体やNPOであるといえよう。地域内の相互扶助を組織化し，多様で柔軟かつ機動的なサービスを提供するものとして現れた。しかし，NPOやボランティア団体の問題点は組織の継続性，事業の安

定性に難点があることである。とくに対人福祉サービスを目的とする団体では突然のサービスの打ち切りは多くの問題を発生させる。

　NPOの事業の安定性をはかるために，寄附金の優遇措置の導入が日本の政策課題となっている。NPOに寄附した場合，一定額まで税額控除を認めようというものである。このことが広く普及すると，本来，国や地方公共団体に入るべき税金がNPOに入ることになる。税金による公的サービスを縮小し，自主的団体であるNPOなどによるサービスを拡大していくことにつながる。

6）　福祉ミックスと福祉の多元的な供給

　日本で，もっとも早く「福祉ミックス論」を提唱した丸尾直美は，

　　「従来の福祉国家論がG（公）とM（民）とのミックス論だったのに対し，福祉ミックス論では，公的部門が過大になることによって生ずる問題を緩和するために，企業の民間活力と，非営利組織，家族，ボランティア，本人の能力と自助努力をも活用して，G，M，Fの最適組み合わせを実現する。」[9]

と述べ，政府，市場，インフォーマル部門の目的や特徴について，図表1のように整理している。

　政府部門＝公助，企業・金融部門＝自助，インフォーマル部門＝共助と対応するであろう。企業内の健保組合，企業年金など従業員共済組織は，機能集団内の従業員の相互扶助を目的としており，共助の範囲に含まれるであろう。

　ボランティアなどボランタリー部門をインフォーマル部門から区別する考え方もある。イギリスの民間福祉活動の役割について検討した「ウルフォルデン報告」(1978年）などである。この報告は社会サービスの供給システムを①インフォーマルシステム，②営利システム，③法定システム，④ボランタリーシステム，の4つに分けた。福祉国家体制のもとでこの4つのシステムが相互に補完しながら人々の生活を保障しているとした。福祉多元主義の立場と呼ばれる。

　福祉ミックス論は市場部門と公的部門による混合経済体制が出発点であり，市場の失敗と公的部門の失敗を補う第3の部門としてインフォーマル部門に着

図表1　政府,市場,インフォーマル部門の主体,目的,ガバナンス原理,手段,特徴,問題点

	主体	主な目的	ガバナンスの原理	主な政策手段	特徴 問題点
政府部門	政府,自治体その他の公的機関	公正性	民主主義	議会による決定	公平性・普遍性 画一性・硬直性
企業・金融部門	営利企業 自営業	効率性	市場メカニズム	市場機構による自動的調整	消費者志向 弾力性 市場の失敗
インフォーマル部門	NPO,ボランティア,近隣,家族,個人	人間的価値(愛・信頼・互酬性)	社会的交換と相互性,慣習	参加,協力,助け合い,利害の共有,情報の共有	サービスに人間味・温かさがある 専門性を欠く,継続性を欠く

資料:加藤寛・丸尾直美編,ライフデザイン研究所監修『福祉ミックスの設計』p. 37（有斐閣,2002年）

目したのである。法定システムが政府部門に,営利システムが企業・金融部門に,インフォーマルシステムとボランタリーシステムがインフォーマル部門に対応している,と考えられる。

　現代の産業化・都市化に伴い,インフォーマル部門を構成する家族や親族,地域の扶養能力,ケア能力は弱まってきた。そこで国家による社会政策が登場し,インフォーマル部門の弱体化による扶養力の回復を公的サービスで行おうとしてきた。いわば「家族の失敗」を政府と市場で補おうとしてきた。ところが,巨大な財政赤字や非効率性,画一的なサービスなど国家も失敗することが徐々に明らかになってきた。市場も万能ではなく,外部不経済の存在や必要な給付やサービスであっても需要が少なければ提供されない。したがって,どの主体も失敗を犯す可能性があり,互いにその失敗を補う必要があるのである。それが福祉を複合的に供給しようとする福祉ミックス論の存在する理由である。政府,市場(民間),インフォーマル部門を Formal-Informal 軸,Profit-

Nonprofit軸，Public-Private軸で分類してみると図表2のようになる[10]。

図表2　3つの軸による政府・市場・インフォーマル部門の特徴

	Formal-Informal	Profit-Nonprofit	Public-Private
政　　府	Formal	Nonprofit	Public
市　　場	Formal	Profit	Private
インフォーマル部門	Informal	Nonprofit	Private

資料：筆者作成

(2)　日本の現行制度と福祉ミックス

1)　社会保険中心の社会保障制度

現在の日本の社会保障制度における福祉ミックスの度合いを考えてみよう。

社会保障最後の砦と言われ，トータルな生活保障を行う生活保護は，公的扶助とも呼ばれるように全額税金で実施されている。公助100％である。生活保護のようなミーンズテスト（資産調査）ではなく所得調査によって給付を行う社会手当という3つの制度がある。母子家庭などに手当を支給する児童扶養手当，障害児を育てる親に支給される特別児童扶養手当は全額税金で実施されている[11]。公助100％である。

同じ社会手当に分類されるが，「児童の健全な発達」を目的とする児童手当だけが異なっている。児童手当法は2000年に改正が行われ，支給対象児童を3歳未満から義務教育就学前（6歳到達後初めての年度末まで）に拡大した。支給月額は第1子・第2子5,000円，第3子1万円と変更がなかった。支給対象児童数は約660万人である[12]。総給付費は2000年度で約4,300億円（公務員分含む）で，事業主拠出金約1,200億円，国庫約1,900億円，地方約1,300億円となっている。支給対象年齢が拡大された3歳から義務教育就学前の児童にかかわる支給に関する財源には事業主負担分は含まれていない。2000年改正時の支給対象児童の拡大に事業主団体の反対が強く，対象を拡大する部分の財源の大半は所得税の子の扶養控除の割増分10万円を廃止することで捻出した。

児童手当に従業員負担分がなく事業主拠出分だけがあるのは不合理で，拠出の対象が3歳未満に限定されることで，事業主拠出金の性格はさらに不明確なものとなった。財源からみると，児童手当は他の社会手当のように全額税金で実施するか，従業員負担分も組み入れて社会保険化するかの分岐点にあるように思われる。

社会保険は日本の社会保障の中心を占めている。防貧策としての重要性はもとより，健康保険，年金保険，雇用保険，労災保険，介護保険など多くの種類を有するようになった[13]。社会保障制度審議会第1次勧告（1950年）は，社会保険を社会保障の中心とすべきとして次のように述べた。

「国民が困窮に陥る要因は種々であるから，国家が国民の生活を保障する方法も，もとより多様であるけれども，それがために国民の自主的責任の観念を害することがあってはならない。その意味においては，社会保障の中心をなすものは自らをしてそれに必要な経費を醸出せしめるところの社会保険制度でなければならない。」

その後，日本の社会保障制度の形成は，この勧告の方針通り社会保険を中心とするものになった。1999年の社会保障給付費の総額は75兆417億円である。部門別では，医療が26兆3,953億円，年金が39兆9,112億円，福祉その他が8兆7,352億円である[14]。制度別では社会保障給付費の約90％を社会保険で占めるようになった（税金からの投入分含む）。

同じ社会保障制度審議会の最後の勧告「社会保障体制の再構築に関する勧告」（1995年）でも社会保障制度形成の歩みを振り返りつつ，

「社会保険は，その保険料の負担が全体として給付に結び付いていることからその負担について国民の同意を得やすく，また給付がその負担に基づく権利として確定されていることなど，多くの利点を持っているため，今後ともわが国社会保障制度の中核としての位置を占めていかなければならない。したがって，増大する社会保障の財源として社会保険料負担が中心となるのは当然である。」

と述べた。高齢者の介護についても，

図表3　社会保障給付費部門別推移

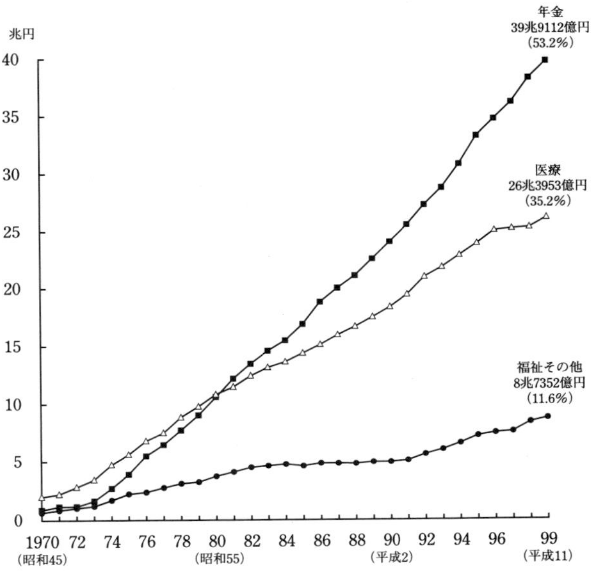
兆円
40
35
30
25
20
15
10
5
0
年金
39兆9112億円
(53.2%)
医療
26兆3953億円
(35.2%)
福祉その他
8兆7352億円
(11.6%)
1970 72 74 76 78 80 82 84 86 88 90 92 94 96 99
(昭和45)
(昭和55)
(平成2)
(平成11)

資料：国立社会保障・人口問題研究所「平成11年社会保障給付費」

「今後増大する介護サービスのニーズに対し安定的に適切な介護サービスを供給していくためには，基盤整備は一般財源に依存するにしても，制度の運用に要する財源は主として保険料に依存する公的介護保険を基盤にすべきである。」

と介護保険の創設を政府の機関としては初めて提唱した[15)]。

社会保険には，保険料拠出という自助の部分，リスクの分散と相互扶助という共助の部分，法律による強制加入・税金の投入という公助の部分が混在している。それを問題として指摘する学者もいるが，本来，社会保険は民間保険の基本原理である「給付反対給付均等」原則が成り立たないところで保険として成立させようとしている。健康保険でも病気になりにくい若い人だけが保険集団なら，安い保険料で厚い給付を行うことができる。病気になりがちで，なか

なか根治しにくい慢性病が多い高齢者は治療費が平均で若い人の約5倍かかる。それを若い人も高齢者も同じ保険料でまかなうことは民間では不可能である。民間では当然，危険率に対応した保険料を支払うことになる。

　社会保険には，保険的数理性を無視して，他のなんらかの要請に応える仕組みが内在している。能力に応じて負担し，必要に応じて給付する「応能負担・必要給付」の原則である。それは社会の統合・安定という政治的要請でもある。高齢者に病気になる危険率に応じた高い保険料を支払ってもらうことは不可能である。したがって，高齢者も若い人も同じ保険料支払い方式にすることによって若い人から高齢者への援助が行われている。しかし，1人の人の一生をみるとき，若いときは健康で支払った保険料は高齢者の医療費に使われたとしても，自分が高齢者になって病気になりがちになったとき，若い人から援助を受けることができる。健康保険は1年単位で決算が行われる短期保険であるが，長期的な視点からみると1人の人をとってみても，保険料の支払いのみということはありえない。また国民健康保険の給付費の半分を税金で負担するように，保険料の負担が高くならないような配慮も税を通じて行われている[16]。

　年金は現金給付なので，供給組織はない。社会保険事務所や社会保険庁による保険料徴収，被保険者期間の記録・管理，年金支給業務が行われている[17]。つまり集めた保険料を支払う業務である。医療や福祉など現物給付，対人サービスを行う分野では，間に病院などの供給組織が介在する。社会保険料や投入される税金は，財源を保障する。医療や介護サービスにはそれぞれのサービスに1つ1つ単価が決まっている。診療報酬制度と介護報酬制度である。この他に薬価基準制度があり，1つ1つの薬に価格が決まっている。社会保険で集められた保険料と投入された税金は，国の特別会計で管理される。診療報酬制度や介護報酬制度により決まった単価を，支払い機関を通じて，医療事業者や介護事業者に支払う仕組みである。医療制度に典型的なように，社会保険制度の確立は財源をたしかなものにし，支払い能力を高めた。1961年の国民健康保険への強制加入制度で国民皆保険が確立された。その後の医療施設の整備・拡大は著しいものがあり，無医村もほぼ解消された。民間の供給組織を必要とする

図表4　項目別社会保障財源

		平成10年度	平成11年度	対前年度比	
				増加額	伸び率
		億円	億円	億円	%
計		892,188 (100.0)	969,265 (100.0)	77,077	8.64
I	社会保険料	549,737 (61.6)	545,285 (56.3)	△ 4,452	△ 0.81
	事業主拠出	286,449 (32.1)	284,271 (29.3)	△ 2,178	△ 0.76
	被保険者拠出	263,288 (29.5)	261,014 (26.9)	△ 2,274	△ 0.86
II	税	219,882 (24.6)	246,610 (25.4)	26,728	12.16
	国	171,681 (19.2)	195,049 (20.1)	23,367	13.61
	地方	48,201 (5.4)	51,562 (5.3)	3,361	6.97
III	他の収入	122,569 (13.7)	177,370 (18.3)	54,801	44.71
	資産収入	89,653 (10.0)	142,707 (14.7)	53,053	59.18
	その他	32,915 (3.7)	34,663 (3.6)	1,748	5.31

資料：国立社会保障・人口問題研究所「平成11年社会保障給付費」

医療，福祉サービスの分野では，社会保険制度を採用することにより，サービスへの報酬の支払い能力をたしかなものとし，民間企業などの参入を促進する効果を持った。このように，医療や福祉といった対人サービスの分野では社会保険で財源と支払いをたしかなものし，サービスの供給そのものは民間企業などにゆだねる方式となっている。

2）　措置から契約への転換

一方，高齢者介護以外の高齢者福祉，児童福祉，障害者の福祉は，ほぼ全額税金で実施されている。2000年の社会福祉事業法の改正で「措置から契約」へ

の転換が行われたが，保育所や特別養護老人ホームの定員が十分なければ，利用者が各施設やサービスを判断して選択して契約する状況にはならない。大都市近郊の保育所や特別養護老人ホームでは待機者が多くいる[18]。このような状況では，利用者が施設を選ぶことができるようになるには相当な年数が必要となる。現代では，小学校は人口約5,000人に1校，中学校は約10,000人に1校と全国津々浦々に配置されているが，明治以来の政府，民間あげての教育にかける熱意と蓄積があったことを忘れてはならない。学校に比べると福祉施設の整備が始められたのは半世紀以上遅れている。

　税金で施設を整備し，運営も行政の直営か社会福祉法人への委託形式で行うとサービスが全国的に行き渡るには膨大な年数を必要とする。1960年代から女性の就労率が高まり，保育所へのニーズが高まった。「ポストの数ほど保育所を」というスローガンが登場した。現実には2001年現在で約22,000カ所の保育所が整備されており，小学校数とほぼ等しい。税金によって普遍的サービスを提供するには，施設の建設，設備の整備，人件費など運用費に長い時間と巨額の費用を必要とする。

　社会保険では社会保険料は特別会計で管理され，社会保険の目的にのみ使われる。この点が他の施策とも競合する税金によるサービスの提供と異なる。保険料負担とサービスの提供が結びついている。保険料の引き上げにも理解が得やすい側面がある。保険料の拠出という実績と給付が1対1で結びついているからである。この点が，目的税とも異なる。目的税も，たとえば道路整備という目的だけに使途は限定されるが，税の負担者と道路整備には1対1の結びつきはない。自動車利用者と道路整備という，いわば集団的な受益と負担の結びつきがあるだけである。

(3)　**国民負担率とミックスの基準**

　〈「社会保障制度審議会勧告」にみる公私の役割分担〉

　社会保障制度審議会は，日本の社会保障制度の基本方針を立案するため，法律によって設置された審議会である[19]。創設以来，社会経済状況の変化を踏ま

えながら，いくつかの勧告や提言を行ってきた。その中から，主要な3つの勧告で社会保障における公私の役割分担について触れている部分を抜粋し，後の議論の参考にしたい。

1) 1950年勧告

「日本国憲法第25条は①すべて国民は健康で文化的な最低限度の生活を営む権利を有する，②国はすべての生活部面について社会福祉，社会保障及び公衆衛生の向上及び増進に努めなければならない，と規定している。これは国民には生存権があり，国家には生活保障の義務があるという意である。」

「このような生活保障の責任は国家にある。国家はこれに対する総合的企画をたて，これを政府及び公共団体を通じて民主的能率的に実施しなければならない。この制度は，もちろん，すべての国民を対象とし，公平と機会均等とを原則にしなければならない。そうして一方国家がこういう責任をとる以上は，他方国民もまたこれに応じ，社会連帯の精神に立って，それぞれの能力に応じてこの制度の維持と運用に必要な社会的義務を果たさなければならない。」

生存権と国家による保障の重視，公平と平等の重視が特徴的である。戦後直後のまだ国民皆が貧しい時代に国家による生活保障の責任を重視するのは，それだけの時代背景があった。

2) 1962年勧告

「日本国憲法第25条には，『健康で文化的な最低限度の生活』をすべての国民に保障するとある。これが社会保障の目的ではあるけれども，それを実現する手段方法は時代とともに，とくに経済構造の変化にともなってかわるのは当然である。」

「社会保障制度も画期的な進歩をとげなければならないけれども，国家財政の立場からいっても，また国民所得のうちから正当に社会保障に振り向けるべき割合からいってもそこにはもちろん限度がある。また，その限度そのものを過大に仮定することはいましむべきであって，それよりもそ

れを効果的に再分配することに主力をそそがなければならない。」

経済発展に伴い，民間や個人の税・保険料負担能力も高まり，国だけに責任をおしつけるのではなく，国と民間，個人の間の役割を見直そうとしており，公平とともに効率性を重視する視点が現れている。

3） 1995年勧告

「社会保障を巡る公私の役割分担を考える場合，公的部門と私的部門が相互に連携して，国民の生活を安心できるようなものにしていくという視点が重要である。公的部門が対応すべき水準は，その制度の趣旨・目的，他制度とのバランス，一般国民の生活水準，財政の状況等を勘案しながら，各分野ごとに国民の合意を得て決定していかざるを得ない。」

「若い世代は，高齢者の増加による負担の増大について心配している。したがって，社会保障制度が何についてどこまで保障するかを明確にし，それについて国民が十分理解することは極めて重要である。」

この勧告でよりいっそう公的部門と私的部門が相互に連携して国民の生活を保障すべきことを明確にした。「社会保障制度が何についてどこまでを保障するか」を明確にすることが国民の生活設計に大きく関わる問題である，ことを指摘している。この指摘はきわめて重要である。とくに年金のような長期保険では，公的年金の給付水準がどこまでを保障するのか，ということが国民の長期の生活設計に影響するところが大きい。

〈国民負担率という考え方〉

近代社会は生活上のリスクを増大させた。逆に家族や地域社会の扶養する力は減少した。社会政策の担い手としての政府の役割は増大してきた。経済は社会の成熟化に伴い低成長へ移行し，税や社会保険料の伸びは抑制された。にもかかわらず，議会制民主政治のもとでは人々の要求は拡大し政治家は既得権に切り込むことができない。財政赤字が堆積し，政府の活動の自由，政策選択の幅が狭まる[20]。このような事態が，福祉ミックスの必要性を増大させてきた。公助，共助，自助の適切な組み合わせである。その組み合わせの「適切さ」の基準があるのか。すなわち福祉のベストミックスの基準はあるのか。

図表５　国民負担率の推移

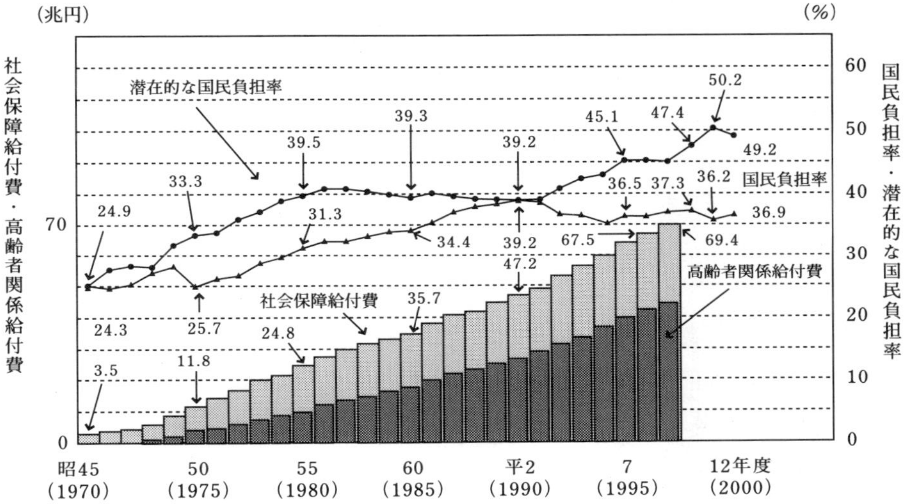

資料：総務省『高齢化白書』(平成13年版)

１つのアプローチとして国民負担率という概念を検討してみよう。国民負担率とは国民所得に占める税，社会保険料負担の割合である。1981年に発足した第２臨調は，政策理念として「増税なき財政再建」と「活力ある福祉社会の構築」を掲げた。この２つの理念を両立させるものとして，具体的な政策基準として，国民負担率50％以下を掲げた。政策理念にある「増税なき財政再建」の歯止め措置としての役割であり，安易な増税を拒否し，小さな政府を志向し，行政自ら汗を流すことの必要性を国民に訴えた。第２臨調は発足の翌年1982年７月基本答申を出したが，その中で基本理念について次のようにふれている。

「今後，わが国が目指すべき福祉社会とは，このような自立･互助，民間の活力を基本とし，適度な経済成長の下で各人が適切な就業の場を確保するとともに，雇用，健康及び老後の不安等に対する基盤的な保障が確保された社会を意味している。それは必ずしもより『小さい政府』を求めるものではないが，西欧的の高福祉，高負担による『大きな政府』への道を進むものであってはならない。」

臨調の後を継いだ第2次行革審も国民負担率に関して,「高齢化のピーク時(2020年頃)において50％以下,21世紀初頭の時点においては40％台半ばをめどにその上昇を抑制する」という方針を示した。1986年の「臨時行政改革推進審議会」答申では,次のように述べられている。

「拡大多様化していく福祉サービスについては,個人の自立・自助,社会の互助・連帯を重視し,公的部門による福祉サービスは基礎的なものを主体とするとともに,その他の多様なサービスについては民間の多様な有償サービスやボランティア活動等民間の活力を推進する。」

自助,共助がまずあり,公助はその後にある。そして,公的部門による福祉サービスは基礎的なものに限定し,残りを民間の力で補うことを提唱している。「小さな政府」という言葉は慎重に避けながらも,その意味するところは公的部門による福祉サービス提供の縮小である。臨調以来の国民負担率の推移はどのようになっているだろうか。1980年から2000年までの国民負担率の推移は図表5の通りである。まだ40％にいたっていないが,国債を含めた潜在的な国民負担率はすでに50％前後の水準に到達している。

経済計画を策定するための審議会・経済審議会ワーキンググループ報告（経

図表6　社会保障給付費,租税・社会保障負担率等の国際比較

国　名	社会保障給付費の対国民所得比（1993年度）	租税負担の対国民所得比（1996年）	社会保障負担の対国民所得比（1996年）	租税・社会保障負担の対国民所得比（1996年）
日本	15.2	23.1	13.3	36.4
アメリカ	18.7	26.4	10.1	36.5
イギリス	27.2	39.0	10.2	49.2
ドイツ	33.3	30.0	26.4	56.4
フランス	37.7	35.1	29.0	64.1
スウェーデン	53.4	51.0	22.2	73.2

資料：財務省ホームページ

済企画庁，1996年）は，国民負担率について次のように述べている。

> 「公的部門の支出は，国防，外交，司法などの『純粋公共財』のほか，教育，社会保障などの『準公共財』を供給する役割がある。広範な『準公共財』のうち，どれだけを公的部門が供給するかによって，国民負担率の水準は変わってくる。国民負担率は，『準公共財供給上の効率性』，『分配上の平等』，『選択の自由』といった諸点についての社会的合意，すなわち，国民がどのような経済社会を望むかについての選択の結果として決まってくる。」

〈負担と給付〉

国民負担率に関する議論で必ず出るのが，一方的に負担面だけ見るのはバランスを欠いている，負担の見返りとして公的サービス，社会保障の提供を受けているではないかという議論である。国民負担率が示す負担は「強制性」に特徴がある。法律による強制である。国民負担率が高まれば，国民が自由に処分できる所得の割合はその分低下する。逆に，政府がカバーする福祉サービスの範囲を狭めれば，国民の公的負担の増大は抑制できる。それによる社会保険料や税負担の軽減は，国民の可処分所得を増加させる。それをどのように使うかは個人の選択に任される。これが公的福祉削減のメリットである。

市場が失敗する場合，政府の介入は正当化されるが，限度を超えた介入は民間に悪影響を与える。準公共財をどこまで提供するか，という問題である。基礎的な部分ないしは最低限の領域を公的にカバーし，残りはできるだけ民間でカバーすることを基本原則とすべきである。多様なニーズが発生する福祉部門では，政府による一元的かつ平等志向型サービス供給はニーズに十分対応できなくなる。公的福祉を抑制すれば，それ以上のレベルの福祉は，個人の料金負担で民間から購入される。この料金負担と公的負担を合わせたトータルな負担は，政府が高いレベルの福祉を給付する場合の負担より低くなると考えられる。政府が供給すれば平等であっても，効率的ではないからである。

国民負担率がもっとも高いスウェーデンは，公的なチャンネルに70％を使って人々のニーズを満たしている。自分たちのニーズを満たすために，公共的な

図表7　社会保障の給付と負担の見通し

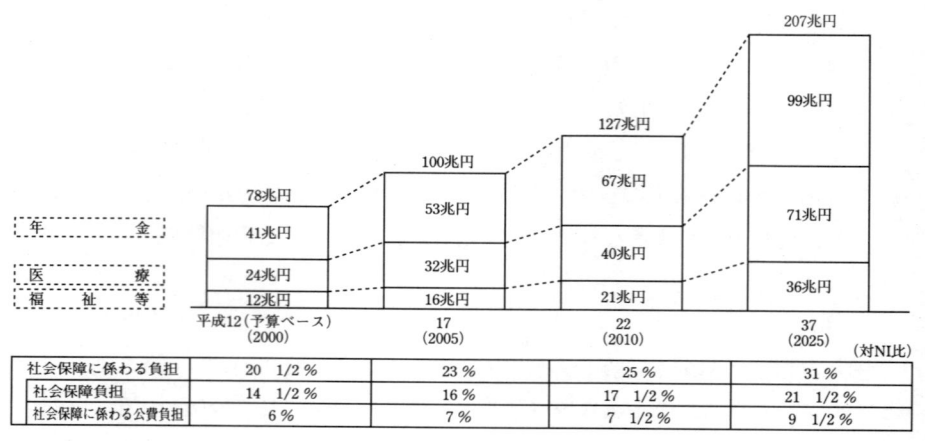

	平成12(予算ベース)(2000)	17(2005)	22(2010)	37(2025)
年金	41兆円	53兆円	67兆円	99兆円
医療	24兆円	32兆円	40兆円	71兆円
福祉等	12兆円	16兆円	21兆円	36兆円
計	78兆円	100兆円	127兆円	207兆円

(対NI比)

	平成12	17	22	37
社会保障に係る負担	20 1/2 %	23 %	25 %	31 %
社会保障負担	14 1/2 %	16 %	17 1/2 %	21 1/2 %
社会保障に係る公費負担	6 %	7 %	7 1/2 %	9 1/2 %

資料：財務省ホームページ

仕組みでやってもらうか，あるいは自分で負担するかという問題であるが，50％を著しく超える国民負担の在り方はどうか，個人の選択の自由を著しく狭めるのではないだろうか。ひじょうに大きなチャンネルを公共の領域に任せてしまって，果たして自由で活力ある人間が残るのか。できるだけ個人の自由度が高い社会，選択肢の多い社会の方が望ましいのではないか。少なくとも国民のニーズを満たすための公的なチャンネルを使った対応は，50％以下の方が望ましい。個人の自由な選択（自助）と人々の自主的で共同的な対応の余地を半分以上残す社会の方が健全ではないだろうか。

猪木正徳京大教授は『デモクラシーと市場の論理』（東洋経済新報社，1997年）の中で次のように述べている。

　「政府の役割は，その時々の経済，技術条件，コミュニケーション・システム，人々の精神状況等に依存する面が強い。そのため確固不動のオール・オア・ナッシングのルールで『国家のなすべきこと，なさざるべきこと』を決めていくわけにはいかない。…中略…経済活動における政府の役割は，ジョボンズの言うように，まことに『複雑かつデリケートな』問題

であって，一意的な解を先験的に示すことができる範囲はきわめて限られている。おそらくアダム・スミスの列挙した『主権者の3つの義務』がその数少ない例であろう。その他の活動は，つねに産業の発展段階，他国との経済格差，そのほか時と所によって相対的に決められるたぐいのものであると言える。」

　どのような社会を選ぶのかは，その時々の，その地域に暮らす人々の選択によってしか決めることはできない。国の果たすべき役割も当然異なっている。重要なのは，進路の選択が，民意を十分集約する政治勢力によって選択肢が示され，民主的な討論と選挙によって決定されることである。民意を集約するとは，大衆の意見に迎合することではない。それは既得権擁護の道である。事実に基づき，できる限り科学的・合理的に考え，時代と社会状況に適合した整合性ある選択肢を作成することである。民主制国家にとって，大衆の意見を集約するとともに，政策を立案し大衆を説得する技術ほど求められるものはない。

2．老後の所得保障と福祉ミックス

(1) はじめに

　前節では，近代社会のリスクの増大にもかかわらず，家族や地域社会の扶養の力が弱まり，その弱まりを補うものとして国家の社会政策が登場してきた経緯をみた。第2次大戦後の先進諸国は，その態様は様々であるが，順調な世界経済の発展に助けられ，いずれも福祉国家と呼ばれるような国家となった。しかし，石油ショック以降の経済の低成長に加えて，国民のニーズの高度化・多様化，議会制民主政治のもとでの既得権の増大に伴い，国家財政は危機的な状況に至った。いわゆる「政府の失敗」である。政府の非効率性が問題となった。従来，政府が果たしてきた役割を民間が担うことが期待された。福祉ミックス論の登場である。

　自助，共助，公助の適切な組み合わせが課題となる。国民負担率は，税と社会保険料が国民所得に占める割合を示し，国民のニーズのどの程度を公的なチ

ャンネルで実施するかという指標である。公的な対応が大きくなれば，私的な対応は小さくなる。その間に共助あるいは共的な対応ができる分野が存在する。政府の非効率性もあり，同じ対応でも公的な対応と私的な対応では，公的な対応の方が費用は高くなりがちである。利益を出す必要がないので効率性へのインセンティブが働かないからである。

　公的な対応は50％を超えない方が望ましい，との前提で，私的な対応や共的な対応の範囲を広げていくことが必要である。いわば『公助50％以下，自助プラス共助50％以上』という原則である。この節では，この考え方を，今日の社会保障の中心である「老後の所得保障」にあてはめて，日本の現行制度を踏まえつつ，どのような制度設計が可能なのかを，考察する。

　基本的な生活欲求を満たすものとして，その基礎には所得がなければならない。あらゆる財・サービス購入の手段として，所得は中心的役割を果たす。今日の社会保障が，社会保険で行うか税で行うかは別にして，所得の喪失・中断・減少を補塡するものとして所得保障が中心となっているのはそのためである。所得保障を行うものとして，生活保護の生活扶助，住宅扶助，教育扶助と失業給付，公的年金がある。それぞれ，貧困，失業，老齢，障害，遺族などのリスクに対応して所得を保障する手段である。トータルな生活保障の手段である生活保護を除いて，どこまで所得を保障するかについては様々な議論がある。現役時代の所得の中断については，ほぼ従前賃金の60％を保障するようになっている（失業給付[21]，傷病手当金，産前産後休暇期間の出産手当金など）。

　医療や福祉サービスは，生命や生活を維持するために必要不可欠なものにもかかわらず，その購入費用が著しく高く，所得によって購入・アクセスできない人が生じる。税や保険的手法を活用することで，それらの財やサービスを購入しやすくするために，公的に介入している。著しく高い財やサービスを購入すると貧困に陥る可能性が高まり，購入しないと病気が治らず，あるいは生活の自立が侵害されることになる。老後の所得保障は，高齢期に医療や福祉ニーズが増大することを考慮すると，これらのサービスの購入費（自己負担の割合）を考えたうえで決定しなけらばならないだろう。

まず現在の日本の年金制度の体系がどのようなものになっているか概観してみよう。

(2) 日本の年金制度の体系
1) 国民皆年金の2階建て制度

　日本の公的年金制度は，自営業者や無業者を含め，国民すべてが国民年金制度に加入し，基礎年金給付（老齢基礎年金，障害基礎年金，遺族基礎年金）を受けるという国民皆年金の制度である。厚生年金や共済年金など被用者年金に加入している人は同時に国民年金にも加入する。その配偶者も全員が国民年金に加入する。1961年に自営業者等を対象とする旧国民年金制度が発足して国民皆年金が実現したが，国民年金，厚生年金，共済年金と制度が分立しており，産業構造の変化などによって財政基盤が揺らぎ，給付と負担の両面で不公平が生まれていた。1985年の年金改正で，全国民に共通に給付される基礎年金が創設された[22]。厚生年金など被用者年金は，基礎年金給付の上乗せの2階部分として，報酬比例部分を支給する制度として再編成された。基礎年金は，老後生活の基礎的部分を保障するため，全国民共通の給付を支給するものと位置づけられた。その費用については国民全体で公平に負担する仕組みをとっている。基礎年金給付費総額を各制度に属する被保険者（加入者）数に応じて負担する。

図表8　3階建ての年金制度（公的年金は2階まで）

3階部分	企業年金（厚生年金基金，適格退職年金）
2階部分	国民年金の上乗せとして報酬比例の年金を支給する被用者年金（厚生年金，共済年金）
1階部分	全国民に共通した国民年金（基礎年金）

　国民年金の被保険者は3つに分けられる。
第1号被保険者…日本国内に住所のある20歳以上60歳未満の自営業・農林漁業者等

第2号被保険者…厚生年金の被保険者，共済組合の組合員
第3号被保険者…第2号被保険者の被扶養配偶者で20歳以上60歳未満の人

　国民年金の給付の種類は3つある。老齢基礎年金，障害基礎年金，遺族基礎年金である。国民年金は制度の名称であり，基礎年金は給付の名称である。厚生年金や共済組合加入者にも1階部分として，同様の基礎年金が支給される。受給資格期間は25年，支給開始年齢は65歳である。

図表9　公的年金の給付の種類

	老齢年金	障害年金	遺族年金
基礎年金	老齢基礎年金	障害基礎年金	遺族基礎年金
厚生年金	老齢厚生年金	障害厚生年金	遺族厚生年金
共済年金	老齢共済年金	障害共済年金	遺族共済年金

　厚生年金は常時5人以上の従業員を雇用する事業所は強制加入である。法人事業所は1人以上で強制加入である。それ以外の事業所は国民年金に加入する。厚生年金，共済年金に加入している人は国民年金にも加入しているものとみなされる。いずれにせよ，20歳以上の国民（被用者年金では勤務を始めた年齢から）はいずれかの年金に加入し，25年以上の保険料納付を条件として，一定年齢から年金が支給される。老齢基礎年金は原則として65歳から受給できる。60歳から受給することもできるが，その場合は減額される（繰り上げ支給）。70歳まで受給を遅らせることもでき，その場合は増額される（繰り下げ支給）。厚生年金については，1994年改正により，60歳から64歳までに支給される「特別支給の厚生年金」のうち，定額部分（1階部分）の支給開始年齢が生年月日によって段階的に65歳までに引き上げられている（2013年完成）。さらに2000年改正により，2013年から3年に1歳ずつ，報酬比例部分（2階部分）も引き上げられていくことになった（2025年に1階・2階とも65歳支給となる）。障害年金は保険事故の性格から，年齢とは無関係に年金が支給される。

　2）　給付額の算定方式
　1階部分は，40年加入の満額で年額804,200円，月67,017万円である（2002

年4月現在)。期間に比例して年金額は増加するが，40年で頭打ちとなる。40年に満たない場合，加入期間に応じて減額される。失業など所得が低くなり，保険料の支払いを免除してもらった期間であっても3分の1を加入期間に算入する。基礎年金給付費の3分の1が国庫負担となっているからである[23]。

$$老齢基礎年金額（年額）の算出方式$$
$$804,200円 \times \frac{保険料納付期間 + 保険料免除期間 \times 1/3}{480カ月（40年）}$$

　厚生年金の報酬比例部分は，現役時代の標準報酬月額の平均に給付乗率と被保険者期間を乗じて算定される。給付乗率は1000分の7.5であり，40年加入で現役時代の平均標準報酬月額の30％を2階部分で保障する設計となっている。2階部分は従前生活の保障という考え方に立っている。従前生活を維持できる水準の年金を基礎年金と合わせて支給しようとする考え方である。報酬比例部分の年金額を算出するには，まず，現役時代の標準報酬月額の平均を出す。過去の標準報酬月額を現在価値に修正するための再評価率がそれぞれの月ごとに決まっている。それぞれの標準報酬月額に再評価率を掛けて現在価値に修正したものを合計し，月数で割ると現役時代の標準報酬月額の平均が出る。これを平均標準報酬月額という。2階部分の給付額は，この平均標準報酬月額に被保険者期間（月数）と給付乗率を掛けたものが年金額（年額）となる。算式で表すと次の通りである。

$$老齢厚生年金額（年額）の算出方式$$
$$平均標準報酬月額 \times 給付乗率 \times 被保険者期間（月数）$$
※給付乗率は生年月日に応じて1000分の10〜1000分の7.5

　被保険者期間の月数を12で割ると被保険者期間は年数となり，年金額は月額となる。給付乗率を修正することで給付水準を修正することができる。1985年改正前は，40年加入で平均標準報酬月額の40％を保障することを目的としていた。給付乗率は1000分の10であった。40×(1000分の10)＝0.4である。1985年改正で給付乗率が徐々に切り下げられ，1000分の10から1000分の7.5に20年かけて移行することになった（2006年でこの作業は完了する）。2006年以降の給

付乗率1000分の7.5に40を掛けると0.3（30％）となる[24]。

3） 増大する負担

給付があれば負担がある。保険料は国民年金が定額の13,300円（月額，2002年4月現在）で夫婦の場合，世帯では2人分支払う必要がある。厚生年金，共済年金は標準報酬月額に保険料率を掛けて保険料額を算出する。現在，厚生年金の保険料率は1000分の173.5である（労使折半）[25]。国民年金，厚生年金の保険料とも将来上昇することが予定されている（図表10参照）。厚生年金，共済年金の保険料には，基礎年金の保険料も含まれている。第3号被保険者を有する人は，加入している人が支払う保険料に第3号被保険者の保険料も含まれている。

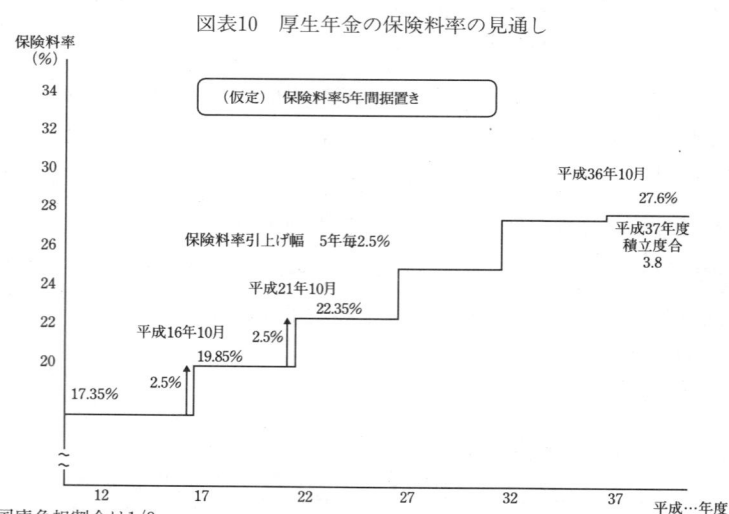

図表10 厚生年金の保険料率の見通し

（＊） 国庫負担割合は1/3
　　　保険料は，すべて標準報酬ベース
(注1)・保険料率2年間据置き（収入不足は8年間で補う）
　　　　保険料率引き上げ幅　5年毎2.0％(ただし，2年後は　20.9％)
　　　→　最終保険料率　27.1％
(注2)・保険料率5年間据置き
　　　・国庫負担割合　1/2に引上げ　保険料率1％軽減（5年後）
　　　　保険料率引上げ幅　5年毎2.3％
　　　→　最終保険料率　25.2％
　　　国庫負担割合を1/2に引き上げるためには，基礎年金全体で，引上げ分として，平成16年度2.7兆円(満年度ベース)，平成37年度3.7兆円の税財源の確保が必要となる(平成11年度価格)。

4） 現在の加入状況

現在の各制度への加入状況などをみてみよう（2000年3月現在）。国民年金の第1号被保険者は2,118万人，第2号被保険者は3,775万人，第3号被保険者は1,169万人であり，合計で7,062万人が国民年金に加入している。第2号被保険者は被用者年金の加入者であるが，そのうち3,248万人が厚生年金の加入者で大部分を占めている。その他は国家公務員共済組合（111万人），地方公務員共済組合（329万人），私立学校教職員共済（40万人），農林漁業団体職員共済組合（47万人）[26]である。

老齢基礎年金の受給者数は1,977万人と2,000万人に迫っている。被保険者数で受給者数を割った「成熟度」は28％である。厚生年金の老齢年金（2階部分）受給者数は858万人で成熟度は26％である。老齢基礎年金の平均年金月額は5.0万円，厚生年金の老齢年金の平均年金月額は17.6万円（基礎年金分含む）である。

2001年国民生活基礎調査で公的年金・恩給の受給状況をみると，「受給している世帯」は1,863万2,000世帯であり，全世帯の40.9％となっている。「65歳以上の者のいる世帯」についてみると，1,511万4,000世帯が受給しており，「65歳以上の者のいる世帯」の96.6％を占めている。夫婦単位で受給状況をみると，ともに60歳以上では「夫婦とも受給している」が76.4％，ともに65歳以上では92.8％となっている。世帯主の年齢階級別にみた1世帯当たりの平均所得金額は，65歳以上で約480万円であり1人当たり平均所得金額は約194万円である。全世帯でみた世帯人員1人当たり平均所得金額は約212万円で，65歳以上が世帯主の世帯とそれほど遜色がなくなっている。

所得金額階級別でみると高齢者世帯では「100～150万円未満」の12.6％がもっとも多く，「150～200万円未満」が12.3％，「200～250万円」が11.0％であり，100万円未満を合わせると250万円未満で50％を超える。豊かな高齢者もたしかに増えており，それが高齢者全体の所得平均額を引き上げているが，まだまだ低所得者も多くいる。所得のバラツキが若年者に比べて大きい。高齢者世帯の所得をその種類別にみると，「公的年金・恩給」が203万3,000円（総所得の

61.8%）で最も多く，次いで「稼働所得」91万円（同27.7%），「家賃・地代の所得」19万4,00円（同5.9%）となっている。公的年金・恩給を受給している「高齢者世帯」の中で，「公的年金・恩給の総所得に占める割合が100%の世帯」は59.5%となっている。

(3) 年金制度の役割と給付水準の設計

1） 年金制度の役割

年金制度は所得の中断・減少・喪失に対応して，保険的手法または税により所得を保障する役割を担っている[27]。従来，所得の中断・減少・喪失を伴うものとして，老齢，障害，遺族（生計を主として担う人の死亡）という現象に着目した，年金給付が行われてきた。産業化以前の社会では，家族内や地域社会内でこれらの人々の扶養は行われてきたが，産業化，都市化は家族や地域社会の扶養力を弱めたので，公的に年金制度を必要とするような事態となった。ただし，老後の所得保障に限ってみても，老齢期の所得の喪失という事態に対応する手段は公的な年金制度だけではない。現役時代からの貯蓄（貯蓄的要素の強い個人年金を含む），退職給与（退職金と企業年金），稼働収入，資産収入（株式配当，利子，家賃・地代収入等）などと年金からの給付を組み合わせて生活している。

所得保障があらゆる社会保障の基礎である。医療や福祉サービスでも，費用のすべてを保険料や税金でまかない，利用者の負担はゼロというケースは少なくなり，保険料の支払いを前提に，利用の都度に利用者としての負担をすることが通例となっている（応益負担）。このような利用者負担をする場合も，所得がなければ行うことはできない。老齢は所得の喪失・中断・減少のうち，もっとも期間が長いものである。平均寿命の増加により，職業生活から引退後の期間は長期化してきている。いわゆる「長生きのリスク」は増大しているのである。「長生きのリスク」とは，長く生きることによる生活費増加のリスクである[28]。

このような増大する老後の生活費用のリスクに対応して，公的年金制度で老

後の生活費のどこまでの範囲をカバーするかが問題となってきた。それはすぐれて，年金の給付水準の問題である。給付水準を考える場合，2つの指標がある。1つは「老後の必要生活費」の何％をみるか，という考え方である。もう1つは，現役労働者の平均賃金の何％をみるか，という考え方である。前者は基礎年金の考え方であり，後者は厚生年金（被用者年金）の考え方である。厚生年金などの被用者年金は基礎年金に上乗せする2階部分として設計されているが，給付水準を考える場合は1階の基礎年金給付と2階部分の報酬比例部分を合わせた額で考える。この合計した額が，現役の平均賃金の何％を占めるか，がモデル年金の給付設計では考慮されている。厚生年金のモデル年金は世帯単位で考えられており，現役時代に被用者年金の加入期間がなかった専業主婦と厚生年金に40年加入した夫の世帯がモデル世帯となっている。基礎年金2人分と1人分の厚生年金（2階部分）を合わせた額がモデル年金額となり，この額が現役労働者の平均賃金の何％を占めるかが問題とされている。つまり，厚生年金をはじめとする被用者年金は，従前生活の保障という考え方に立っている。

2）　一律給付から従前生活保障へ

　年金制度が創設された初期では，生活の基礎的部分をまかなう一律給付の年金が多かった。が，一律給付では低い年金しか保障できない。一律給付を保険で行う場合は一律の保険料となるが，低所得者に配慮して，保険料負担は低い負担となりがちであった。現役時代の生活水準を維持したいと考える雇用労働者が増えるに従い，年金制度にも従前生活を保障できる水準の給付を求める人々が増加した。政府もそれに応え，一律給付のうえに報酬比例の年金を設計する国が増加した。保険料も報酬比例で負担する。このような2階建て構造の年金制度を持つ国々が増えていった。

　雇用労働者の従前生活の一定水準までを年金でまかなおうとする国は，大きな政府になりがちである。ところが，公的年金がカバーする範囲をあまりに拡大すると，国民の負担が増大し次世代に貯蓄インセンティブを失わせる恐れがある。とくに次世代の負担で大部分の給付をまかなう賦課方式ではその恐れが

大きい。個人に自由な選択の余地を残し，貯蓄に対するインセンティブを促すような社会であることが同時に望まれる。

1999年改正[29]に向けた厚生省年金審議会答申「国民年金・厚生年金保険制度改正に関する意見」（1998年10月）では，このあたりの事情について，次のように述べている。

>　「高齢期の所得保障の基本となるのは公的年金であるが，高齢期の生活は個人によって様々であり，公的年金だけで高齢期の多様な生活ニーズ全般をまかなうのは実際上困難であるし，適切でもない。したがって『公的年金を基本としつつ，これに自助努力を組み合わせて高齢期の生活に備える』という基本的考え方の下に，公的年金制度の改革，私的年金制度の改善を図っていくべきである。」

従前生活水準の維持という考え方は，年金額の物価スライド・賃金スライド[30]という仕組みを組み込んだ。この両スライドを積立方式で行うことはできず，現役世代の保険料で年金受給者の年金をまかなう賦課方式に移行せざるをえない。賦課方式で運営される公的年金制度は基本的に，就労世代が働いて得た所得によって保険料（及び租税）を納め，それで引退世代の生活費を年金のかたちで支給する仕組みである。いわば国全体の付加価値の一部を現役世代と年金世代で分かち合う仕組みである。それを順送りに行う世代間扶養が賦課方式による公的年金の中核である。現在の経済の付加価値を分かち合う仕組みである以上，現役世代と年金世代の生活水準のバランスがとれていれば，保険料を負担する現役世代の合意を得ることができ，制度は維持可能となる。

3）　賦課方式のもとでの年金改革

公的年金制度が国民の老後生活のどれくらいを保障し，どれくらいを私的な備えに任せるか，就労世代の所得と比べてどのくらいの水準を保障することが適切なのか，年金制度への信頼が揺らぐ中で不可欠の課題である。社会保険で運営される年金制度には，自助，共助，公助の3つの要素すべてが入っている。法律による強制加入，保険料不払いへの罰則，基礎年金給付費の3分の1の税金投入などが公助に分類される。共助の部分は，長生きのリスクのプール

である。同世代間で短命な者から長命の者への援助が行われている。賦課方式の年金では，現役世代から年金世代への所得移転が行われている。世代間の共助である。この世代間の共助は，一方的なものではなく，自らが老齢になった時に，一定期間の保険料拠出を条件に，次の世代から援助を受けることができる。自助の部分は保険料拠出である。

　1973年の物価スライド制，賃金スライド制の導入で日本の年金制度は，賦課方式の色彩の強いものとなった。発足当初，物価スライドなどを想定しておらず，必要な保険料の算定も両スライドを入れていないものであった。5年年金の支給など早期成熟化措置がとられ，積立方式から修正積立方式への変更を余儀なくされたが，1973年の両スライド措置は積立方式から賦課方式へ移行する決定的な要因となった。本人の年金受給額を本人が積み立てた保険料とその運用収入でまかなう積立方式では，物価や賃金の変動に対応することは不可能だからである。賦課方式はインフレや生活水準の向上というリスクに後世代の保険料で対応しようとしている。いわば世代を超えた所得再配分を行い，世代間の共助を行っている。公的年金制度で対応しようとするリスクを「長生きのリ

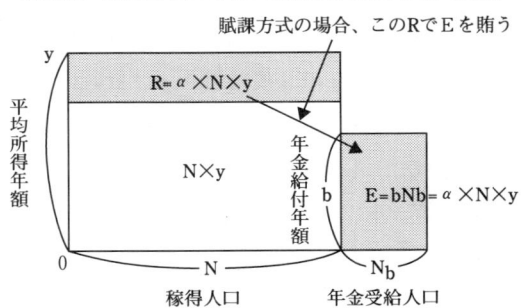

図表11　賦課方式の年金の費用負担と給付額の関係

賦課方式の場合、このRでEを賄う

$R = \alpha \times N \times y$

$N \times y$

$E = bN_b = \alpha \times N \times y$

平均所得年額 / y

年金給付年額 / b

0　　N　　N_b
稼得人口　　年金受給人口

注：R　年金をまかなう収入
　　N　所得を稼ぐ稼得人口
　　y　平均所得
　　α　年金をまかなう税金プラス社会保険料の所得に対する比率
　　E　年金の支出額
　　N_b　年金受給者数
　　b　公的年金の受給者1人当たりの給付額
資料：丸尾直美『市場志向の福祉改革』70ページ

スク」にプラスして「インフレ」や「生活水準向上」のリスクまでに拡大したのである。少子高齢化の急速な進行により，年金受給者は増加する一方，それを支える生産年齢人口は減少している。このことが，賦課方式で運営する年金制度の後世代の負担を重いものにし，世代間の助け合いの意味を若い世代が問い直すことにつながっている。

　このように社会保険自体が，公助，共助，自助の組み合わせになっている。年金制度で公私の役割分担，福祉ミックスを考えるとき，この社会保険内の3つの要素の適切な組み合わせを考慮する必要がある。そのうえで，あるいはそれと連動するかたちで，私的な年金，貯蓄，退職給与，稼働収入，資産収入などとの適切な組み合わせを考える必要がある。貯蓄などのインセンティブを高める税制優遇措置など自助努力支援策が求められる場合もある。

　今後の日本の年金改革を考えるとき，賦課方式のもとでのこれ以上の保険料引き上げが可能かどうか，あるいは適切かどうか厳しく問われることになる。高い給付には高い負担が必要である。しかも，年金受給者の受給している年金総額の8割以上が現役世代の保険料で直接的にまかなわれている。2002年1月の新人口推計によると，この負担が年収の20％を若干超える水準にまで到達する。諸外国の経験でも年金の保険料だけで年収の20％を大きく越える保険料率になった例はない。年金以外にも，社会保険だけで健康保険，介護保険，雇用保険の保険料がある。すでに現在の保険料引き上げ計画に基づく保険料率のピークは，現役の負担能力の限界を示しているものと言えよう。年金改革を考えるとき，この負担の限界が前提となる。

　4）　老後の生活費とポートフォリオ

　老後生活の長期設計を行うことは，老後に必要な生活費をどうまかなうかという，ポートフォリオを作成することにほかならない。公的年金，退職給与，貯蓄，稼得収入が主要な収入源である。公的年金の給付水準の問題も，ポートフォリオの中で公的年金がどのくらいの割合を占めるべきなのか，という問題に帰結する。さて，老後の生活費はどのくらい必要なのか。個々人の退職年齢，寿命はバラバラなので平均で考える以外ない。

2000年家計調査(総務省統計局)によると，65歳以上の夫婦が実際に支出する生活費(月額)は約27万円である。2000年生命表では65歳時点の平均余命は，男性約18年，女性約22年である。老後は長期化している。必要な生活費も増大する。65歳から18年間に必要な生活費は，約27万円×12カ月×18年＝約5,800万円となる[31]。老齢基礎年金が満額もらえると仮定すると，18年間分の支給額は，約13万円×12カ月×18年＝約2,800万円となる。基礎年金だけであると約3,000万円不足する。それも40年加入の満額の基礎年金であった場合である。

　被用者年金で報酬比例部分が月10万円上乗せされると仮定すると，約10万円×12カ月×18年＝約2,160万円である。合計すると約4,960万円，必要な生活費約5,800万円からの不足額は，約860万円である。年額約48万円，月では約4万円が不足する計算になる。この程度の不足額であれば，貯蓄や他の収入がなくても月々の出費を手控えることで老後の平均期間を過ごすことが可能かもしれない。退職金など退職給与の一部や貯金を取り崩して不足分にあてても，トータルでそんなに大きな金額にはならない。

　ポートフォリオ理論でもっとも重要なのは，危険分散という考え方である。一般にリターンの大きなものはリスクも大きい。貯蓄，債券，株式など投資対象は様々あるが，老後の生活費をまかなうもっとも安全なものは，公的年金である。この基盤のうえに，貯蓄やそれ以外の投資が入る。一般に日本では退職給与は，一時金としての退職金で受け取られることが多い。税制上有利になっているからである[32]。一時金として受け取った退職金は日常の生活費に充当することよりも，不時の臨時的な出費に備えた予備費的なものとしてプールする資金と考えておいた方が良い。住宅ローンの残額を退職金で繰り上げ返済する人も多い。子息の結婚資金，家の改築資金，外国旅行の資金など一時的・臨時的な出費も多い。退職金はこれらの費用に備えて蓄えておき，残った資金はいくばくかの遺産として家族に残したい，というのが自然の感情であろう。したがって，老後の日常の生活費に退職金を考慮せず，ゆとりある生活を送るうえでの不足分の一部を補う役割にとどめておくことが良いかもしれない。

5) 生活費の基礎的部分の保障

1階は全国民共通の年金として基礎年金部分と呼ばれ，国民の基礎的な消費水準を保障するという考え方で設計されている。それは，もとより，それまでの国民年金との連動により，従来の保険料負担者の保険料負担能力を考慮して，保険料の水準と連動したものとするため，給付水準も保険料負担能力から決定する以外になかった。その結果決まった給付水準を後から理由づけするために，夫婦2人世帯の基礎的消費水準（住宅費を除く）を支給することにしたということが実態であろう。

「全国消費実態調査」（総務省統計局，1999年）によると，夫65歳以上，妻60歳以上の夫婦のみ世帯（高齢者夫婦世帯）の消費支出は253,950円である。そのうち，基礎的消費支出は約半額の122,717円である。基礎的消費支出とは，消費支出のうち，「食料」，「住居」，「光熱・水道」，「家具・家事用品」，「被服・履物」の合計である。

毎年実施されている総務省家計調査で暦年の消費支出の変化を見てみる。世帯主が65歳以上世帯の消費支出費用の構成割合にはあまり大きな変化はない。食料費は漸減傾向にある。1985年に28.7%だった構成比は1998年に25.4%まで減少している。教養娯楽費9.1%→10.6%，交通・通信費7.2%→8.3%，保健医療費3.5%→4.8%と伸びている。光熱・水道費は7％前後，家具・家事用品費は4％前後，被服・履物費4〜5％台と構成割合に大きな変化はない。とくに，基礎的消費支出に分類される「食料」，「住居」，「光熱・水道」，「家具・家事用品」，「被服・履物」については全体の構成割合は漸減傾向である。むしろ選択的消費支出に分類される「教養娯楽費」，「交通・通信費」が伸びていることが特徴と言えるであろう。

6) 基礎年金の水準と生活保護の関係

生活保護は生活保障という考え方であり，トータルな生活保障である。一方，年金は必要な生活費の一部を保障するという考え方に基づいている。老後など将来の所得喪失に備えての防貧策という役割であり，給付の画一性・定型性があり，老後の生活の有力な支えとなるよう，一定の条件に該当する場合

に，あらかじめ決められた給付を，生涯にわたり一律に支給する。老後の生活に必要な費用については，個々人が，年金を柱に貯蓄等の自助努力も組み合わせて設計し，現役時代から計画的に準備していくべきことを前提としている。

一方，生活保護の考え方は，現在の所得喪失に対する救貧策という考え方であり，給付は個別性・多様性がある。原因を問わず生活に困窮した者に対し，最低限度の生活を保障するための事後的救済方法である。収入や資産，世帯の状況などを厳密に調査した上で，個々人のその時点での収入等と最低生活に必要な額との差額を支給する。自助努力をしても生活が困難な者が，生活に必要な費用を確保する最後の手段であり，早期に自立できるよう「自立助長」を基本理念としている。

高齢者に限って生活保護適用状況をみてみよう。65歳以上の被保護者は377,122人である。被保護者総数（1,031,770人）に占める高齢者の割合は36.6％に達している。男性高齢者の被保護率は1.58％，女性高齢者の被保護率は1.78％と女性の方が高くなっている。被保護者総数に占める単身女性高齢者の割合は16.6％となっており，単身女性高齢者の貧困問題が高齢社会の大きな問題となることを示唆している（厚生労働省「被保護者全国一斉調査」，2000年7月1日現在）。

生活保護には様々な扶助があるが，高齢者世帯には生活扶助に老齢加算と住宅扶助を含んだ額を最低生活費として保障している。世帯構成などで異なるが，たとえば，老人2人世帯（男72歳，女67歳）の世帯当たり最低生活費は1級地―1は150,570円，1級地―2は145,440円であり（2000年度現在），生活扶助に老齢加算と住宅扶助を加えている。老後の必要な生活費を考えるうえで参考となるので，生活保護の各扶助の性格をみてみよう。

○生活扶助

飲食物費，被服費，光熱水費，家具什器などの日常生活を営むうえでの基本的な需要を満たすものであり，その基準は，一般的共通的な生活費としての基準生活費と妊産婦，障害者，老齢者等の特別な需要を満たす加算とからなっている。

○教育扶助

　義務教育就学中の児童生徒について義務教育に伴って必要な学用品費，実験実習見学費，通学用品及び教科外活動費などの費用を小中学校別に定めた基準額によって定める。

○住宅扶助

　保護世帯が借間，借家，借家住まいをしている場合に，家賃，間代，地代などにあてる費用として，所在地域別に定めた基準額の範囲内の額が支給されている。基準額は一般基準のほか，都道府県，指定都市及び中核市ごとに厚生大臣が定めた額に1.3を乗じて得た額（7人以上の世帯については，この額にさらに1.2を乗じて得た額）までの特別基準が用意されている。

　　一般基準　　1・2級地は月額13,000円以内
　　特別基準　　都道府県別・級地別の限度額を示した特別基準
　　　　　　　　東京都　月額69,600円（2000年度）

以上の他に，医療扶助，介護扶助，出産扶助，葬祭扶助，生業扶助がある。医療扶助，介護扶助，出産扶助，葬祭扶助は健康保険，介護保険の給付に対応するものであり，全額税金から支給される。これらの扶助の種類を老後の必要な生活費との関連で考えてみると以下のようになる。

　生活扶助の水準…基礎年金の水準に対応
　医療扶助…健康保険の自己負担分
　住宅扶助…持ち家か賃貸か，住宅ローンのありなしで大きく異なる
　教育扶助…子どもがほぼ独立しておりかからない
　介護扶助…介護保険の自己負担分
　出産扶助…出産の可能性なし
　葬祭扶助…健康保険に葬祭給付あり
　生業扶助…新たに事業を起こす必要なし

　このように，高齢者の生活と生活保護の扶助を対応させて考えると，教育扶助，出産扶助，生業扶助は原則的に必要ない（子どもが独立していることを想定）。医療扶助，介護扶助，葬祭扶助に対応する給付が健康保険と介護保険に

あり，出費は自己負担分だけとなる。生活扶助についても，原則として高齢者は働いていないことを想定すると，交際費や交通費なども比較的少額で済むことが想定される。老後に必要な生活費を考えるとき，原則として生活扶助に対応する費用を考慮すれば良いことになる。生活扶助は基礎年金が想定している「基礎的消費支出」にほぼ対応するものと言えよう。ただし，基礎的消費支出には「住居費」が含まれているが，生活保護には別に住宅扶助がある。住宅の状況（持ち家か，ローンの有無，賃貸か）によって必要な生活費は大きく異なる。基礎年金の水準と生活扶助の水準がほぼ等しく，基礎的消費支出に対応するものとして位置づけられるとしても，住宅費の問題が課題として残されている。

7）1階部分の水準の妥当性

以上，1階部分に相当する基礎年金の給付水準について，全国消費実態調査や生活保護の扶助との対比でみてきた。その結果，夫婦世帯の基礎年金の約13万4,000円という額は，基礎的消費支出に対応するものとしてはほぼ妥当な水準にある。生活保護の生活扶助に対応する水準である。ただし，この額は夫婦2人とも40年加入を満たした満額年金であるので，平均受給額は当然低くなる。また，1階部分の水準は，国民年金グループの保険料負担能力から給付水準を考えなければならず，現在の未加入，未納率の上昇傾向を考慮すると，現行の給付水準を維持するための段階的な保険料引き上げ計画に基づく引き上げが限界のようにみえる。

平均加入期間を伸ばして満額の年金が受給できるよう，加入促進策が求められる。国民年金は強制加入が原則だが，未加入者，未納者，免除者が増加し，2000年改正では半額免除措置が導入された（半額免除期間は3分の2として計算）。保険料引き上げをできるだけ抑制できるよう，基礎年金給付費の国庫負担率を3分の1から2分の1へ引き上げることが厚生年金法附則で決められている。高齢化の負担を国民全員で分かち合うような仕組みにするため，税制と保険料のベストミックスを模索しなければならない時期にきている。

生活保護の最低保障水準には，生活扶助に住宅扶助を含むものを保障するこ

ととしている。住宅費の水準の違いに基づき，東京都など大都市では住宅扶助の特別基準が適用されている。基礎年金の水準は，住宅費を除いた基礎的消費支出をみると十分カバーできる水準に達している。住宅費は賃貸か持ち家で要する費用の相違が大きい。高齢で民間賃貸住宅に入居する人々に対するなんらかの住宅費補助措置があれば，基礎年金の水準は十全なものとなるであろう（公営住宅には高齢者の優先入居措置があり家賃も応能負担となっている）。

8) 従前生活の保障と所得代替率という考え方

現在の厚生年金のモデル年金の給付水準は，2階部分は現役時代の賃金を現在の価値に修正した平均標準報酬月額の30％を支給するという設計である。いわば受給者の現役時代もらっていた賃金月額の平均の30％を保障する考え方である。厚生年金のモデル年金の設計思想は，妻が専業主婦であった夫婦2人世帯を想定している（妻の被保険者期間がゼロで，妻の報酬比例部分はゼロ）。

モデル年金を設定し，現役労働者の平均賃金との割合（所得代替率）を考慮するようになったのは，福祉元年と呼ばれた1973年以降である。当時の平均的標準報酬月額は84,600円であった。それに対し，モデル世帯で月額5万円の年金（所得代替率62％）を支給するように定めた[33]。実に改正前の2.5倍の水準

図表12 所得代替率の推移

改正年	平均年金月額 (A)	標準報酬月額の平均 (B)	所得代替率 A/B
1973	52,242円	84,600円	62％
1976	90,392円	136,400円	66％
1980	136,050円	198,500円	69％
1985	176,200円	254,000円	69％
1989	197,400円	288,000円	69％
1994	230,983円	340,000円	68％
2000	238,125円	367,000円	65％

※厚生省年金局『平成11年版年金白書』（社会保険研究所，1999年）所載の表に，2000年改正を加え，筆者が若干の修正を行った。

であった。再評価率の改定（賃金スライド），物価スライド制の導入が行われた。この両スライドを行うことで，年金額をインフレーションから守り，一般生活水準の上昇を反映させ，約60％の所得代替率を維持しようとした。保険料率はほとんど上げず負担は先送りした[34]。1973年当時の平均加入年数は27年であった。この平均加入年数に対応するものとして62％の所得代替率はあった。年金制度の成熟化につれて，平均加入年数は伸びる。長く年金に加入する人が増えるからである。平均加入期間が伸びると平均年金受給額も増加し，所得代替率も高まる。1973年以降の所得代替率の推移は図表12の通りである。

9）　世帯単位のモデル年金

　上記の表内の給付水準は，厚生年金のモデル年金として，夫婦2人世帯の1階部分と2階部分を合わせた額が現役の標準報酬月額の平均に占める割合である[35]。妻は専業主婦世帯を想定しており，1階部分は2人分，2階部分は1人（夫分）のみで考えている。モデル年金は，専業主婦の2階部分の加入年数がゼロ，1階部分の加入年数が40年を想定している。1階部分は満額で2階部分はゼロである。ところが，女性の2階部分の年金への平均加入年数が伸びてくると，当然，2階部分の年金をもらう女性が増加してくる。女性の賃金，就労率，就労期間の伸びに伴う，年金加入年数の伸びによって影響を受ける問題である。たとえば，女性労働者全体に占める構成割合で勤続0年は1965年に約23％であったが，2000年には9.9％にまで低下した。逆に，1965年にわずか1.1％しかなかった勤続20年以上の割合が11％と10倍の伸びを示している（厚生労働省「賃金構造統計調査」，2001年）。

　女性の被用者年金の加入期間が伸びるに伴い，2階部分から受けることのできる年金額も増加する（報酬比例部分は報酬と加入期間に比例して年金額が増加する）。現在も女性の就労率は高まっており，平均加入年数も伸びている[36]。中高年齢の女性の就労が多い短時間労働者などの加入促進策が実行に移されると，さらに平均加入年数が伸びる可能性がある[37]。

　厚生年金のモデル年金が想定している，結婚してからずっと専業主婦であり，結婚前も働いた期間がない，という妻がいる世帯は現在では少数派であ

り，今後は加入期間が10年，20年あるという主婦が当たり前の社会になるであろう。そうすると，現在のモデル年金が想定している世帯は現実にあてはまらなくなる。世帯単位で考える場合には，妻(配偶者)の平均加入年数を考慮した給付水準の決め方が求められてくる[38]。

たとえば現在のモデル年金は夫40年加入の片働き世帯がモデル世帯となっているが，モデル年金額は23.8万円である。共働き夫婦で夫婦とも40年加入の場合，29.9万円となる[39]。現役男子の平均手取り年収の月額換算額40.1万円に対する比率は，現在のモデル年金が59.4%，夫婦とも40年加入の場合は74.6%である。賦課方式のもとでは，自分たちの積み立てた保険料が年金として返ってくるのではない。保険料支払いは受給権を得るためのものに過ぎず，年金受給額の約8割が現役世代の保険料でまかなわれている。約75%もの所得代替率は高過ぎるであろう。

10) 1階部分と2階部分の給付水準の設計

現在の厚生年金は1階と2階合わせて，従前の生活保障をしようという考え方に立っている。従前の生活とは働いていた期間のことである。1階部分は，現役時代の所得にかかわらず，加入期間にのみ比例した定額の基礎年金を支給することにして，所得再分配を行っている。基礎年金2人分が約134,000円であるから，1階部分のモデル年金額23.8万円に占める割合は約56%である。2階部分は残りの44%である。1階と2階の比率をどのように考えればいいのか。年金制度の基本設計に関わる問題である。1つは年金制度内で行われている所得再分配にからんでくる問題である。1階部分の年金額は加入期間にのみ比例するようになっており，納めた保険料には関係しない。厚生年金では1階と2階部分の保険料が合わせて徴収されている。保険料は賃金に比例的である。給付では報酬比例部分は2階部分だけで，2階部分の年金額は加入期間と平均標準報酬月額に比例する仕組みである。

厚生年金内部での所得再配分とは別に，1階の基礎年金の給付水準は，国民年金グループの保険料負担能力との関連を無視して決めることはできない。高い給付は高い負担を意味する。現在の給付水準を維持するだけで保険料は約2

倍の水準になることが予測されている。国民年金の保険料は，このグループは自営業が中心で所得の捕捉が難しいとの理由から定額の保険料となっている。定額の保険料は所得にとってきわめて逆進的である[40]。この理由からも現在の引き上げ計画を超えた大幅な保険料引き上げは難しい。基礎年金の国庫負担率は現在3分の1であるが，2分の1への引き上げが1994年改正以来，改正法の附則で規定されている（2000年改正も同様）。財政状況などを勘案しながらと規定していることから現在まで実現していない。

(4) 福祉ミックスと公的年金の給付水準

1) 残された課題

地球環境の制約，エネルギー供給制約，経済社会の成熟化などにより，世界経済は減速し日本も例外ではない。経済の低成長は長く続いている。税収不足は慢性化し，社会保険料収入の伸びも鈍化している。社会保険料は賃金に比例して徴収することにしており，賃金の伸びが鈍化しているからである。

税収や保険料の伸びの鈍化は，国家財政，社会保障の財政を直撃する。一方で，国民のより豊かな暮らしを求めるニーズは限りなく，一度得た権利を手放すことはほとんどない。既得権が堆積し，財政赤字が累積する。歳入に占める公債依存率は上昇し，歳出に占める利払い費など国債費は増加する。政策の選択の幅は狭まる。公的な対応範囲も狭めざるを得なくなる。

公共事業などでもPFIなど民間の活力を利用する方策が模索されている。社会保障における福祉ミックスの流れも同様のものと考えることができる。できる限り民間の力を利用しようとしている。国は国民の生活保障の基礎的な部分を担当し，高度で多様なニーズには民間で対応してもらおうとしている。民間での対応にも，営利を目的とする企業の対応と非営利の団体や個人による対応がある。後者は共同的な対応ということができる。個人の選択の自由を半分以上は侵害しないという原則から公的な対応の占める割合が50％を超えない方が望ましい，という前提をたて，この前提から老後の所得保障と福祉ミックスのあり方を論じてきた。

基礎年金は国民の基礎的消費支出に対応するもので，満額の基礎年金の水準でほぼ基礎的な消費支出についてはまかなえている。満額に満たない人の存在をどう考えるか，いかに40年加入という成熟化を促進していくか，住宅費の大きなバラツキにどう対処するか，などが課題として残されている。とくに高齢単身世帯が増加していき，持ち家ではなく，公営住宅でもなく，民間の賃貸住宅に入っている人も増えてくる。これらの住宅費用は持ち家のゼロから，大都市部での民間賃貸住宅の費用約10万円前後と大きな開きがある。生活保護の住宅扶助においても大都市部では，特別措置が行われているように，家賃費用の軽減，なんらかの住宅補助制度を基礎年金に加えることが必要ではないか，と示唆される。

　雇用者の従前生活の保障を厚生年金など被用者年金はめざしている。1階，2階を合わせた額で60％台後半の給付水準（標準報酬月額の平均に対する）を維持してきた。モデル年金の設計は世帯単位で妻は専業主婦で被用者年金への加入期間がゼロを想定してきた。女性の社会進出，平均勤続年数が伸びるに従い，被用者年金への平均加入期間も10年弱となってきた。そうすると，世帯単位で考える場合，給付水準の適正化を行わなければ，世帯全体の給付水準は70％を超え，現役勤労者の平均賃金と比べて過大になる[41]。モデル年金の設計変更が必要となる。

　2）　社会保障をめぐる最近の動き

　小渕元総理大臣の私的諮問機関であった「経済戦略会議」は1999年2月「日本経済再生への戦略」という答申を出した。公的年金を基礎年金だけに限定することを打ち出した。その水準はシビルミニマムに対応するもの，としている。同じ流れの中にあるものが，内閣府経済財政諮問会議の「今後の経済財政運営及び経済社会の構造改革に関する基本方針」（いわゆる「骨太の方針」，2001年6月）である。「自律と自助」の精神を基本として，民間部門で実現可能な機能はそこにゆだね，公的制度と補完性，競合性を合わせもった総合的な保障システムによって国民生活の安定を実現していくことを提唱している。個人レベルで社会保障の給付と負担が分かるように情報提供を行う仕組みとして

の「社会保障個人勘定（仮称）」の構築も打ち出している。

　これら政府関係機関の提唱する方針の先駆けとなったのが，経済団体の経団連が1996年に出した「世代を超えて持続可能な社会保障制度を目指して～社会保障制度改革のビジョン～」という提言である。基礎年金の水準を高齢者の基礎的生活コストを十分カバーできる水準に見直し，夫婦で15万円に引き上げることを提唱し，その財源はすべて税でまかなうことにしている。そのうえで2階部分の報酬比例の年金は完全積立方式に移行することを打ち出した。

　社会保障有識者会議（内閣総理大臣の私的諮問機関）は，2000年10月最終報告書「21世紀の社会保障」をまとめた。「持続可能」な制度が1つのキーワードになっている。それほど社会保障制度そのものが不安と不信にさらされているという証左である。同報告書は次のように述べている。

　　「将来に向けてある程度負担の増加は避けられないものの，できる限り負担増，とくに現役の負担の上昇を抑えるべく，『支え手を増やす』，『高齢者も能力に応じて負担を分かち合う』，『給付の見直しと効率化』という方策を実施していくべきと考える。」

　また，21世紀の社会保障の進むべき道は，①負担を増大させても，現行のままの給付を確保する，②負担を増大させずに給付を見直す，この2つの間にある，とし第3の道を模索すべきことを説いている。第3の道とは，将来世代の現実的な負担能力を前提に給付のあり方を考える道である。支え手を増やすこと，高齢者も負担を分かち合うこと，給付の見直しと効率化をはかることで，現役世代の負担増が大きなものとならず，制度が持続可能で国民の信頼を確保することができると主張している。

　現行制度の大枠を変更しない前提で，有識者会議の諸提言はほぼ国民的コンセンサスを得ることができるのではないだろうか。経済と財政の制約のもと，21世紀の社会保障制度の改革は「負担の分かち合い」にならざるを得ないからである。

　同様の趣旨から，社会保障制度審議会1995年勧告も年金の給付水準について次のようにふれていた。

「公的年金の給付水準と制度を支える勤労世代の所得水準との間に適切なバランスが保たれることが重要である。とくに給付水準の設定に当たって、勤労世代には租税や社会保険料の負担が増大することが見込まれ、かつ、教育、住宅などの負担が重い層であるだけに、これらの負担が一般的に少ない年金受給世代との間の実質所得のバランスをとることが重要である。」

　「公的年金制度の給付水準をどうするかは、老後の所得保障をどこまで公的年金で行うか、企業年金や個人年金と公的年金との役割をどう考えるかにもかかっている。公的年金は生活の安定にかかわる基本的なニーズを満たし、企業年金や個人年金はより豊かな老後の生活の保障を求めるニーズに対応する。」

3) 給付水準決定への視点

　現役世代は税や社会保険料以外にも子どもの教育費や住宅費など重い負担を背負って、余裕のない暮らしをしていながらも、保険料の段階的引き上げ計画を容認している。が、年収の2割を大きく超えるような負担については、そうならないよう努力する必要がある。現役の負担能力の限界に近づいているからである。給付の見直しは避けて通れない。企業年金は退職給与の一部又は全部であり、老後の生活費のゆとり部分、一時的・臨時的な出費に充てられる。個人年金は年金というよりも貯蓄に近い[42]。とくに有期年金で遺族保障のある個人年金はそうである。そのような仕組みでは個人年金加入者間で「長生きのリスク」の分散は行われず、自分の積立金に運用収入を加えたものから運用会社の事務経費などを引いた額が個人年金として支払われるにすぎない。いわば、個人で運用するか、特定の運用会社に運用を任せるかの違いしかないのである。

　退職給与については、住宅ローンなど借金返済を優先し、残った額は、不時の出費、旅行費用など臨時的出費、冠婚葬祭、遺産などに回ると仮定し、老後の日常に必要な生活費に組み込むことを考慮しない方が良いかもしれない。退職給与は退職金と企業年金について9割以上の大企業が併用している。退職時

に一時金を選択するか，年金として選択するか，という問題は一時金でもらった方が控除額は大きく，税制上有利になっている。

引退後，日常の衣食の費用だけなら厚生年金で足りる。あとは不時の出費，病気入院，介護費用，冠婚葬祭，住宅の改装，海外旅行など一時金から取り崩す方がやりやすい。多くの人は，自分の死後も，あとに残る者に若干の資産を残してあげたいと思っている。余裕のない生活ではなく，ゆとりある生活を望んでいる。日々の生活費とは別に，貯蓄が相当ないと過ごせない。退職給与はこのような，「生活のゆとり部分」への補塡，一時的・臨時的出費への備え，残りが遺産として相続されるものとして分類しておくことが適切であろう。

公的年金の1階部分すなわち基礎年金部分は，老後の基礎的消費支出に対応するものとして設計されている。図表13からわかるように，高齢者夫婦世帯の基礎的消費支出は約123,000円である。基礎年金の1人当たりの満額67,000円を2倍（夫婦2人分）すると134,000円となる。夫婦2人とも40年加入で満額の基礎年金が受給できれば，老後の基礎的消費支出をまかなうには十分な水準となっている。徐々に加入期間が伸びて成熟化してきているが，まだ加入期間が短く低額の基礎年金しかもらっていない人も多い。

2000年度に老齢基礎年金だけを新規に受給しはじめた人の年金額の平均は，月額約54,000円となっている。平均加入期間の伸長に伴い，新規裁定者の平均

図表13　勤労者世帯と高齢者夫婦世帯の消費支出

（単位円）

	勤め先収入	可処分所得	消費支出	うち基礎的消費支出
世帯主だけが働いている世帯	411,542	375,478	316,102	144,446
世帯主とその配偶者のみが働いている世帯	548,142	485,325	371,590	155,027
高齢者夫婦世帯	—	—	253,950	122,717

資料：総務省統計局「1999年全国消費実態調査」

受給額は徐々に増加している（社会保険庁「平成12年度社会保険事業の概況」）。

　現役世代の負担を抑える視点から，2階部分の給付水準については若干，引き下げる余地があるのではないだろうか。いわば「小さな賦課方式」への移行である。報酬比例部分には，公費が一切入っていない。すべて自分たちの積み立てた額とその運用収入及び現役世代の保険料でまかなわれている[43]。賦課方式のもとでは支える人数が減少し，年金受給者が増加すれば，必然的に保険料はあがっていく。給付と負担のバランス，負担する現役世代の意向によって決めざるを得ない。賦課方式のもとでは，生産世代の生みだした付加価値の一部が保険料として拠出され，それが年金世代の年金として支払われている。いわば「付加価値」という1つの財布を現役と年金世代で分けているのである。現役世代は自らの生活を維持し生産活動を営むうえで多くの費用がかかる。年金世代は現役世代と比べて多くの費用がすでにかからなくなっている。子どもの教育費用，住宅費用，通勤費，交際費などもすべてとはいかなくても大幅に減少している。税・社会保険料も様々な控除が優遇され現役の同じ所得の人たちよりも大きく軽減されている[44]。

　このように考えると実質的な生活水準はほぼ等しいか逆転しているように思われる。現在のモデル年金月額約23.8万円は，高齢者夫婦無職世帯の消費支出のほぼ全額をまかなえる水準である。この消費支出には，教養娯楽費や交際費などが含まれる。これらの費目すべてを就労世代に負担させるのは，公的年金としては行きすぎであり，いわば「ゆとり部分」として企業年金や個人年金等の自助努力に任せるべき分野と考えられる。それなくして生活できない分野ではないからである。そう考えると現役世代と年金世代の合意が前提となるが，報酬比例部分は段階的に引き下げていく余地がある。たとえば，現在の給付乗率1000分の7.5を段階的に1000分の5にしていく方法などである。このように引き下げた場合でも，移行期間を何年とするかにもよるが，夫婦世帯で考えた場合，配偶者の加入期間が伸びることが予測できるので，夫婦2人世帯ではそれほどの年金額の引き下げにはならない。また，引き下げた部分を補う「自助

努力支援策」を盛り込むことが勤労者の合意を得るうえで重要となる。

4）　住宅費との調整問題

　高齢者のいる世帯の家族類型と所得階層別に持ち家率を，総務庁統計局「平成10年住宅・土地統計調査」でみると，所得の高い階層ほど持ち家率は高い傾向を示す。世帯所得400万円以上では持ち家率は90％を超えている。世帯所得400万円未満の所得階層でも持ち家率は70～85％ほどあり，同じ所得階層の全世帯ベースでも持ち家率42～55％と比較すると高い。一方，住宅ローンのある世帯の割合は年齢階級が高くなるほど低下する[45]。賃貸住宅については，民間賃貸住宅，公社・公団等の賃貸公営住宅に居住する高齢者の割合はそれぞれ10％を下回っている。若年層と比較すると民間賃貸住宅よりも公社・公団等の賃貸公営住宅に居住する者の割合が高くなっている（厚生省「平成12年国民生活基礎調査」）。

　基礎年金はほぼ高齢者の基礎的消費水準を満たす水準にいたっているが，基礎的消費支出に含まれる「住居費」は全世帯の平均である。持ち家か賃貸かによって必要な住宅費は大きく異なる。公営賃貸住宅か民間賃貸住宅かでも異なる。基礎年金は基礎的な消費支出に対応するもので，居住形態別による生活費まで勘案していない。

　北欧諸国では「住宅は福祉の基礎」と呼ばれ，安い公共賃貸住宅が提供されるとともに家賃補助，公的な住宅手当が制度化されている。ところが，日本では生活保護に住宅扶助があるだけで公的な住宅手当はない。わずかに公営住宅の優先的な入居と所得に応じた家賃負担や減免制度が各地方公共団体の施策として行われているに過ぎない。

　生活保護の住宅扶助は，物価水準の高いとされる1，2級地は13,000円，3級地は6,000円に過ぎない（一般基準）。この一般基準によりがたい場合にあっては，別に都道府県別・級地別の限度額を示した特別基準が設定されている。2000年度の東京都の特別基準は月額69,600円である。家賃生活者について，生活保護の住宅扶助制度に準じ，居住形態に対応した住宅補助が必要なのではないか（とくに民間賃貸住宅入居者）。

さらに持ち家・土地といった資産を生前の生活費に活用するリバースモーゲージについても検討を深める時期にきている。これらの資産は生前の生活費にあてられることなく，大部分が遺産として遺族に相続されている。東京都武蔵野市などで先駆的な取り組みが行われているが[46]，資産を担保とした融資の場合，担保割れリスク回避，相続人の反対などの問題が生じると言われている。これらの問題を解決しつつ，資産活用型の融資制度などについて検討すべき時がきている。

5） 福祉ミックスとしての老後の所得保障

基礎年金は公助に違いないが，税金だけが基礎的なところを担当するという考え方も一種の偏見である。公助とは公的な援助であり，税で行う一方的な給付やサービスと社会保険で行う給付がある。社会保険も基礎的なところを行って構わない。実際，生活費の基礎的消費支出をまかなうとされている基礎年金も税による国庫負担の割合は3分の1にとどめられたままである。

社会保険の公助部分とは，①法律で加入が強制されていること，②保険料納付義務があり納付しない場合は罰則があること（給付も制限される），であり，ここが民間保険と本質的に異なる点であり，「社会」保険である由縁といってよい。一方，個々人は保険料納付という自助努力を行う。保険料納付の見返りとして，給付を受ける権利（請求権）が付与される。個々人の保険料納付と給付には，1対1の関係がある。

社会保険には共助，相互扶助の部分もある。老齢，障害，病気，要介護の状態など生活上のリスクに共同で対応することで危険を分散している。世代内で「長生きのリスク」をプールし危険を分散するとともに，年金保険でも健康保険でも世代を超えて相互扶助が行われている。

社会保険そのものが，自助，共助，公助のミックスである。年金でいえば税金の投入割合，給付総額に占める保険料積立割合などの設計具合によって，自助，共助，公助のバランスは変化していく。現在の年金保険，健康保険を通じて世代内の危険分散よりも世代を超えた相互扶助の部分が大きくなっている。世代間の所得移転である。あまりに，世代間の所得移転が大きくなると，移転

する方つまり若い世代の不満が高まり，制度維持そのものが難しくなる。現在の社会保険，とくに年金と健康保険はこのような不満が相当高まり，制度の持続可能性が問われる事態となっている。

ドイツの2000年・年金改正案では，

① 公的年金の支給水準を，現行の生涯平均給与の70％から，2025年の67％まで段階的に引き下げる
② 保険料は2020年まで月収の20％以下の水準に抑制
③ 公的年金の目減り分をカバーする個人年金を拡充……低所得者には掛け金（月収の4％を想定）の最大50％を政府が補助，税制上の優遇措置も検討

とされている。現役の負担能力の限界を定め，負担とのバランスで給付を段階的に削減することにしている。いわば「小さな賦課方式」への移行である。この小さくする部分を自助努力支援策で補おうとする方向性はここで提案するものと同一である。

老後の所得保障と福祉ミックスに関する筆者の結論は次の通りである。

図表14　所得保障の4層構造

	主な手段	財の種類	キーワード
自　助	退職給与・貯蓄 （自助努力支援策）	私的財	オプティマム
共　助 （保険料納付を条件とした請求権）	被用者年金 （全額社会保険料）	準公共財	ディーセント
公　助 （保険料納付を条件とした請求権）	基礎年金 （3分の1＝国庫負担，残りは社会保険料）	公共財	ミニマム
公　助 （全額公費負担）	生活保護の所得保障（生活扶助，住宅扶助など） 生存権の保障・請求権		

資料：筆者作成
※ミニマム（minimum）は最低限，最小限，ディーセント（decent）は相当な，かなり立派な，オプティマム（optimum）は，最適の，最善の，という意味。

【福祉ミックスとしての老後の所得保障案】
①基礎年金の見直し
　自営業者等の所得捕捉を前提に，所得比例年金への転換を検討
　国庫負担率3分の1→2分の1へ。公助部分の拡大。
　80歳以降の物価スライド停止（生活費の逓減に合わせて）。
②報酬比例部分の段階的な引き下げ（小さな賦課方式）
　夫婦共働き世帯のモデルを設定。
　給付乗率1000分の7.5→1000分の5.0。
　80歳以降の物価スライド停止（生活費の逓減に合わせて）。
　共助部分の縮小。
③自助努力支援策の拡充（自助部分の拡大）
　確定拠出年金の拠出枠の拡大
　勤労者財産形成制度の非課税枠拡大
　従業員持ち株制度の創設

　以上の結論の要点は，世代を超えて過剰な所得移転となる可能性のある報酬比例部分を段階的に引き下げていくことである。共働き世帯モデルの設定で夫婦世帯ではそれほどの給付水準の低下にはならない。この措置により，現役世代の保険料負担を抑えることができる。国民年金の保険料負担を軽減するためには，国庫負担3分の1から2分の1への引き上げが重要である。この引き上げに要する費用は，消費税でまかなうことが適当であろう。高齢化に伴う負担を現役も年金世代も等しく負担することが適切だからである。

　このように，現役世代の負担軽減を目的とし，その軽減された費用を貯蓄などに回して自己の生活費や老後の生活費にいかすための自助努力支援策を組み込むことにより，自由な選択の余地を拡大する。報酬比例部分も含めた給付水準は，夫婦共働き世帯のモデル設定，報酬比例部分の段階的引き下げで，現在の給付水準より若干小さい水準に設定することもやむを得ない選択であろう。年金受給者は急増するからである。2000年改正後，現役の手取り年収の59％の

給付水準で設定されている[47]。これを夫婦世帯で50％の水準を下回らないよう維持することが重要ではないかと思われる[48]。社会保障制度審議会の1995年勧告には「若い世代は，高齢者の増加による負担の増大について心配している。したがって，社会保障制度が何についてどこまで保障するかを明確にし，それについて国民が十分理解することが重要である」と述べられている。

とくに年金のような長期保険では，給付水準をひんぱんに変えることは望ましくない。国として長期に約束できる水準を国民に約束すべきである。そのためには，ギリギリの給付水準ではなく，少し保険財政にゆとりの持てるくらいの給付水準でなければ経済状況や人口の変動ですぐ設計変更を行わなければならなくなる。

制度の簡明さ，国民へのわかりやすさ，保険財政の安定性などから考慮すると，公的年金の1階・2階合わせた夫婦世帯の年金額で現役の手取り年収額の50％を国民に保障することを約束することが適切であろう。老後の生活費の半分を自助，共助，公助が組み合わさった年金保険でみて，残りの半分を自助，共助で補う姿が自由社会の所得保障のあり方として望ましいのではないだろうか。

3．医療・社会福祉政策と福祉ミックス

(1) はじめに

前節では，福祉ミックス論と老後の所得保障の関係で，公助の若干の拡大，共助部分の段階的縮小，自助努力支援策を盛り込んだ年金改正の政策的インプリケーションを行った。この節では所得保障以外の福祉政策全体に対象を広げ，福祉ミックス論的視点からみた場合，現在の日本の福祉政策にはどんな特徴があり，課題があるのかを探っていきたい。

さて，ここでいう福祉政策には，医療や年金，社会福祉の各分野を含んでいる。福祉国家という場合の「福祉」という言葉の用法と同じである。このように，日本語の福祉という言葉には「狭義」と「広義」の2通りの用法がある。

広義は，医療や年金，社会福祉すべてを含む用法である。狭義は，社会福祉の分野だけを示す用法である。高齢者の福祉，児童の福祉，障害者の福祉と使う。ここでいう「福祉政策」は広義の用法である。年金については，前節で詳しくみた。この節では，残りの福祉政策，医療と社会福祉について，福祉ミックス論からどのような見方ができるのか，日本の制度の特徴は何か，課題は何かを指摘したい。

(2) 福祉政策の全体像
1) 基礎となる所得保障

社会保障や福祉政策の基礎は，所得保障である。救貧策である生活保護については別におき，老齢になると年金によって一定の生活を維持しようとしている。保険料拠出と受給権が1対1で対応する社会保険方式で運営されている。高齢化が急速に進展するにつれ，現役の保険料で年金世代の年金をまかなう賦課方式では，現役の保険料負担が限界に近づきつつあり，共助の部分すなわち従前生活を保障しようとする報酬比例部分は現在よりも段階的に小さくしていかざるを得ないことを前節では示した。

所得は生活を送るうえでの基礎である。所得がなければたちまち貧窮に陥る。福祉政策の基底には，所得保障がなければならない。いわば木でいうならば所得保障が幹である。医療サービスや福祉サービスは枝の部分である。所得は誰もが必要とする。市場からあらゆる財・サービスを購入できるからである。医療サービスや福祉サービスは，誰もが必要とする財・サービスではない，ということである。高齢化に伴い，医療・福祉サービスを必要とする人々は増加してきたとはいえ，80歳，90歳になってもなお，かくしゃくとして病院や福祉のお世話にならない人もいる。

もう1つ，医療・福祉サービスの特徴は，現物サービスということである。年金は現金給付である。加入期間や支払った保険料を管理し，新規裁定を行ったり，年金の支払いを行う社会保険庁や社会保険事務所のような部署だけが必要とされる。コンピューターの発達により，あらゆる加入者の記録は社会保険

庁の大型コンピューターに保存され，全国に約300ある社会保険事務所とオンラインで結ばれている。年金を受給できる年齢になり新規裁定の相談のため社会保険事務所に行くと，その人の加入期間，標準報酬月額などがたちどころに紙に打ち出されてくる。それにより，一瞬で年金額がはじきだされる。1997年からは基礎年金番号が導入され，異なる年金制度間の通算がより容易になった。現役時代から自分のおおよその年金額がわかる「年金ポイント制」の導入も検討されている[49]。

年金は実務の世界では，社会保険庁や社会保険事務所のような官公庁があればそれで済む世界である。年金額は，加入期間，標準報酬月額で即座にはじき出される。算数の世界である。確定した年金は銀行や郵便局の口座に振り込まれる。これで年金の現金給付の世界は完結する。間に，財やサービスの供給組織が介在しなくて良いことがサービスとしてみた場合，年金の最大の特徴である。

2) ぼうだいな供給組織

医療や福祉サービスの場合，ぼうだいな供給組織が必要である。医療や福祉サービスという，サービスそのものを提供する現物給付だからである。診療所や病院，特別養護老人ホームや老人保健施設，保育所，障害者施設，ホームヘルプサービスなど多くの施設とサービスが存在する。これらのサービスを供給するには，施設の建物や設備に加えて，多くの人々を必要とする。医療や福祉サービスは「対人サービス」そのものだからである。病院の医療費用の約半分が人件費である。事情は福祉施設などでも変わらない。費用の多くの部分が人件費で占められている。

医療や福祉の現場で働く人は多くが専門職であり，資格職である。医師や看護士，理学療法士，介護福祉士，介護支援専門員，保育士…と数多くの資格があり専門職がいる。生命を預かる医師の仕事が典型であるが，病気の診断や治療には高度な専門性が要求される。医師だけでなく，すべてのサービスの提供に専門性が要求されるのである。それだけに養成費用もかかる。人件費も相対的に割高になる。

医療や福祉の現場では，年金と異なり，サービスを供給する組織が必要であり，対人サービスとしての特性，生命や身体に関わる仕事であることから，高度な専門性が要求される職種になっている。これだけ複雑な供給を，公的な団体だけで行うのは困難があるし，非効率な仕事となる恐れがある。民間の組織力・供給力を借りる方が効率的である。現在の日本では，医療については，国公立の病院もあるものの，大部分が民間の病院や診療所で医療サービスを提供している。

　これらの医療，福祉サービスを財政的に支えるものとして，社会保険と税がある。医療は健康保険など社会保険が大半を占めているが，国民健康保険では給付費の半分が税であり，その他市町村の一般会計からも多額の税が投入されている。社会福祉の分野では長らく施設やサービスの提供は公が直接に提供するか，公の強い支配の下にある社会福祉法人への委託というかたちでサービスの提供が行われてきた。施設建設費，運営費ともほぼ全額，税金でまかなわれていた。2000年4月から施行された介護保険法で初めて，高齢者福祉の中心課題である要介護高齢者対策の分野に社会保険の手法が導入された。

　医療と社会福祉政策での福祉ミックスを考えるとき，以上のように，財源と供給組織を分けて考える必要がある。財源が社会保険でファイナンスされている場合は，民間組織も供給に乗り出しやすい。診療報酬や介護報酬で，経営に必要な費用をまかなう。税が財源の場合は，どうしても公の支配が強くなる。第1種社会福祉事業には行政直営か社会福祉法人に参入は限定されている。社会福祉法人を設立するには都道府県知事の許可が必要である。第2種社会福祉事業には参入制限はないが，保育所に典型的にみられるように，行政からの手厚い補助を受けている公的施設と民間企業が競争するのは不可能である。

　財源の構成・種別，財源と供給組織の対応，供給組織間の競争の在り方など，供給組織を必要とする医療・福祉サービスでは複合的な視点からミックスの在り方を考える必要が生ずる。

(3) 福祉ミックスと医療政策

1) 医療サービスの特徴

　医師は自由開業制が認められているが，保険医療を行おうとするものは，保険医療機関としての登録と保険医としての登録が必要となる（二重登録制）。自由診療は現在ではほとんど行われていないので，ほぼすべてが保険医療機関であり保険医である。保険医療は，特定療養費など一部を除いて，健康保険法で定められた保険給付の範囲内でのみ医療行為が可能である。それ以外の医療行為を行っても診療報酬上評価されず，何もメリットがない。

　医療は，診察・治療・投薬・検査・リハビリなどのサービスに分かれる。いずれも専門性が高く，高度な判断が要求される。医師の養成課程は6年制であり，医師国家試験合格後2年間の研修医（インターン）としての経験を積んで，本当の医師になることができる。患者は自分の感じている痛みや症状については医者に申し出ることはできるが，どういう病気なのか，どういう病名なのか，治療法は何があるのか，有効な薬は何か，というような医療知識はほとんど皆無である。医師と患者のこのような知識・情報格差を「情報の非対称性」と呼ぶ。情報が共有されていないのである。したがって，患者は医者の診断を信頼し，治療法を信ずる以外にない。サービスの受給に際して，選択の自由がほとんどないのである。

　医師に診療上の裁量が大幅に認められている。もちろん，保険医療の場合，保険給付の認められる範囲での治療に限定されるが，その範囲内であれば，医師が有効と考えるならば，どのような診療を行うことも自由である。

　ところで，保険医療の場合，診療報酬制度で個々の医療行為に点数がつけられており，1点10円で計算される。かかった点数のすべてを請求できる「出来高払い制」が採用されている。「情報の非対称性」と医師の裁量，出来高払い制が結びつくと，1人の患者にできるだけ多くの治療や投薬を行うことが医師や医療機関の収入増につながる。過剰医療の危険性が常につきまとうのである。診断や治療そのものでは多くは上乗せできないので，前段階の検査，投薬の種類と量で上積みがはかられる傾向がある。いわゆる「検査漬け・薬漬け」

医療である。薬価基準で定められた薬の公定価格と薬の卸値が異なる薬価差益が存在すれば，薬の量を増やそうとする誘因はさらに大きくなる。出来高払い制のもとでは，医療費増大の歯止めは「医師としての良心」だけという心もとない状態になってくる。高齢化の進展とともに，国民所得の伸びを上回って，医療費が際限なく増大していく危険性がある。

2） 医療費財源の構成

財源は社会保険としての健康保険と税でファイナンスされている。健康保険には，政府管掌健康保険，組合管掌健康保険，国民健康保険と3種類ある。それぞれ税の投入割合は異なる。政管健保では給付費の13.0％（老人保健拠出金については16.4％）が国庫負担，国民健康保険は給付費等の半分が税でまかなわれている。低所得者への減免措置などを行った場合，国の助成措置がある（保険料軽減分の2分の1）。地方公共団体の一般会計からの持ち出しも相当な額に達している。組合健保は他の2つの保険に比べて高所得者が多いこと，年齢構成が若く病気にかかる率が低いことなどから2000年度予算で217億円の補助金が国から出されているにすぎない。

財源には社会保険料と税に加えて，応益負担としての自己負担が入る。2001年の健康保険法改正で患者の自己負担割合が以下のように変更された。

70歳以上の高齢者の患者負担は定率1割負担（ただし一定所得以上の者は定率2割負担）。外来の月額上限制及び診療所における定額負担選択制は廃止。健康保険本人負担を2割から3割へ。家族の入院の場合も2割から3割へ。3歳未満の乳幼児については外来，入院とも2割（現行3割）。

医療費を支える財源は，社会保険料，税金，患者負担の3つから構成されている。では，その構成比はどのようになっているのだろうか。2000年度国民医療費30兆3583億円のうち，保険料は16兆910億円（53.0％）であり，公費負担は9兆7486億円（32.1％）で，そのうち国庫は7兆4302億円（24.5％），地方は2兆3183億円（7.6％）である。患者負担が4兆4919億円（14.8％）ある[50]。

以上のように，医療を支える財源は，保険料財源と税，自己負担の3つでま

かなわれており，税＝公助，保険料＝共助，自己負担＝自助と区別でき，その組み合わせでファイナンスしている。ただし，保険の種類によって，税の投入割合，自己負担割合は異なり，負担と給付の公平性をはかるため，老人保健制度を含む新たな財政調整措置が求められている。

3）　保険給付の範囲と福祉ミックス

保険医療機関だけが，保険医療を行うことができる。保険医療で提供できる医療は，保険給付の範囲内だけの医療である。何を治療が必要な病気やケガだとするかは微妙な問題を含んでいる。医学的良識と社会的通念によって決められることになっており，通例は「精神又は肉体の異常な状態」であって，一般に医師または歯科医師が診て，診察・治療の必要があると認められた病気・ケガを健康保険法上の「保険事故」として扱うことになっている。次のような診療等は保険給付外とする行政解釈例がある。

① そばかす，ほくろ，あざ，にきび，白毛，多毛，無毛等日常生活に支障のないものの治療
② 美容を目的とする整形手術，文身（いれずみ）の除去術等
③ 正常妊娠，正常分べんの診察
④ 経済的理由による人工妊娠中絶術
⑤ 健康診断を目的とする診察及び諸検査
⑥ 予防接種

保険医療とそれ以外の医療を組み合わせる特定療養費については限定的に運用されることになっている。特定療養費として健康保険の給付が受けられるのは，以下の場合に限られている。

① 特定承認保険医療機関で，高度先進医療を受けた場合
② 特別の療養環境（差額ベッド）[51]の入院
③ 病床数200床以上の病院で紹介なしで診療を受けたとき
④ 患者の都合で予約診療・時間外診察等を希望した場合

特定療養費の対象は，高度な医療サービス，アメニティに関するサービス，患者の選択によるものなどである。共通のリスクに対応しようとする社会保険

の給付対象としてはふさわしくないと現時点ではみなされている。高度先進医療のうち全国的にある程度普及定着し、適当と認められたものは、順次、保険診療に取り入れられていく。特別の療養環境も4人以上では差額徴収できることになっているが、これも標準が4人部屋になれば、順次差額徴収できる部屋は3人部屋、2人部屋となっていくものであろう。病人であっても入院したときは大部屋で耐えるべき、との考え方が社会的通念であれば、個室に近くなるほど高い差額を支払うことを許容するであろう。保険で共通に備えるべき給付対象は、時代の変遷につれ、国民の意識によって変わってくるものである。

4） 供給組織のミックス

医療の供給組織はどのようになっているだろうか。

医療提供機関には、診療所と病院がある。20床以上の入院施設を有するのが病院である。診療所には19床以下の入院施設を有する「有床診療所」と「無床診療所」がある。保険医療機関であれば、診療すれば診療報酬が入るのであるから、保険医療機関としての許可さえとれば運営は可能で、設立主体が国公立であろうが民間であろうが関係ない。

しかも診療報酬の評価は設立主体別にまったく違いがない。医療費財源（社会保険料、税、自己負担）→保険給付の範囲（診療報酬・薬価基準）→医療施設というカネの流れがある。医療施設は個々の患者ごとに1診療科1カ月単位で「診療報酬明細表（レセプト）」を添付して支払い機関に医療費を請求する。

国立病院、都道府県立、市町村立、社会保険病院、労災病院など公的な色彩を帯びている医療機関も多く存在する。これらの医療機関の運営上の特徴は、建物の建設や医療機器の導入、メンテナンスなどに税金や社会保険特別会計からの援助があることである。民間施設の場合は、診療報酬は単に診療に対する対価であり、建物の建設費、維持費、減価償却費、設備投資費用などすべてを診療報酬からまかなわなければならない。診療報酬はそれらの費用も見込んで算定されているという前提である。したがって公的医療機関では、エイズなど高度な政策医療、救急病院としての機能など民間医療施設では負担になる医療に力を入れている。

医療は非営利という原則になっている。1人医療法人制度なども認め，税制上も手厚い措置がとられている。病院経営に対する株式会社の算入が，規制改革論議の対象となっている。

5） 医療と福祉ミックス

以上のように，医療と福祉ミックスに関しては，財源，供給組織，保険給付の範囲の3つのレベルで考えなければならない。供給組織や保険給付のあり方は財源と密接に関係する。財源の構成は，税，社会保険料，自己負担の3つである。税＝公助，社会保険料＝共助，自己負担＝自助と一応分けることができるが，社会保険で運営されていても多くの税が投入されている。たとえば国民健康保険の給付費の約半分が公費負担である。社会保険料の保険料支払いも自助に分類される。医療保険の財源は，税，社会保険料，自己負担の3者が複雑にからみあっている。近年の流れは，医療費抑制の狙いもあり，応益負担としての自己負担を強化する方向にある。

供給組織には，国公立病院，社会保険病院などの公的色彩の強い病院と医療法人としての民間病院，個人で開業する診療所などがある。国公立病院などは救急医療や政策医療など利益のでにくい分野に力を入れている。出来高払い制のもとで診療報酬の支払いは担保されているので，保険医療機関としての運営は，診療報酬の内容と水準に左右されるだけである。設立主体が公立であろうと民間であろうと関係ない。ただし，現在の診療報酬の体系は，診療に対する対価だけが評価され，建物の建設費，設備投資の費用，減価償却費などは算定されない仕組みである。

保険給付の範囲は，範囲の設定が自助と共助の境目となる。社会保険は一般に国民共通のリスクに備えるものであり，特定の人にだけ生ずるリスクに対応するのは困難である（リスクの共通性）。この意味で，高度先進医療や特定療養費制度が設けられているのは合理性がある。ただし，医療技術の進歩や普及度合いによって保険給付に徐々に取り込んでいく即応性・客観性を備えることが重要である。もう1つ，保険給付の範囲からはずされている個室など療養環境の問題がある。アメニティ部分の評価の問題である。

日本の医療は戦後「質より量」をずっと追い求めてきた。国民すべてに医療を行き渡らせることが最優先課題であり，療養環境に配慮するゆとりはなく，診療報酬上の評価もなかった。現在，病室は4人部屋が標準とされており，個室に近づくにつれ高い差額を徴収される。これは病院に何を期待するのか，という国民の意識の問題と密接に関連する。病気になって入院したとき，やすらかに療養できる環境を望み，それらの費用を保険からまかなうことに国民的合意があるか否かという問題である。病室をすべて個室にするには相当な時間と費用がかかる。欧米のように長期的には個室化をめざす方針のもとで，徐々に療養環境の整備を進めていくことが国民の合意を得るうえで必要となってくるであろう。

(4) 社会福祉政策と福祉ミックス

1) 福祉ニーズの普遍化

日本は1994年に高齢化率が14％を超えて高齢社会に突入している。誰もが福祉サービスを必要とする時代となっている。日常生活を障害なく送り，自立した生活を営むうえで福祉サービスは不可欠のものとなっており，実際に利用していなくても，施設やサービスが用意されていると安心感を持って暮らすことができる。

交通網の発達による交通事故の増加，大型機械の導入による労災事故の増加など現役世代のリスクも高まっている。女性の就労率が向上し，保育所などに対する多様な保育ニーズも高まっている。このような普遍化する福祉ニーズに対応して，誰もが利用しやすい福祉サービスが求められていた。

従来，日本国憲法第25条の生存権を基礎に，社会福祉の分野では公的責任が強調され，措置制度のもと，ほぼ全額税金で運営されてきた。地方公共団体が直接サービスを供給したり施設を運営するか，地方公共団体が業務を委託した社会福祉法人に委託費（措置費）を支払うことで福祉の供給を行ってきた。社会福祉法人の設立には厳しい制限があり，行政と事前に相談しながら，設立を進めなければならない。なぜなら，社会福祉法人が運営を予定する施設には，施

設の建設費,設備費,人件費などの運営費すべてが補助金や措置費として支出されるからである。行政の予算の制約に基づく予定に沿ったかたちでなければ,社会福祉法人の設立は許可されない。厳しい入所定員管理,施設基準,人員配置基準などで縛られ,施設経営者やサービス供給者の自由度は著しく狭かった。公の資金を使うということで制約が強かったのである。

高齢化の進展に伴う費用の増大が予想される中で,社会福祉においても,サービスの質の確保を前提として,限られた資源を有効に使うという効率性の観点が不可欠となっている。現行,社会福祉法人制度のもとでは,事業者の経営努力の成果が必ずしも経営状態の改善や事業の拡大につながらないため,事業者の経営意識が育ちにくく効率性の向上が事業目標とはなっていない。

2) 支援費制度への変更

2000年に社会福祉事業法が改正されて,社会福祉法となった。生活困窮者対策を前提とした福祉のあり方を改め,「家庭や地域の中で,その人らしい自立した生活が送れるよう支える」ことを理念としている。利用者と福祉サービス提供者との対等な関係,サービスの質の向上を目指している。具体的には従来の措置制度を支援費制度に改め,2003年度から実施することになっている。

現行の措置制度では,原則として行政がサービス内容や提供事業者を決定している。新制度では,福祉サービスにかかる費用を利用者に「支援費」として

図表15 支援費制度の対象になる福祉サービス

身体障害者	知的障害者	障害児
更正施設 授産施設 療護施設 ホームヘルプ デイサービス ショートステイ	更正施設 授産施設 通勤寮 ホームヘルプ デイサービス ショートステイ グループホームなど	ホームヘルプ デイサービス ショートステイ

資料:「読売新聞」2002年7月2日朝刊

支給する。障害者は自分が望む生活を実現させるための福祉サービスを選び，施設や事業者を選んで契約する。対象になるのは，これまで措置制度で運営されてきた身体障害者，知的障害者，障害児向けの福祉サービスなどである。

障害者の支援費支給申請を受けて，市町村は障害の程度，置かれた環境などを判断し，支給の決定を行う。その際，施設利用では障害の程度に応じた3段階の区分と支給期間（3年まで），在宅サービスなら1カ月のサービス利用時間や回数と支給期間（1年まで）を決める。支援費は，利用者が契約した事業者に市町村が直接支払う。利用者は支払い能力に応じて自己負担分を支払う。支給期間が終われば再び申請手続きを行う。

障害者が人生設計に応じて選択できるだけの様々なサービスを用意する責任を市町村は担っている。現状でもサービスは需要を満たしていないため，市町村は支給決定に際して，サービス不足を理由に支給を制限できることになっている。実際に支給される支援費の額は，サービスの種類ごとに厚生労働大臣が定める基準（支援費基準）を下回らない範囲で市町村長が定める基準によって算定された額から，利用者負担を引いた額となる。

3）財源と供給組織のあり方

児童福祉，高齢者福祉，障害者福祉の3つの分野ともほぼ税金で実施されてきた。サービスの提供は行政が直接行うか，社会福祉法人に委託するかたちで行われてきた。2000年4月から施行された介護保険法は，高齢者福祉の中心である要介護者対策に，社会保険の手法を持ち込んだ初めての例である。要介護者対策以外の高齢者福祉は税金で行われている。

社会福祉施設の整備にあたっては，通常，施設整備費の4分の3を公費補助の対象としており，残りの4分の1に相当する費用は設置者の自己負担が原則となっている。この自己負担分については寄附によってまかなうことが原則とされているが，寄附でまかなうことは事実上不可能であり，地方公共団体が単独で補助を行っている例が多い。

社会福祉事業は第1種と第2種に分かれる。第1種は，主に施設に収容して処遇する事業である。第2種は，通所サービスや在宅サービスを行う事業であ

る。第2種社会福祉事業には供給組織の制限はない。第1種事業は，行政か社会福祉法人に限られている。収容して処遇することから，入所者は施設が生活の場となり，「終の棲家」ともなる。より安定した財政基盤や運営基盤が求められる。需要の高い特別養護老人ホームも第1種社会福祉事業に分類される。政府の規制緩和計画の重要項目として，特別養護老人ホームの運営に株式会社を参入させることの是非が入っている。政府の「規制改革総合会議」は構造改革特区として，一部の地域で先行的に民間参入を認めようとしているが，厚生労働省は倒産の危険性や安易な事業からの撤退などで，安定的・継続的サービスの提供に懸念が残るとして反対している。

　特別養護老人ホームは介護保険施設であり，財源は税と保険料であるが，特別養護老人ホームへの民間参入問題は，供給組織における公民のミックスのあり方につながる問題である。

　支援費制度においてサービスを提供する事業者は，都道府県知事が厚生労働省令の定める基準に基づき，サービスの種類及び事業者ごとに指定する。支援費制度においても，施設サービスを提供する事業者は，地方公共団体または社会福祉法人に限定されている。居宅サービスは，法人格があれば株式会社やNPO法人でもよいことになっている。介護保険と同様に障害者福祉の分野でも在宅サービスについては，効率性向上の観点から民間部門の進出が期待されている。介護保険では在宅サービスの需要は予想より少なく，多くの事業者が赤字である。障害者の分野では障害者が地域的に偏在していることも予測され，より需要を掘り起こすことが難しいであろう。

　高齢者も障害者も自立支援という意味での，家事援助，身体介護などは共通するサービスである。高齢者向け在宅サービスと障害者向け在宅サービスの共通化をはかることができれば，一定の地域内での需要が密になり，在宅サービスの効率性が向上し，より事業者の利益も出やすくなることが予測される。

　介護保険の加入対象を40歳以上から20歳以上に広げ，在宅サービスについては障害者も含め，共通に供給するシステムをつくることが地域福祉を確立するうえで今後の大きな課題である。

4） 介護保険と福祉ミックス

　介護保険の例で社会福祉分野での福祉ミックスの例をみてみよう。一般に社会保険はミックスを行いやすい方法として普及してきた。つまり，社会保険料として財源を集める。加入を強制することや保険料不払いへの罰則，サービスの制限などで徴収の確実性を担保している。加入の強制性，財源に税が投入されていることが公助の部分である。

　サービスの供給主体は民間である。施設は社会福祉法人にしか設立は認められていないが，在宅サービスには多くの民間企業などが参入した。保険料からの介護報酬の支払いが確実なことが民間企業の参入を促した。民間企業の利益は介護報酬の水準に大きく左右される。

　介護保険のサービスには次の18種類がある。訪問サービスとして，訪問介護（ホームヘルプサービス），訪問入浴，訪問看護，訪問リハビリ，通所介護（デイサービス），通所リハビリ（日帰りリハビリ），居宅療養管理指導，短期入所生活介護（ショートステイ），短期入所療養介護（ショートステイ），痴呆対応型共同生活介護（痴呆性グループホームでの介護），特定施設入所者生活介護（ケアハウス，有料老人ホームでの介護），福祉用具の貸与，福祉用具の購入費支給，住宅改修費の支給，介護サービス計画（ケアプラン）の作成，の15種類がある。施設サービスとして，特別養護老人ホーム，老人保健施設，療養型病床群の3種類がある。介護報酬の水準を訪問介護でみてみよう。

図表16　訪問介護の介護報酬（単位）

	30分未満	30分〜1時間	1時間〜1時間30分未満	以降30分増すごとに
身体介護中心	210	402	584	219
家事援助中心	—	153	222	83
複合型	—	278	403	151

　数字は単位数を表す。1単位は10円である。早朝(午前6時〜8時)と夜間(午後6時〜10時)は25％の加算であり，深夜(午後10時〜午前6時)は50％加算

である。離島，山間地など特別地域は15％加算がある。これは民間事業者の算入を促す措置とされている。

1単位は原則10円であるが，地域加算がある。人件費の高い地域に配慮した加算である。介護サービス費用の大半は人件費である。それが対人サービスであるからである。人件費の高い地域は同じサービスでも割高にならざるをえない。全国を「特別区」，「特甲地」，「甲地」，「乙地」，「その他」の5つに分けている。サービスの種類によって加算率が異なっている。たとえば，訪問介護の「特甲地」は6％加算である。身体介護中心，30分～1時間未満，日中の場合の介護報酬は次の通りになる。

10円×402単位×1.06＝4,261円，この報酬が訪問介護事業者に渡る[52]。

介護保険では訪問サービス15種類，施設サービス3種類がサービスメニューとして法定されており，それぞれのサービスごとに細かく介護報酬が定められている。介護報酬にはサービスごとの人件費割合と地域の人件費水準を考慮した地域加算が行われている。つまり，介護保険料を財源とする介護報酬が支払われる範囲は，このようなサービスの種類，時間，地域などを細かく考慮して決められている。

介護保険で要支援・要介護と認定された人は「法定の介護サービス」を受けることができる。介護保険法に根拠がある市町村独自の「特別給付」と「保健福祉事業」も受けることができる。介護保険法から離れて市町村が一般会計で行う「介護保険法以外の高齢者福祉サービス」も受けることができる。民間事業者の中には，介護保険や市町村の一般会計とは関係なく，全額自己負担の介護サービスを用意しているところもある。これらを総称して「横だしサービス」という場合がある。介護保険の法定サービス以外のサービスである。市町村の関与があるものとないものがある。

一部横だしサービスの事例をあげてみよう。
○家事・付き添いサービス
　掃除・洗濯・買い物などの家事や，通院など外出の手伝い（おおむね2～3時間）

○配食サービス
調理や買い物が困難な人への食事の配達サービス
○デイサービス
施設などでのダンスや手芸などのレクレーションサービスの提供
○高齢者等へのおむつ支給
利用者1人ひとりに合った紙おむつを自宅などへ配送
○高齢者理髪サービス
自宅での出張理髪サービス
○高齢者緊急通報システム
高齢者が家庭内などで急病など緊急事態になったとき，消防庁または民間業者に通報することで救助されるシステム

　いずれも介護保険創設の過程で法定サービスとして組み入れることが検討されたが，法定外サービスとなった。これ以外にも，横だしサービスの種類は数多くある。全国の市町村で様々な工夫がなされている。民間事業者もその「すき間」をぬってサービスの提供を行っている。
　一方，市町村による「上乗せサービス」もある。介護保険では要介護度に応じて支給限度額が決まっている。訪問・通所サービス区分の要介護度1の支給限度額は，1万6,580単位である。この支給限度額を市町村の判断によって引き上げることができる。要介護度1は1万9,000単位にする，というように条例で定めることができる。この場合の財源は，その市町村に居住する第1号被保険者(65歳以上)の保険料である。支給限度額を引き上げるとより多くのサービスが受けられるようになるが，それは保険料のアップにつながる。サービスの受給者は要支援・要介護と判定された人に限られるが，保険料の負担者はサービス受給者だけでなく，地域内に居住する65歳以上の第1号被保険者全員である。保険料のアップによってサービスの水準の向上を選ぶのか，そうでないのかは地域住民の選択に委ねられている。
　この市町村の上乗せサービス以外にも，民間事業者によるサービスの上乗せが可能であるが，全額自己負担となる。たとえば訪問介護サービスの支給限度

額は決まっており，週何回，何時間までと制限される。とてもそれでは介護できない場合，民間事業者の介護サービスを全額自己負担で購入することになる。「介護保険による法定サービス」と「横だしサービス」，「上乗せサービス」を図示すると次のようになる。

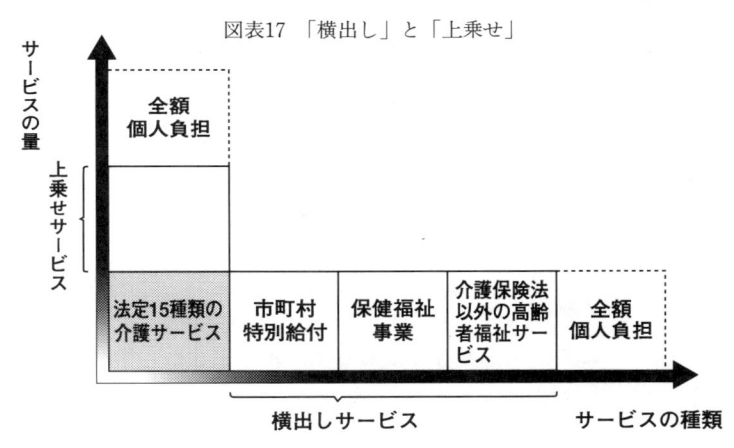

図表17 「横出し」と「上乗せ」

```
サービスの量
 ↑
 │ ┌─────┐
 │ │全額  │
 │ │個人負担│
 │ │     │
上│ │     │
乗│ │     │
せ│ │     │
サ│ │     │
│ │     │
ビ│ │     │
ス│ │     │
 │ ├─────┼────┬────┬─────┬────┐
 │ │法定15種類│市町村│保健福祉│介護保険法│全額  │
 │ │の介護  │特別給付│事業  │以外の高齢│個人負担│
 │ │サービス │    │    │者福祉サー│    │
 │ │     │    │    │ビス   │    │
 │ └─────┴────┴────┴─────┴────┘─→
 │           └──横出しサービス──┘  サービスの種類
```

資料：拙著『介護保険100％活用ガイド』168ページ

　法定サービスだけで不足するサービスの種類・メニューを市町村や民間事業者の「横だしサービス」で補い，法定サービスの種類にはあるがその水準が不足するサービスを市町村や民間事業者の「上乗せサービス」で補っている。図からも当然わかるように，「横だしサービス」や「上乗せサービス」そのものの種類や水準は，法定サービスの種類や水準に大きく左右される。すなわち，法定サービスの種類が増加し，サービス水準が高まると「横だしサービス」や「上乗せサービス」の種類や水準は狭まる関係にある。

　法定サービスの水準は，保険料の水準に左右される（プラス投入される税額）。保険料の収入総額が決まる中で，サービスの種類と水準は二律背反の関係にある。サービスの種類を広げると1つ1つのサービスの水準は低下せざるをえない。広く薄くサービスを提供することになる。サービスの種類を絞ると1つ1つのサービスは厚く提供することができる。

介護保険では市町村による「横だしサービス」や「上乗せサービス」が間に介在しているが，介護保険の法定サービスと市町村によるサービスは公的な対応に入る。公的な対応の範囲が広がると民間サービスの範囲は狭まり，公的な対応の範囲が狭まると民間でのサービス提供の機会が広がる。いずれにせよ，公的な対応の範囲は，保険料の水準や投入できる税金の額に左右される。

(5) **医療と福祉──協調と競争あるいは公正と効率**
1） 保険と税

医療にせよ，福祉サービスにせよ，国民一般の生活の変化，生活水準の向上と大きな関係がある。生活水準が向上するにつれ，医療ニーズも福祉ニーズも高度化し多様化する。高齢化に伴い，ニーズそのものも普遍化している（誰もが医療や福祉サービスを必要とする）。

保険は共通のリスクに備えるものであった。税も国民から徴収して，国民が必要とするサービスを提供するという意味で国民のニーズに応えるものである。保険という技術を用いて，保険料を強制的に徴収し，保険事故が生じたときに，保険給付を行う。このような意味で，社会保険では給付やサービス受給の権利性が強いと言われる。保険料支払いの対価としての給付でありサービスの提供であるからである。

保険は共通のリスクに備えるものであり，多くの人に生ずることが予測されるリスクでなければ保険事故とされない。保険は普遍的なリスクに対応し，税金は特殊なリスクに対応するものと分類できる。リスクが普遍化すると社会保険的な手法が適用できないかが検討課題となる。介護保険の例でみたように，高齢者の要介護というリスクが普遍化してきたので，介護保険という社会保険が創設された。従来は高齢者福祉の枠組み内で税金で行われていた分野である。

介護保険が創設されたので，社会福祉の分野で税金で対応するものは児童福祉と障害者福祉，高齢者福祉で介護保険を除く分野である。これらの分野でもニーズが普遍化すると社会保険の対象となるものが生ずるかもしれない。実

際，児童保険構想などが発表されている。これは現在の児童手当を国，被保険者，事業主3者拠出の社会保険として再構成するものである。

　社会保険で対応しているものにも，多額の税金が投入されていた。もっとも額が大きいのは，基礎年金給付費の3分の1の国庫負担と国民健康保険の給付費の約半分の公費負担である。国保はこれ以外にも保険基盤を安定させるために，国の補助金や市町村の一般会計からの繰り入れが大規模に行われている。税金が保険財源の半分を超えるとそれはもはや保険という名前に値しないと評価されるかもしれない。国保の状況はまさにそのような事態に陥っている。

　あるニーズやリスクに対して，税で対応すべきか社会保険で対応すべきかという問題に一義的な解はない。リスクの共通性が広く国民の共通認識となってくると社会保険化が可能になる。が，社会保険で対応すべき範囲と水準も，やはり徴収できる社会保険料と投入できる税金によって変動する。具体的には，第2節でみたように年金の給付水準の問題であり，医療保険の保険給付の範囲と診療報酬の内容の問題であり，介護保険の保険給付の範囲と介護報酬の内容の問題である。

　2）　公正と効率

　社会福祉制度における措置から契約への転換，介護保険の導入など福祉の分野では戦後形成されてきた社会福祉の枠組み自体の転換が行われている。利用者の選択を重視し，利用者と事業者の契約によって事業者間の競争を促し，サービスの質の向上と事業運営の効率性を確保しようとしている。利用者の選択を容易にするために，事業や経営内容の情報公開が重視され，事業運営の透明性の確保が求められている。事業運営の透明性や情報公開は第3者による評価を可能にする。第3者による評価が利用者の選択を拡大し，サービスの質の向上につながるという循環を生みだす可能性がある。

　医療も福祉も「良質なサービスを効率的に提供する」ことが求められる時代となっている。急速な少子・高齢化によるニーズの普遍化・多様化・高度化に対応しつつ，経済や財政の制約のもとで行動しなければならないからである。限られた資源を，できる限り有効に使うことが最大の課題となっている。

戦後日本の医療・福祉政策の目的は，国民すべてにあまねくサービスを提供することであった。国民皆保険の確立で医者のいない地域はほぼ解消された。誰もがどこの医療機関にもかかることのできるフリーアクセスの仕組みは諸外国からも高く評価されている。福祉サービスについては，不十分さを指摘されることが多いが，児童，障害者，高齢者の施設や在宅サービスが税金で徐々に整備されてきた。1989年のゴールドプラン（高齢者保健福祉推進10カ年戦略）の策定を皮切りに，1994年のエンゼルプラン，1995年の障害者プランと1990年代に入ってようやく計画的な施設整備とサービス提供体制が確立されてきた。

　医療・福祉サービスに求められている最大の課題は，サービスの質の向上である。量は一定程度確保されたが，サービスの内容や質の向上は後回しにされてきた。医療・福祉サービスは社会保険の仕組みを活用したり，全額税金で運営されているサービスがある。市場経済のもとでの競争によるサービスの質の向上とは別の論理が働く世界で，どのように良質な医療・福祉サービスを効率的に提供していくかが問われている。情報公開，第3者機関による評価などにより，利用者の選択の範囲を拡大し事業者間の競争を促すことや施設内での人権擁護・苦情処理体制の確立などが今後の重要課題となっている。

注

1) 国の一般会計から支出される社会保障関係費目の合計。社会保険関係は各特別会計で運営されており，その合計は「社会保障給付費」として集計されている。
2) 第18回完全生命表（1995年）によると，1995年の平均寿命は，男76.38歳，女82.85歳である。65歳からの平均余命は，男16.48年，女20.94年である。
3) 自ら積み立てた保険料とその運用収入で，年金額をまかなう財政方式を「積立方式」という。発足当初に予定していなかった給付を行うと保険料の引き上げ計画を修正せざるを得ず「修正積立方式」に移行する。修正だけで積立方式を維持できず，現役世代の保険料で年金受給者の年金をまかなう方式が「賦課方式」である。
4) 厚生労働省の「要介護者数の将来推計」では，要介護者（虚弱者含む）2010年に約390万人，2025年に約520万人に増加すると推計している。
5) 1975年の平均世帯人口は3.35人，2000年は2.76人まで減少している（厚生労働省「平成12年国民生活基礎調査の概況」）。

6) 高齢者世帯とは，65歳以上の者のみで構成するか，又はこれに18歳未満の未婚の者が加わった世帯である。
7) 女性の単身世帯のうち40.3％が65歳以上で占められている。女性の65歳以上の単身世帯数は約217万世帯と年々増加し，男性の56万世帯の約4倍となっている（厚生省「平成10年国民生活基礎調査」）。
8) 2002年度の国・地方を合わせた長期債務残高は，693兆円とGDPの1.4倍に達している。2002年度一般会計予算に占める国債費の割合は20.5％。歳入では37％に達している。
9) 丸尾直美（1996），『市場指向の福祉改革』236頁，有斐閣。
10) 便宜上このように分類したが，各部門の支配的な性格を記載した。Publicについてはインフォーマル部門の相互扶助の共同的な取り組みにも公共性があるという公共哲学の考え方が適切であろう。
11) 児童扶養手当の月額は1人42,370円（2000年度），1999年度末の受給者数は664,381人，離婚が受給原因の88％を占めている。
12) 支給対象児童を持つ世帯で児童手当を受給している世帯の割合を支給率というが，2000年改正で所得制限が緩和された影響で73％から85％へ拡大した。
13) 公務員については国家公務員，地方公務員別に共済組合がつくられ，民間の健康保険にあたる短期給付，年金保険にあたる長期給付などが実施されている。他に私学の教員などでつくる私学共済がある。
14) 1993年に厚生大臣の私的諮問機関として設置された「21世紀福祉ビジョン懇談会」は「21世紀福祉ビジョン」（1994年）の中で，年金：医療：福祉＝5：4：1であった給付費の割合を21世紀初頭には5：3：2にすることを提言した。
15) その後，2000年4月から介護保険法は施行された。
16) 低所得者等への保険料の減免を補塡する市町村の一般会計からの補助が相当な規模で行われている。国はその補塡額の一部を補助する「保険基盤安定事業」を実施している。
17) 1997年から基礎年金番号制度が導入され，業務の効率化がはかられている。本人が受け取るおおまかな年金受給額を現役時代からわかることを目的とする「年金ポイント制」の導入も検討されている。長期の生活設計に資する。
18) 神奈川県内の特別養護老人ホームの待機者は2001年に12,000人を超え，2000年と比較して倍増した。2000年から介護保険が実施されており，施設志向が高まっていることや入居者を申し込み順で選ぶことも影響しているかもしれない。2002年4月に厚生労働省令の改正もあり，申し込み順から必要度の高い順に入居させることに改める地方公共団体が増加してきた。
19) 社会保障制度審議会設置法に基づき，社会保障に関する調査・審議，勧告を行う機関として1948年に設置された。委員は内閣総理大臣の指名で，国会議員10

名，学識経験者10名，労使その他の社会保障関係者10名で構成されていた。2000年1月からの中央省庁再編に伴う審議会の統合によって52年の活動に終止符を打った。
20) 日本では1975年に初めて特例国債（赤字国債）が発行された。2002年度当初予算（歳入）の公債依存度は36.9％にまで高まっている。
21) 低所得者には賃金日額の80％の給付を行うなど低所得者に厚い給付を行う設計になっている。
22) 基礎年金は厚生年金の定額部分を分割するかたちで創設された。基礎年金創設以外の主な改正は報酬比例部分の給付水準の段階的引き下げである。2階部分の給付乗率を20年かけて1000分の10から1000分の7.5へと切り下げていく。
23) 2000年改正で保険料の半額免除措置が創設された。保険料未納者，免除者の増大に対応した方策である。保険料半額納付期間は3分の2加入したものとみなされる。
24) もっとも2000年改正で切り下げ中の給付乗率に一律に5％の切り下げが行われた。
25) 2003年4月から総報酬制が導入され，保険料率は1000分の135.8に下がる。
26) 財政が悪化し年金にあたる長期給付は2002年4月から厚生年金に統合された。
27) 年金制度には，公的年金制度と私的年金制度がある。ここで年金制度と言った場合，公的年金制度を指し，私的年金制度は含まない。
28) もっとも加齢に伴い，食事量なども自然に減少し，必要な生活費はゆるやかに逓減する。
29) 国会審議が難航し，3つの国会をまたぐ審議となった。1999年の通常国会に改正法案は提出されたが，成立したのは2000年通常国会であった。この改正は2000年年金改正と呼ばれるようになった。
30) 日本では1973年に両制度とも導入された。最初は物価スライドには5％条項がつけられ，物価が5％以上変動した場合にスライドを行うとされたが，1989年度から完全自動物価スライド制が導入された。
31) 物価上昇率と利子率が等しいと仮定。
32) 現行の退職所得控除は勤続年数20年未満は1年当たりの控除額が40万円，20年以上が1年あたり70万円である。30年勤続で退職すると1,500万円が控除される。
33) 国民年金も厚生年金と均衡をとって引き上げ，25年加入の場合，夫婦で50,000円とした。
34) それまでの保険料率は1000分の64（第1種被保険者）であったが，1973年11月から1000分の76（同）に引き上げられた。
35) 1980年以前は，夫の厚生年金額のみ。妻は国民年金に任意加入であった。
36) たとえば，1999年度女性新規裁定者（新たに年金受給を請求した者）の平均加

入期間は23年9カ月に達している（社会保険庁「事業年報」, 2000年）。
37) 現行は通常労働者の労働時間の4分の3以上の短時間労働者が厚生年金に加入できる。労働時間の基準を引き下げることが検討されている。
38) もっとも女性の賃金は一般的に低く，たとえば1999年度の女性被保険者の平均標準報酬月額は22.0万円である。2階部分の年金額は，本人の加入期間を通じた標準報酬月額の平均と加入期間に比例する。基礎年金受給権者のうち，1999年度では56％の女性が厚生年金期間を有していた（社会保険庁「事業年報」, 2000年）。
39) 共働きの妻の年金額は1999年度女子被保険者の平均標準報酬月額を用いて計算。
40) たとえば，保険料率で示すと月収50万円の人は2.6％であるが，月収20万円の人は6.5％になる。
41) 税・社会保険料を除いた可処分所得で考えると，公的年金控除などで優遇されている年金受給者の方が可処分所得は多くなり，可処分所得で比べた比率はもっと大きくなる。
42) 世帯主の年齢階級別貯蓄現在高は，年齢階級が高くなればなるほど多く，30歳未満で373万円，70歳以上で2,268万円（「全国消費実態調査」, 1999年, 総務省）。
43) 高山憲之一橋大教授は，一定の前提をおいたうえではあるが，給付月額20万円の場合，年金受給総額に占める割合を試算している。自らの拠出分（運用収入含む）が15％，現役世代の保険料でまかなう部分が85％である（高山『年金改革の構想』11頁, 日本経済新聞社, 1992年）。
44) 公的年金等控除は定額控除100万円と定率控除で構成されているが，最低控除額は140万円である。他に人的控除もあり，65歳以上の場合，公的年金等の課税最低限は348.8万円となる（夫婦）。現役世代（給与所得者）の課税最低限は約210万円である。
45) 住宅ローンのある世帯の住宅ローン返済額は各年齢階級とも6〜7万円程度で年齢による差は比較的小さい（「全国消費実態調査」, 1999年, 総務省）。
46) 武蔵野市の福祉公社の融資制度，民間では安田信託銀行のマイライフプラン，三井信託銀行の老後安心信託などがあった。
47) 厚生労働省の試算では，2000年改正で導入された賃金スライドの停止で長期的には既裁定年金の水準は50％程度に下がっていくと予測されている。
48) ILO（国際労働機関）第128号条約では年収比45％以上と決めている。
49) 保険料算定の基礎となる報酬と加入期間をポイントに換算し，将来のおおよその年金受給額がわかるようにする仕組み。
50) 国民医療費は，当該年度の医療機関等における傷病の治療に要する費用を推計したもの。この額には，診療費・調剤費・入院時食事療養費・老人訪問看護療養

費・訪問看護療養費のほかに，健康保険等で支給される移送費等を含んでいる。
51) 特別の療養環境の病室とは，個人用の収納ロッカー，照明，机・椅子を備え，カーテンなど患者のプライバシーを確保する設備を有し，1人当たりの病室面積が6.4m^{2}以上の4人部屋までの病室。
52) 内閣府国民生活局の「介護サービス価格に関する研究会」報告書（2002年8月）では，身体介護と家事援助の相対価格の縮小をめざすべきとの意見をまとめた。同研究会の試算によると，家事援助の採算価格は約2,700円であり，現在の報酬単価1,530円とは1,170円の開きがある。

参 考 文 献

有岡二郎（1997）『戦後医療の50年』，日本医事新報社
池上直己・J．C．キャンベル（1996）『日本の医療』，中央公論社
池田篤彦編（2000）『図説　日本の税制（平成12年版）』，財経詳報社
伊藤真美（2000）『しっかりしてよ！介護保険』，草思社
井堀利宏（1997）『日本の財政改革』，筑摩書房
今井　澄（1992）『豊かな明日への暮らしと医療』，鳥影社
今井澄・鎌田実編著（1993）『医療がやさしさをとりもどすとき』，医歯薬出版
牛嶋　正（2000）『目的税』，東洋経済新報社
牛丸聡他（1999）『基礎年金制度に関する論点整理』，経済企画庁経済研究所
梅澤昇平（1998）『現代福祉政策の形成過程』，中央法規出版
大嶽秀夫（1990）『政策過程』，東京大学出版会
大嶽秀夫（1994）『自由主義的改革の時代』，中央公論社
大嶽秀夫（1997）『行革の発想』，TBSブリタニカ
大嶽秀夫（1999）『日本政治の対立軸』，中央公論社
大谷泰夫（2000）『ミレニアム年金改革』，国政情報センター
大野吉輝（1999）『社会保障政策論』，勁草書房
岡本祐三（1990）『デンマークに学ぶ豊かな老後』，朝日新聞社
岡本祐三（1996）『高齢者医療と福祉』，岩波書店
沖藤典子（2001）『明日は我が身の介護保険』，新潮社
小塩隆士（1998）『社会保障の経済学』，日本評論社
小塩隆士（1998）『年金民営化への構想』，日本経済新聞社
菊池馨実（2000）『社会保障の法理念』，有斐閣
京極高宣（1990）『現代福祉学の構図』，中央法規出版
京極高宣（1995）『福祉の経済思想』，ミネルヴァ書房
京極高宣（1997）『介護保険の戦略』，中央法規出版

京極高宣（2001）『21世紀型社会保障の展望』，法研
久野万太郎（1990）『やさしい年金教室』，同友館
久野万太郎（1996）『年金の常識』，講談社
健康保険組合連合会編（2000）『社会保障年鑑2000年版』，東洋経済新報社
厚生省年金局編（1995）『ここまでわかる年金講座』，ミネルヴァ書房
厚生省年金局編（1999）『平成11年版　年金白書』，社会保険研究所
古賀勝次郎（1983）『ハイエクと新自由主義』，行人社
小山路男編著（1983）『福祉国家の生成と変容』，光生館
小山路男（1978）『西洋社会事業史論』，光生館
斉藤純一（2001）『公共性』，岩波書店
佐口　卓（1977）『日本社会保険制度史』，勁草書房
佐和隆光（1997）『日本の難問』，日本経済新聞社
佐和隆光（2000）『市場主義の終焉』，岩波書店
地主重美・堀勝洋編（1998）『社会保障読本（第2版）』，東洋経済新報社
渋川智明（2001）『福祉NPO』，岩波書店
島田晴雄・太田清編（1997）『労働市場改革』，東洋経済新報社
島田とみ子（1991）『年金入門』，岩波書店
社会保険広報社編（1999）『図解　社会保険の実務』，社会保険広報社
社会保険手帖編集部編（2001）『平成13年版　社会保険手帖』，厚生出版社
社会保険診療研究会編（2002）『2002　医師のための保険診療入門』，じほう
社会保障研究所編（1983）『社会保障の基本問題』，東京大学出版会
社会保障研究所編（1992）『リーディングス日本の社会保障1 総論』，有斐閣
社会保障研究所編（1992）『リーディングス日本の社会保障2 医療』，有斐閣
社会保障研究所編（1992）『リーディングス日本の社会保障3 年金』，有斐閣
社会保障研究所編（1992）『リーディングス日本の社会保障4 社会福祉』，有斐閣
社会保障研究所編（1994）『社会保障の財源政策』，東京大学出版会
社会保障研究所編（1995）『社会保障論の新潮流』，有斐閣
新藤宗幸（1995）『日本の予算を読む』，筑摩書房
新藤宗幸（1996）『福祉行政と官僚制』，岩波書店
隅谷三喜夫編（1991）『社会保障の新しい理論を求めて』，東京大学出版会
総理府社会保障制度（1995）『安心して暮らせる21世紀の社会を目指して』，法研
　　審議会事務局監修
園田恭一・米林喜男編（1983）『保健医療の社会学』，有斐閣
高山憲之（1992）『年金改革の構想』，日本経済新聞社
高山憲之（2000）『年金の教室』，PHP研究所
武川正吾（2001）『福祉社会―社会政策とその考え方』，有斐閣

武田龍夫（2001）『福祉国家の闘い』，中央公論社
田近栄治・金子能宏・林　文子（1997）『年金の経済分析』，東洋経済新報社
田多英範（1997）『現代日本社会保障論』，光生館
田中廣滋・御船　洋・横山　彰・飯島大邦（1998）『公共経済学』，東洋経済新報社
田村正雄（1997）『やさしい年金財政』，社会保険広報社
田原一雄（1997）『21世紀の年金を守るために』，日本図書刊行会
堤　修三（2000）『社会保障―その既在・現在・将来』，社会保険研究所
富永健一（1990）『日本の近代化と社会変動』，講談社
富永健一（1995）『社会学講義』，中央公論社
富永健一（2001）『社会変動の中の福祉国家』，中央公論社
仲村優一・三浦文夫・阿部志郎編（1992）『社会福祉教室（増補改訂版）』，有斐閣
西原道雄編（1991）『社会保障法（第3版）』，有斐閣
西村周三（1997）『医療と福祉の経済システム』，筑摩書房
日本経済新聞社編（1996）『年金の誤算』，日本経済新聞社
日本経済新聞社編（1997）『病める医療』，日本経済新聞社
庭田範秋（1964）『社会保障の基本理論』，慶應通信
年金科学研究会編（1999）『社会保険の構造改革』，ぎょうせい
年金科学研究会編（2000）『年金は世紀を越えられるか』，ぎょうせい
野口悠紀雄（1984）『公共政策』，岩波書店
野尻栄典（1998）『年金制度の基礎知識』，大蔵財務協会
野村総合研究所編（2002）『2004年　公的年金改革』，野村総合研究所
早川和男（1997）『居住福祉』，岩波書店
広井良典（1994）『医療経済学』，日本経済新聞社
広井良典（1997）『医療保険改革の構想』，日本経済新聞社
広井良典（1999）『日本の社会保障』，岩波書店
藤井良治（1994）『社会保障の現代的課題』，光生館
藤澤益夫（1997）『社会保障の発展構造』，慶應義塾大学出版会
藤田至孝・塩野谷祐一編（1997）『企業内福祉と社会保障』，東京大学出版会
船後正道編（1997）『企業年金改革』，東洋経済新報社
古川孝順（1982）『子どもの権利』，有斐閣
古川孝順（1991）『児童福祉改革―その方向と課題―』，誠信書房
古川孝順（1995）『社会福祉改革―そのスタンスと理論』，誠信書房
古川孝順（1997）『社会福祉のパラダイム転換』，有斐閣
古川孝順・庄司洋子・定藤丈弘（1993）『社会福祉論』，有斐閣
保坂正康（1991）『病院経営の内幕（上・下）』，朝日新聞社
保坂正康（1994）『日本の医療』，講談社

堀　勝洋（1995）『社会保障法総論』，東京大学出版会
堀　勝洋（1997）『年金制度の再構築』，東洋経済新報社
堀　勝洋（1997）『現代社会保障・社会福祉の基本問題』，ミネルヴァ書房
本間正明編著（1990）『ゼミナール現代財政入門』，日本経済新聞社
本間正明・跡田直澄編（1998）『21世紀型日本型福祉社会の構想』，有斐閣
正村公宏（1983）『ダウン症の子をもって』，新潮社
丸尾直美（1978）『福祉国家は破産するか』，日本経済新聞社
丸尾直美（1993）『総合政策論』，有斐閣
丸尾直美（1996）『市場指向の福祉改革』，日本経済新聞社
三浦文夫（1995）『増補改訂　社会福祉政策研究』，全国社会福祉協議会
三浦文夫編（1997）『福祉サービスの基礎知識』，自由国民社
水野　肇（1997）『医療・保険・福祉改革のヒント』，中央公論社
水野　肇（2000）『社会保障のグランド・デザイン』，紀伊国屋書店
宮崎勇・丸茂明則・大来洋一編（2002）『世界経済読本第7版』，東洋経済新報社
宮島　洋（1997）『高齢社会へのメッセージ』，丸善
宮武　剛（1997）『「介護保険」のすべて』，保健同人社
村上　清（1990）『年金の知識』，日本経済新聞社
村上　清（1998）『年金制度の選択』，東洋経済新報社
村上　清（1997）『企業年金の知識』，日本経済新聞社
村上雅子（1990）『社会保障の経済学』，東洋経済新報社
森萩忠義（1997）『年金相談の基礎』，経済法令研究会
八代尚宏（1997）『日本的雇用慣行の経済学』，日本経済新聞社
八代尚宏（1999）『少子・高齢化の経済学』，東洋経済新報社
山田雄三（1977）『社会保障政策論』，東京大学出版会
山井和則（1991）『体験ルポ　世界の高齢者福祉』，岩波書店
山井和則・斉藤弥生（1994）『体験ルポ　日本の高齢者福祉』，岩波書店
横山和彦・田多英範編著（1991）『日本社会保障の歴史』，学文社
吉田和男（1995）『行革と規制緩和の経済学』，講談社
吉田和男（1998）『財政改革が日本を救う』，日本経済新聞社
吉原清児（2000）『理想の病院』，講談社
渡辺俊介（1990）『年金と社会保障の話』，新潮社
フリードマン，M＆R．（1980）西山千明訳『選択の自由』，日本経済新聞社
ロブソン，W．A．（1980）辻清明・星野信也訳『福祉国家と福祉社会』，東京大学出版会
ペルチンスキー，Z．A．グレイ，ジョン（1987）飯島昇蔵他訳，『自由論の系譜』，行人社

グレイ，ジョン（1991）藤原保信・輪島達郎訳，『自由主義』，昭和堂
スピッカー，ポール（2001）武川正吾，上村泰裕，森川美絵訳『社会政策講義―福祉のテーマとアプローチ』，有斐閣
ティトマス，R.M.（1967）谷昌恒訳，『福祉国家の理想と現実』，東京大学出版会
ラルフ，ダーレンドルフ（1988）加藤秀二郎訳，『「自由」とは何か』，TBSブリタニカ
諏訪 徹（2000）「ボランティア・NPO活動推進をめぐる課題・論点・展望」『月刊福祉』，2000年3月号，24-31頁，全国社会福祉協議会
足立幸男（1997）「社会保障の理念とその現実化」『季刊社会保障研究』Vol. 33, No. 3, pp. 230-239
丸尾直美（1996）「福祉供給における市場機能と福祉ミックス」『季刊社会保障研究』Vol. 32, No. 2, pp. 104-116
大森正博（1997）「医療サービスの性質と医療制度改革の考え方」『フィナンシャル・レビュー』12月号，pp. 50-72
山脇直司（2002）「社会保障への公共哲学的アプローチ―その歴史的・現代的サーヴェイ―」『海外社会保障研究』No. 138, pp. 5-13
小山路男（1967）「社会保障の課題と方向―国際動向を含めて―」『季刊社会保障研究』Vol. 9, No. 9, pp. 109-117
長沼建一郎（1999）「民間保険における『保険原理』とは何を意味しているのか」『社会保険旬報』No. 2025, pp. 6-12
長沼建一郎（1998）「社会保障改革論議と『保険原理』―『社会保険』再考する」『保険学雑誌』第564号，pp. 129-146
堤 修三（1996）「社会保障構造改革を考える視点」『社会保険旬報』No. 1924, pp. 13-17
堀 勝洋（1997）「年金における公私の境界」『季刊社会保障研究』Vol. 33, No. 2, pp. 118-127
京極高宣（1999）「21世紀社会保障の給付・負担はどうあるべきか―福祉の視点から考える―」『月刊福祉』1月号，pp. 47-51
村上 清（1999）「年金制度改革の方向」『週刊社会保障』No. 2039, pp. 22-25
村上 清（1998）「世界の年金改革と日本の課題」『世界の労働』Vol. 48, No. 4, pp. 26-33
村上 清（1997）「世界銀行の年金改革案とその影響」『海外社会保障情報』No. 119, pp. 51-62
高山憲之（1998）「年金不信をどう解消するか」『税経通信』1998年11月号，pp. 24-35
田坂 治（1998）「社会保障の中長期的視点（上）」『週刊社会保障』No. 2021, pp.

26-29
――――（1998）「社会保障の中長期的視点（中）」『週刊社会保障』No. 2024, pp. 60-63
――――（1998）「社会保障の中長期的視点（下）」『週刊社会保障』No. 2025, pp. 52-55
牛丸 聡（1995）「年金財政と国庫負担」『ジュリスト』No. 1063, pp. 14-19
宮本太郎（2000）「日本型福祉国家の構造と転換」『総合社会福祉研究』第16号, pp. 78-92
Beveridge, William（1942）*Social Insurance and Allied Services,* The Macmillan company（『ベヴァリッジ報告 社会保険及び関連サービス』（山田雄三監訳，至誠堂，1975）
Myrdar, G（1960）*Beyond the Welfare State,* Yale Univ. Press（『福祉国家を超えて』北川一雄訳，ダイヤモンド社，1967）
Wolfenden, Jone（1978）*The Future of Voluntary Organization,* Groom Helm, London
U. S. Department of Health and Human Servics（1994）*Social Security Programs Throughout the World-1993,* Social Security Administration Office of Research and Statistics
Aktinson, Anthony B.（1987）"Income maintenance and social insurance," in *Handbook of Public Economics,* II, ed. A. J. Auerbach and M. Feldstein, pp. 779-908
Diamond, Peter A.（1977）"A. framework for social security analysis," *Journal of Public Economics,* 8, pp. 275-298
Feldstein, Martin（1985）"The opitimal level of social security benefits," *Quarterly Journal of Economics*, 100, pp. 303-320
Gramlich, Edward M.（1996）"Different Approaches for Dealing with Social Security," *American Economics Review,* 86, pp. 358-362
Kahn, J. A.（1988）"Social serurity, liquidity, and early retirement," *Journal of Public Economics,* 35, pp. 97-117

第3章　新時代に向けた福祉国家財政について

はじめに

　この章では，新時代に向けた福祉国家財政について，様々な視点から論じていく。

　日本の財政問題を論じることが主眼であるが，とりわけ先進国においては共通する課題が少なくないとの認識に立ち，また大競争時代の到来，経済のグローバル化等の動きも勘案しつつ，日本も含めた先進諸国の事情を整理していきたい。

　特に，先進諸国の経済財政策に少なからぬ影響を与えたレーガン，サッチャー改革の位置付けを明らかにするとともに，いわゆる「第三の道」についても注視していきたい。

　全体として，財政制度や社会保障制度に関わるあまり細かい問題には立ち入らないで，マクロ的な視点を中心に据えつつ，骨太の議論を展開していきたい。

　本章の大まかな構成は以下の通りである。

　第一に，人口高齢化，福祉の重圧に直面する先進諸国の財政について，論じることとする。高齢化対策や福祉政策の再構築に関しては，先進諸国で共通する点が多いとの視点に立って，OECDの提言，先進諸国の取り組み等に関して整理する。また，先進諸国における高齢化の進展と経済成長との関係，「効率性」と「不平等」のトレードオフに焦点をあててみたい。さらに，先進諸国が財政出動から構造改革へ政策をシフトしていること，そうした政策転換を余

儀なくされている要因について，とりまとめていく。

第二に，レーガン，サッチャー改革と福祉国家再構築との関係について，論じていく。単に，イデオロギー，政治思想の面からだけではなく，先進諸国が抱える問題点との関連性に着目しつつ，多面的なとらえ方をしていきたい。また，レーガン，サッチャー政権の政策を継承しつつ，中道志向の改革に取り組んできたブレア，クリントン政権についても論じてみたい。

第三に，先進諸国としての共通課題を有しつつも，日本が固有に抱えている財政問題についてまとめてみたい。世界にも類を見ない財政状況の悪化，高齢化の進展等にも触れつつ，こうした事態を招来した要因についても整理する。

第四に，以上の議論をふまえて，福祉国家日本の今後の財政運営について論じることとし，その基本姿勢，新たに重視する視点を明らかにしていきたい。

小結の部分においては，これまで述べてきたことを総括し，この章で論じたことの概要としても読めるように，取りまとめを行いたい。

1．人口高齢化，福祉の重圧に直面する先進諸国の財政

(1) 人口高齢化に対応した OECD の提言

個々の国によって，経済・財政政策に関する問題が異なることは当然であるが，先進諸国に共通する課題があることも事実である。

克服が不可能な危機とまで言い切ることはできないが，多くの先進諸国が人口高齢化の進展に直面し，福祉国家という枠組みが揺らいでいることは事実である。クリストファー・ピアソンは「福祉国家は，21世紀の初頭から半ばにかけて，おそるべき脅威に直面することは明らかであろう」[1]と予見しつつ，「このことが不可避的に福祉国家の危機を促進するということにはならないだろう」[2]と指摘している。

先進諸国を加盟国とする OECD（経済協力開発機構）は，1998年に高齢化に関する政策についての報告をまとめている。この報告は，人口高齢化に悩む先進諸国の問題点を明らかにし，政策に関わる重要な提言を行っている。

ここでは,「出生率の低下とベビーブーム世代の高齢化は,これから特に政策当局に大きな影響を与えることになるであろう。この先25年間で,年金受給年齢人口はさらに7,000万人増加するのに対し,就労年齢人口はわずか500万人しか増加しないと予測されているのである」[3]と高齢化が急速に進むであろうOECD諸国の将来の姿が描かれている。

また,財政問題について,報告は「しかし引き続き公共部門の赤字が大きく,債務レベルがこれからも上昇すれば,それらは金利に影響を与えることを通じて経済成長を抑圧し,ひいてはインフレ圧力を上昇させるであろう」[4]との懸念を表明している。

さらに,高齢化社会において繁栄を維持するための以下のような7つの原則を明らかにしている[5]。

① 早期退職を促す財政的インセンティブを取り除くため,公的年金制度,税制,社会資源譲渡プログラムを改善する。また,退職の延長を阻害する財政的インセンティブも取り除く。

② 高齢者の雇用機会を広げ,また,就労に必要な技能を身につけられるよう,諸般の改革が必要である。

③ 財政強化を図り,公的債務負担を緩和する。これには段階的な公的年金の給付水準の引き下げと,保険率の先行引き上げ措置が含まれる。

④ 退職後の所得は,賦課方式と事前積立方式による年金給付と,個人の貯蓄や所得を総合したものが望ましい。その目的はリスクを分散し,負担を世代間でバランスよく分担し,個人がもっと柔軟に退職時期を決定できるようにすることである。

⑤ ヘルスケアと長期介護については,費用効果にもっと焦点を絞るべきである。医療支出と医学研究は,これからますます〔介護などの〕身体的依存を軽減する手法に向けるべきであり,また要介護高齢者への介護提供については明確な政策を策定すべきである。

⑥ 事前積立方式年金制度の発展は,近代的かつ効果的な規制枠組みを構築するなど,金融市場インフラ強化と同一歩調で行う。

⑦　国家レベルで，直ちに戦略的枠組みを構築し，これからの高齢化政策における諸改革の調和を図り，導入に際しては十分に配慮しながら，公共の理解と支持を得る。

このように，OECDは，先進諸国においては社会保障改革をはじめとし，かなり厳しい改革を断行することを提言している。公的年金の給付水準の引き下げ，保険率の先行引き上げというメニューに見られるように，ある意味での「福祉の切り捨て」に踏み込んでいかないと経済も財政も立ち行かなくなるとの認識に立っていると解釈できる。

OECDは国際機関ではあるが，政策シンクタンクとしての役割を果たしている面が大きく，その見解や政策提言を加盟国政府の公式的立場を集約したものととらえることはできないことも念頭に置くべきである。とはいえ，同機関の提言等は，先進諸国における政策立案に対しても一定の影響力を与えることが少なくなく，各国の政策当局にとっても重要なものとなっている。

(2)　「活力ある高齢化」を目指す先進諸国の取り組み

また，ここ数年，高齢化への対応は，先進国首脳会議(サミット)における重要課題ともなっている。デンヴァー・サミット(1997年6月20～22日)においては，以下のようにかなり政策の基本にまで踏み込んだスタンスが確認されている[6]。

「我々は，『活力ある高齢化』という概念，すなわち，多くの高齢者がかなりの高齢まで労働及びその他の社会的に生産的な活動を続ける意志及び能力を有することについて議論し，高齢者が被扶養者であるという古い固定観念を棄て去るべきことで一致した。」

「高齢者医療を賄うための財政上の需要によってより大きな影響を受ける国もある。我々は，この課題について効果的かつ効率的に対処することが，若年世代に過剰な負担を課すことなく高齢化社会のニーズを満たすことに資するとの結論に達した。」

「我々は，年金，医療及び介護制度を維持・強化するために，我々の政策

及び制度がいかに『活力ある高齢化』を推進でき，いかに構造改革を進められるかについて相互に学び合うことが重要であるとの点で意見が一致した。」

OECDの提言やサミットでの取り組みを見ても，先進国は共通の課題を抱えていると言える。

世界172カ国の社会保障制度を比較研究したユニークな著書「Dixon, John (1999) *Social Security in Global Perspective*, Praeger Publishers, Westport」が先進国について論じた所が大いに参考になる。

まず，先進国が取り組んでいる社会保障制度改革の基本姿勢について，ディクソンは，「各国政府は，現在，税が融資され，補助金が交付される社会保障制度を再設計する手法を見出そうとも努力している。彼らは，財政赤字を縮小し，予算の均衡さえも達成し，マクロ経済の目標を達成し，さらに最も顕著なことに地方およびグローバル市場における国の国際的な競争力を強化することに努めている。彼らは，社会保障のセーフティネットに大きな穴があくことを放置せずに，このことをしたいと希望しており，将来の世代に対する公正を保障することに常に気をつかっており，今日の福祉政策が世代間の緊張をもたらしていることについても常に認識をしている」[7]と述べている。

さらに，ディクソンは，社会保障制度の再設計においては，6部門の政策との整合性が課題となっていることに触れ，「社会保障制度を再設計する際に，重大な課題はそれを次の領域のすべての政策イニシアチブといかにして調和させるかである。すなわち，雇用政策（仕事をつくることおよび再訓練の機会を提供すること），賃金政策（貧しい勤労者に対処すること），税に関する政策（勤労および適切な貯蓄の形式を促進すること），貯蓄政策（適切な貯蓄の形式を促進すること），ミクロ経済政策（構造的な失業に対処すること），マクロ経済政策（経済成長を促進し，循環的な失業およびインフレを最小限にすること）である」[8]と論じている。

ディクソンの論じていることを分かりやすく言い換えると，先進諸国は社会保障制度改革に当たっては，その枠内だけの改革ではなく，他の経済政策とも

関連する複眼的な視点からの取り組みに努めているとの帰結になる。これほど重要で多くの政策との整合性を求められることは，先進諸国の取り組んでいる改革が一筋縄ではいかない困難な課題であることを示している。

ピアソンも，福祉国家危機論を否定しつつも，「経済政策と社会政策の関係，雇用と所得の関係，政治的意思決定と経済的意思決定との関係，国家と市場の関係，いまの世代と次の世代との関係をめぐる問題に，新たに取り組まなければならない」[9] と結論づけている。

先進国の政府が社会保障負担の増大を余儀なくされている事実に関連し，ディクソンは，「予測できなかったが，今後は必ずしも予測不可能ではないこととして，過去30年程度公共的支出が増えた主な原因となった社会保障支出の急増は3つの要因が同時並行的に生じた帰結である」[10] と述べている。

その3つの要因に触れ，「第一は人口の高齢化であり，第二次大戦後のベビーブーム，平均寿命の伸び，出生率の低下，高齢グループの労働力参加率の低下と関連するものである。これらは長い間，関連が薄いものとみなされてきた。第二は，経済成長の低下である。これは，長い間非現実的な期待の犠牲となってきた。第三は，失業の出現である。長期間，失業者に非があるとして片付けられてきた。労働力が減少する中，急増する社会保障負担への取り組みは，全ての先進国が取り組むべき最も重要な挑戦として構成されている」[11] と整理している。

ここで述べられていることを別の表現でまとめると，厚生問題と労働問題が密接になり，相互に影響を及ぼすようになったと言える。その意味では，日本でも中央省庁の改革によって，厚生労働省が創設されたことは時宜に適うものと言える。しかし，単に組織を機械的に統合し，旧厚生省と旧労働省がばらばらに政策を立案しているとすれば，時代の要請に応えるべき行政体制が確立していないと言えるだろう。

(3) 財政出動から構造改革へのシフト

また，田島哲也による『世界経済読本』は，現在，先進国が抱える財政課題

について，以下のように6つに整理している[12]。すなわち，①低成長・高齢化に伴う財政需要にこたえつつ，財政収支の均衡を図り公債発行残高を増加させないこと，②過去の政府債務（公債発行累積残高）に伴う公債元利支払いの実行，③年金・医療・福祉の社会保障支出への配慮，④財政支出の増加抑制，⑤国家の役割の見直し・国家機能の鈍化，⑥高齢者対策の見直し，である。

こうした課題に取り組むことは，経済政策としての観点からも有用であると見ることができる。この種の財政改革を進めることは，クラウディングアウト[13]を防ぐこと，投資や消費を活性化させること，民間主導の自律的な経済成長を促進すること，世代間の公平を確保し，現役世代の活力を維持することに資するものと言える。

たとえば，ジェノバ・サミット（2001年7月20～22日）において，世界経済については，「世界経済は，過去1年の間に，予想を上回って減速したが，健全な経済政策及びファンダメンタルズが，より力強い成長のための強固な基盤を提供する。我々は，我々の経済がその潜在力に従ってより持続的な成長パターンへの移行を確かなものとするため，必要に応じ措置をとれるように引き続き警戒し，かつ，先を見通してゆく。我々は，構造改革，自由貿易及び国際的な経済協力の強化を通じ，健全なマクロ経済環境において力強い生産性の向上を高めることにより，世界の成長に貢献する政策を追求することを約束する」[14]と意見集約がなされている。

「構造改革」[15]という言葉が用いられているように，先進諸国の間でも経済政策としては，財政出動よりも供給サイドに立った改革，自由貿易などに重きが置かれていることが理解できる。

80年代以降の先進諸国の構造改革の流れを短くまとめると，以下のようになる[16]。80年代は，英国，米国，ニュージーランドなど主にアングロサクソン諸国から始まった国営企業民営化，規制緩和が進み，税制改革，社会保障制度改革はどの先進国でも実施されている。90年代は，冷戦終結によって，負担となっていた軍事費を減らすことのできる新しい局面が生まれ，EU諸国，ニュージーランド，米国に見られるように財政規律の厳格化がトレンドになった。

(4) **高齢化が進展する国ほど経済は減速の傾向**

OECD諸国全体については,高齢化の進展という共通点を見出すことができるが,国によってその度合は異なる。

図表1　高齢比率と経済成長(2000年)

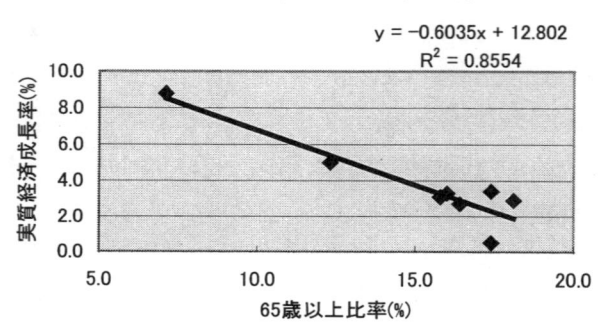

$y = -0.6035x + 12.802$
$R^2 = 0.8554$

図表2　中位年齢と経済成長(2000年)

$y = -0.7227x + 31.183$
$R^2 = 0.9009$

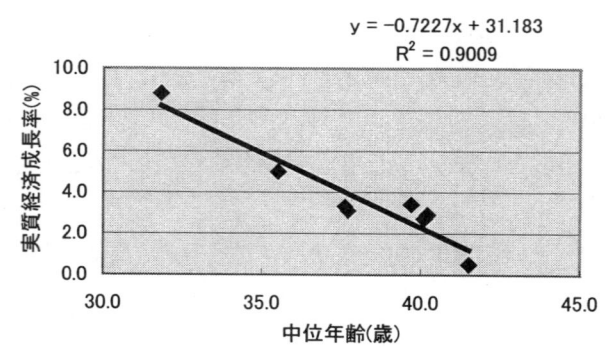

米国,日本,ドイツ,英国,フランス,イタリア,韓国,スウェーデンの8カ国について,2000年における実質経済成長率,高齢者の比率,中位年齢のデータをとってグラフを作成した。図表1「高齢比率と経済成長」[17]は人口全体に占める65歳以上の人が占める比率と実質経済成長率の関係を示したものである。また,図表2「中位年齢と経済成長」[18]は,中位年齢と実質経済成長率の

関係を示している。

　これらのグラフは，人口の高齢化が進んでいる国ほど実質成長率が低くなることをはっきりと示している。また，人口高齢化の進展と経済成長の相関関係[19]はかなり大きいことが明らかになる。対象の8カ国において，日本は65歳以上の比率，中位年齢では最も高い部類に属し，成長率は最も低い国となっている。この点からすれば，高齢化の進んでいる国ほど，社会保障の重圧が経済停滞の一因となる傾向があることは否定できないだろう。

　とはいえ，人口の高齢化が進んで，先進世界の福祉国家が危機に直面するという一面的なとらえ方だけで議論を終わらせることは適当ではない。ウィレンスキーの考え方にもあるように，一人当たりのGNPの成長が高齢化を高め，高齢化が社会保障制度の成熟を高め，そのことが福祉国家形成につながったこと[20]を想起すべきだろう。そもそも先進国において，人口の高齢化が進んだからこそ，福祉国家が確立されたという因果関係に着目すれば，人口の高齢化は福祉国家の再構築を迫る要因とはなっても，それを根本から解体する要因とまでなることは考えにくい。

(5) 先進諸国に政策転換をもたらした4つの要因

　これまで述べたこととも重なるが，先進諸国は社会の高齢化に直面し，需要サイドに立った財政出動を柱とするケインズ主義的経済政策からの脱却を図り，サプライサイド重視の経済政策を推し進め，あわせて財政規律の厳格化に努めてきた。

　こうした政策転換が進んだことに関連して，いくつかの背景を指摘することができる。第1は，社会の高齢化，社会保障の負担の増大等により，先進諸国が社会保障制度の効率化や財政再建に取り組まざるを得なくなったという点をあげることができる。行政の肥大化は，官僚主義の蔓延，民間部門の成長阻害，金利上昇などを招くなど，政治・経済・社会に少なからぬ影響を与えてきた。

　第2は，二度の石油危機を経験した先進諸国の経済成長が大きなトレンドで

見れば，鈍化傾向に転じたことである。成熟した先進国の経済においては，急激な成長は望めず，財政面で大盤振る舞いができなくなったことが指摘できる。近年では，地球環境保全という点からの制約も大きくなっている。

　第3は，経済のボーダレス化，大競争時代の到来によって，経済のグローバル化が進んでいること，また経済の情報化・サービス化・ソフト化によって質そのものが変わっていることである。こうした要因等によって，政府や中央銀行がその国の経済をコントロールする力量が小さくなっていることである。国際為替市場を取り巻く環境の変化も軽視できない要因である。1978—79年のドル危機を契機に米国の財政政策に転換が生じており，1970年代のスタグフレーション以降は米国ではネオ・リベラルへの動きがあり，英国のサッチャー政権の政策転換にも見られるように，それは世界的な広がりを持ったものである[21]との指摘は注目に値する。

　第4は，冷戦の終結，ソ連・東欧諸国の社会主義体制の崩壊など，国際軍事・政治情勢が急変したことである。「失業がなく，医療や教育は無料」と宣伝する社会主義国からの攻勢に対抗するためには，自由主義諸国においても社会保障を手厚くする必要があった。また，ソ連圏の崩壊は，先進諸国における保守主義政党と社会民主主義政党の政策の差を縮めることを加速したとも言えよう。

(6) 福祉国家における「効率性」と「不平等」のトレードオフ

　次に，先進諸国における「効率性」と「不平等」のトレードオフの関係について触れてみたい。

　まず，米国，日本，英国，フランス，イタリア，韓国，スウェーデンの7カ国について，所得の分布の偏りに関するデータをとってグラフを作成した。図表3「低位10％の所得割合（国別）」[22]は，所得の低い方から10％の人達で全体の所得の何％を占めているかを示すものである。また，図表4「上位10％の所得割合（国別）」[23]は，その逆で，所得の高い方から10％の人達で全体の所得の何％を占めているかを示すものである。

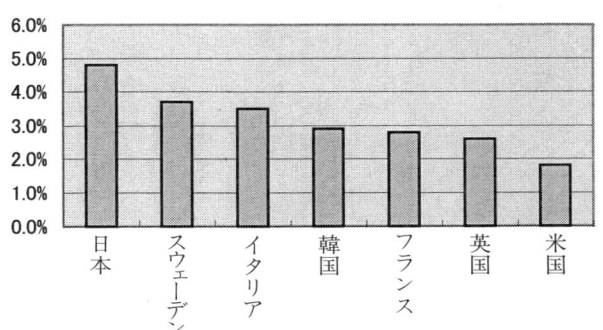

図表3　低位10％の所得割合（国別）

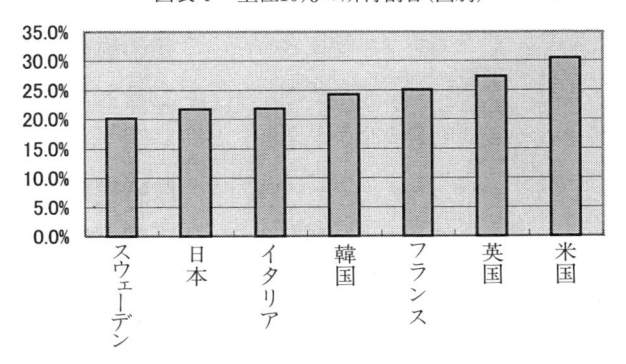

（日本、スウェーデン、イタリア、韓国、フランス、英国、米国）

図表4　上位10％の所得割合（国別）

（スウェーデン、日本、イタリア、韓国、フランス、英国、米国）

　前者のグラフでは比率が高いほど所得の格差が小さく，後者のグラフでは比率が低いほど所得の格差が小さいことを示している。前者は低所得者が高い所得を得ているという側面からの平等の度合を，逆に，後者は高額所得者がそれほど高い所得を得ていないという側面からの平等の度合を示す指標と言える。この結果から，日本は所得の格差が小さく，米国はそれが大きいことが理解できる。

　図表5「ジニ係数と実質経済成長率」[24]は，米国，日本，ドイツ，英国，フランス，イタリア，韓国，スウェーデンの8カ国について，ジニ係数[25]と2000年における実質経済成長率の相関を示したものである。これは，公平性と効率性のトレードオフにも関連するものである。

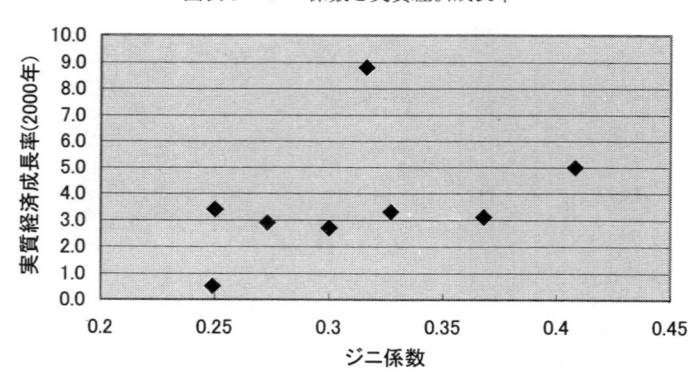

図表5　ジニ係数と実質経済成長率

　図表5においては，ジニ係数が小さくなる，すなわち社会が平等になるほど，経済成長率は低くなる傾向を漠然と読み取れないこともない。もっとも，データのばらつきはかなり大きくなっており，判断は難しい。これだけから，平等化の進んでいる国は，効率が落ちて，経済のパフォーマンスが悪くなると言い切るには無理があるだろう。
　いずれにしても，このトレードオフの関係を考慮するなら，福祉国家を運営していく上で，あまりに平等化を進めていくと社会全体の効率が落ちるので，社会保障制度の拡大は抑制すべきとの発想につながるものと言える。
　他方で，このトレードオフは，成り立たないとする考え方もある。福祉国家における「効率性」と「不平等」のトレードオフに疑念を呈する2つの立場に触れてみよう。
　第1は，結果として福祉国家の正当性を認める理論につながるもので，社会保障制度を拡大して，かなり大きな政府ができたとしても，経済の効率は落ちないとする考え方である。たとえば，スウェーデンのような国民負担率の高い国でも，高い経済成長率を経験した時期が長かったこと等が論拠となっている。
　第2は，結果として福祉国家の拡大を抑制する理論につながるもので，福祉制度が強化されていくと，「効率性」と「不平等」のトレードオフが成り立た

なくなり，効率性も落ち，不平等も拡大してしまうという説である。このことを証明した論文については，後ほど紹介することとする。

2．レーガン，サッチャー改革と福祉国家再構築との関係

(1) レーガン，サッチャー改革の多面的解釈

多くの先進諸国が高齢化の進展に直面し，福祉国家としての行き詰まりという問題を抱えている。日本も含めた先進諸国の大半は，社会保障政策の再構築や市場原理の一層の拡大という共通の方向での改革に取り組んでいる。

こうした改革は，一見すると米国のレーガン，英国のサッチャー政権によって口火が切られた改革の方向性と共通するところが多い。レーガン，サッチャー改革を引き合いに出して，福祉国家の財政政策の見直しにもつながる様々な改革を推進したり，あるいはその逆に反対の論陣を張る論説に出会うことが少なくない。

しかし，この種の論争については，議論がかみ合わず，全く別の土俵で行われていることが少なくない。たとえば，ある論者は「イズム」としてのレーガン，サッチャー改革に着目しているし，また別の論者はレーガン，サッチャー改革と先進諸国の共通課題との関連性を見出すことに重きを置いている。

ここでは，より冷静な視点に立って，レーガン，サッチャー改革そのものについて論じるだけではなく，福祉国家としての先進諸国が抱えている経済財政政策の課題との関連性にも着目して，レーガン，サッチャー改革をどのようにとらえることができるのか，多面的に整理をしてみたい。単に，レーガン，サッチャー改革そのものの評価に終わるのではなく，先進諸国が置かれている経済社会情勢もふまえた意味合いについてもとりまとめを行う。

(2) 需要サイドからの脱却を図った英米政権

1979年5月に誕生した英国のサッチャー保守党政権，1981年1月に誕生した米国のレーガン共和党政権は，従来の需要サイドに重点を置いた政策から脱却

し，供給サイドに重点を置いた政策への転換を大胆に進めた。

サッチャー政権及びレーガン政権の経済・財政改革の柱は，それぞれ以下の4点に集約される[26]。前者は，①政府部門の縮小，②労働市場改革，③税制改革，④金融・資本市場の自由化であり，後者は，①大幅な政府支出の削減，②大幅減税，③政府による諸規制の緩和，④通貨供給量を重視した金融政策である。

こうした政治的な動きと相関して，政策に関わる経済学についても，1980年代にいわゆる保守化の動きが見られる。30年代の半ばから40年余りにわたり，西側諸国で主流を占めてきたケインズ経済学は，70年代から80年代初頭にかけてその限界が指摘されるようになった。

レーガン大統領はケインズ主義者を重視せず，新古典派の経済学者をブレーンとして積極的に登用した。マネタリズム，合理的期待形成学派，サプライサイド経済学が80年代の米国の経済学界の主流派となり，日本など他国にも大きな影響を及ぼした。

マネタリズムはフリードマンに代表される経済学で，ケインズ主義的な政府による積極経済運営を否定する。基本的には自由な市場に経済を任せ，貨幣の供給量を適正にコントロールすることを重視する。ミルトン＆ローズ・フリードマンの著書である『選択の自由』は日本でも話題を呼び，いわゆる新自由主義的な政策を推し進める原動力となった。

合理的期待形成論は，70年代末に米国のルーカス，サージェントによって仕上げられたもので，情報が合理的に利用されれば，その予想は客観的な確率に等しくなり，政府の経済政策は効果をもたらさないと考えた。

サプライサイドの経済学は需要サイドから経済政策を進めるケインズ主義と異なって，労働や資本の効率的利用によって生産性を引き上げることを最優先する。レーガン政権下で経済諸問委員会委員長をつとめたマーチン・フェルドシュタインは供給重視の経済政策を積極的に進めた。

(3) レーガン，サッチャー改革を部分的に受け継いだ日本

このような動きは，日本の経済財政政策，経済学の政策への関わりにおいても大きな変化をもたらした。中曽根内閣は，レーガン，サッチャー改革に呼応して，改革を進めた。当時の新聞のある社説が，「手本はすでに用意されていた。英国のサッチャー改革，米国のレーガン改革である。中曽根氏の独自性は，むしろ改革の運び方に発揮された，といえるかもしれない」[27]と述べているように，内容はともかくとして，少なくとも表面的な姿勢は近いものがあった。

実際に，電電公社，専売公社及び国鉄の民営化もサッチャー，レーガンが政権に就いていた時期に中曽根内閣によって実現されている。また，1986年4月には，「国際協調のための経済構造調整研究会」（座長は前川春雄元日銀総裁）の報告書である『前川レポート』，さらに翌年87年4月には，『新前川レポート』がまとめられている。但し，日本の巨額の経常収支が国際的な問題となっていたこと，日本の財政にも余裕があったこと等も関係して，規制緩和よりも財政出動に重点が置かれているなど，必ずしもサプライサイド重視の内容とはなっていなかった。財政規律が放漫になっていた点では，むしろそれに逆行する面もあった。

いずれにしても，レーガン，サッチャー改革が日本の経済・財政政策に少なからぬ影響を与えたこと，その影響は一時的なものではなく今日においても効力あるものとなっていることは否定できない事実であろう。

先進諸国でこうした改革の潮流ができたことについて，たまたま保守主義を掲げる政党が政権政党に就いて，同じような政策を掲げる首脳が多かったという偶然性だけを強調し過ぎるのは適当ではないだろう。たとえば，ニュージーランドでは，まず労働党のロンギ政権によって大胆な構造改革が始まっている。「ニュージーランドでは80年代までに輸入許可制，高関税，輸出奨励（インセンティブ），農産物価格支持制度，といった経済システムがすでに強固に構築されており，OECD諸国中で最も閉鎖的な経済(市場)と言われていた」[28]という実情に鑑みれば，保守主義を掲げる政党であれ，社民主義を掲げる政党

であれ，レーガン，サッチャー流の改革を避けて通ることはできなかったと言える。

税制改革についても，米英政権が先行して所得税や法人税の税率引き下げを進め，日本もこの方向で取り組んできている。1987年，ワシントンDCのブルッキング研究所主催で行われた税制論議に際して，日本も含めた先進諸国の所得税，法人税の引き下げ，各種特別措置の圧縮の動きについて，ペックマンは，「ここで示された各国の例から判断すると，税制改革の動きはほとんど普遍的なものである」[29]と指摘している。

また，カール・シャウプは，この時代の日本の税制改革について書かれた文献の巻頭に前文（1989年1月）を寄せて，以下のように述べている。

　「1949—50年に日本が税制使節団の提言を受け入れて以来，意義のある税制上の発展があった。その中でも何よりも重要なことは，当初は，ある特定の経済的な目標を達成し，特殊な政治的な妥協を加速させるための税制上の優遇に向けた公平が重視されていたが，他の地域と同様に，今，日本でもこれが見直される動きにはずみがついており，同じような状況に置かれた納税者間の公正さを重視し，経済の目標は他の手段によって達成するという方向に転じている。」[30]

戦後の日本では，財政面では相対的に小さな政府が維持されてきたが，ミクロ経済政策では規制による棲み分けと量的拡大，マクロ経済政策では金融面の公的規制や公的金融を通じた大きな政府であり，政府のあり方としても市場メカニズムや透明なルール設定に重点を移していかなければならないこと[31]を考慮すれば，日本がレーガン，サッチャー流の改革を断行せざるを得ないことは自明のことであるし，それが十分に行われていないとすれば，今日的課題としても存在していることは当然のことと言えよう。

(4) レーガン，サッチャー改革を「イズム」としてとらえる見方

まず，第一に，レーガン，サッチャー改革を「イズム」という思想の中でとらえる視点がある。サッチャリズム，レーガノミックスなどという言葉がある

ように，レーガン，サッチャー政権そのものが確たる政治思想，政治哲学を持っているし，このことが様々な政策を実現する原動力になったという側面を重視する見方である。

　ここでは，レーガン，サッチャーの政治哲学，政治思想を根本から論じることはせず，あくまでも福祉国家や社会保障政策にどのような基本認識を持っていたかに重点を置いて，論を進めていきたい。

　現実に行われた政策は別として，レーガン政権，サッチャー政権ともに，確たる政治哲学，政治思想に裏付けられていたことは紛れもない事実である。そして，両者に共通するものが多く，現実に，米英において，福祉国家に反対する，新自由主義の土壌が育っていたことも事実である。現に，「1960年代，1970年代と，政治的な反対分子，草の根の活動家，知識人らが福祉国家に反対する反乱の種を植え付けた」[32]動きが見られる。

　レーガン，サッチャー政権誕生直前において，シンクタンクをはじめとする知識人らに関しては英米間で蜜月の関係ができあがっていた。「1970年代，経済理論家，政策アナリスト，政治戦略家は，大西洋を行ったり，来たりして，レーガンとサッチャーを政権へと押し流すイデオロギーの波を創りあげた」[33]との指摘がある。

　興味深いことに，レーガンとサッチャーの保守主義には共通点が多いが，レーガンは米国の保守主義の本流であり，サッチャーは英国の保守主義の異端であるとのとらえ方ができる。

　「すなわち，イデオロギーでみる限り，レーガンは明らかにゴールドウォーターの正統な後継者である」[34]との見方ができる。つまり，レーガンは，1964年の選挙で，共和党保守派として大統領選挙に出馬したゴールドウォーターという保守本流の流れを受け継いでいる。レーガン大統領は，共産主義のソ連と福祉国家の米国は大きな類似点を持っており，個人の自助，独立の哲学を否定し，大きな政府に依存する無気力な個人を育てるものと受けとめていた[35]。

　結果としてサッチャーも福祉国家を嫌悪し，市場原理や自由競争に対して全面的な信頼を置く政治思想を持っていたが，その保守主義は英国の保守主義か

らすると異端とするとらえ方が一般的である。

「イギリス的保守主義,すなわちトーリー主義は,実業家への嫌悪,資本主義への反発をつねに内包している。それは,社会主義とは異なった方向からの反資本主義としての側面を持っている」[36]との指摘があり,サッチャリズムは,これまでの保守党の伝統から離れており,保守本流とは異質で,その異端性こそがサッチャー革命の原動力になったという見方がある[37]。

81年3月の予算に際しては,サッチャーのマネタリズムに反対して,著名な経済学者364人が意見広告を新聞に出したり,労働界だけでなく,産業界からも反対の声が上がっていること[38]は興味深い。

サッチャーは,英国に根付いていたコンセンサスを根本から覆すべきとの考え方を有していた。そのコンセンサスとは,「国内で最も受け入れられていた5つのコンセンサス,すなわち福祉政策,労働組合の勢力,国有化,公的分野の反市場主義的感情,失業を防ぐためのケインズ主義的なマクロ経済運営」[39]であった。

ピアソンは,サッチャリズム,レーガニズムをニューライトと位置づけ,福祉国家に対するニューライトの主張を以下の6点に集約している。すなわち,①福祉国家は非経済的である,②福祉国家は非生産的である,③福祉国家は非効率的である,④福祉国家は効果的ではない,⑤福祉国家は専制的である,⑥福祉国家は自由の否定である[40]。

ギデンズも,「新自由主義の真骨頂の一つは,福祉国家に対する敵意である。かつて左派革命家が資本主義を諸悪の根源と糾弾したのと同じく,新自由主義者は福祉国家を諸悪の根源と決めつける」[41]と言い切り,サッチャリズムに代表される新自由主義の福祉国家に対する否定的な見方を指摘している。

このように,サッチャリズム,レーガニズムについて,「イズム」としての部分に着目すれば,それらが福祉国家に対して敵対的なスタンスを持っていたことは明らかである。両政権が誕生する以前,英国は長期の停滞にどっぷりと浸かっていたし,米国も外交的側面も含めて閉塞的な状況に陥っていたので,こうした強烈な「イズム」が有権者にアピールしたことは容易に理解できる。

(5) レーガン，サッチャー改革を先進諸国の共通課題への取り組みの中でとらえる見方

次に，このように明確な政治理念，政治思想を持っていたサッチャー政権，レーガン政権が福祉国家をどのように再構築したのかを論じてみよう。両政権によって現実に行われた政策面から，どれだけ福祉国家の本質が変わったのか，その度合について整理してみる。

まず，レーガン大統領について，論じてみたい。「レーガン大統領の政治スタイルでもう一つ指摘しておかなければならないのは，彼のイデオロギーの保守性あるいは反動性にもかかわらず，現実にとられた政策はむしろ実際的な(プラクテイカル)ものが少なくないということである」[42]というとらえ方がある。

カリフォルニア州知事時代から，レーガンの現実路線は際立っていた。「たとえば，彼は財政，環境保全，教育，社会保障，妊娠中絶などの問題で，きわめて柔軟な問題で，きわめて柔軟な態度をとり，民主党左派の『民主行動連盟』（ADA）のシャーリー・ウェクスラーでさえ，民主党のブラウン知事よりもレーガン知事の方が，はるかによく市民の声に耳を傾け，よい仕事を評価したほどであると評価したほどである」[43]との指摘は興味深いものがある。

実際，大統領になってからのレーガンがとった政策は，福祉国家の根幹を揺るがし，解体を目指すようなものとはなっていない。「社会保障給付の大部分は『既得権』とみられており，大幅な削減は不可能であった。ごくわずかな手直しが提案され，実現されたにすぎない。メディケアとメディケイドを含む保健費は，81年度では，全支出の約10％であったが，その後年率5.7％の割合で増加した。低所得者に対する直接補助である所得保障費は，81年度で全支出の約6％であったが，レーガン政権第一期での伸び率は，年0.9％にとどまっており，ここにはわずかに抑制の効果が現れていたといえよう。しかし，社会保障関連の支出を削減することで，歳出を大幅に減らす試みは，結局成功しなかったとみてよい」[44]との指摘があるように，現実には大胆な福祉切り込みは行われていない。

とはいえ，レーガン大統領が就任していた時期は，新しい福祉プログラムが

ほとんど実現できなかったという側面も見逃すことができない。特に，議会が大きな制約を受けていた。「レーガンの1981年の税制，予算における勝利が福祉国家を解体したわけではないが，ワシントンにおける優先順位の重大な再組換えのためのステージを設定した。減税がつくりだした巨額の財政赤字が新しい支出プログラムを提案する議会の能力を制限した」[45]という大統領府と議会との緊張関係に着目する必要がある。「レーガンが大統領であった最初の6年は，議会は一つの社会プログラムも創れなかった。このことは，歴史的に国内改革の政党である民主党を未曾有の苦境に追い込んだ」[46]という指摘があるように，政党間の関係も大きく揺れ動いていた。

また，別の見方をすれば，レーガン大統領が国防費増額，大幅減税（前期の減税超過型の改革，後期の歳入中立型の改革とはかなり違いがあるが）に取り組んでいたことが，財政上の縛りを大きくした事実も看過できないものである。「財政赤字と税制のオーバーホールは，事実上，福祉国家の『資金を減らす』こととなった」[47]一面はあったと言えるだろう。

議会が新しい福祉政策を容易に打ち出せなかったことも事実だが，これまで述べたように，レーガンも大胆な福祉切り捨てを実現できなかったことを確認しておく必要がある。

また，レーガンと言えば，市場原理重視，規制撤廃に本格的に手をつけた大統領とのイメージが強いが，前任者であるカーター政権も規制緩和には熱心な取り組みを行っていた。「規制緩和は，すでにカーター政権のもとで，証券・銀行など金融部門に対する緩和に始まって，航空業や運送業に拡大されていたが，レーガン政権はさらに放送事業の認可に関する規制緩和や金利の自由化を導入した」[48]という論評にあるように，大胆な規制緩和はカーター政権から始まったという認識ができる。

次に，サッチャー政権が実際に行った政策の枠組みを見てみよう。サッチャー政権についても，「一つはサッチャー政権がとった行動，関与した諸事実の集合の中にサッチャーリズムと呼ぶに足りる何らかの一貫性を見いだそうとするアプローチであり，もう一つは実際に生起した出来事の歴史的・同時代的背

景に言及することによって，1980年代の政治現象に内在するダイナミックス，そこに働いていた一定の『戦略』を抽出しようとするアプローチである」[49] との二つの接近法がある。

そして，「これらのうちの第一のアプローチは，事実の断片性と両義性に常に裏切られる運命にあった。例えば，サッチャーリズムを一つのプログラムと見なし，サッチャー政権が現実に追求した一連の政策群をそのプログラムの遂行と捉える議論がかなり広く行われたが，実際には，それらの諸政策は一つのイデオロギーに貫かれたものでもなければ相互連関的に計画されたものでもなく，単に状況的に積み上げられたものに過ぎなかった」[50] という指摘があるように，現実の政策に焦点を絞れば，一貫性を把握するのは困難という理解ができる。

実際，サッチャー政権については，「その正確な意味，そして確かなことに彼女の目的や業績の価値をめぐって双方の間に相違はあったが，サッチャーの支持者の多くが，そしてまた敵対者も『サッチャリズム』のラベルをほとんど同じように都合のよいものとみなすに至った」[51] というように，具体的な政策よりも，思想やレトリック面から好き嫌いを語る側面があったことは事実である。

レーガン政権と同様に，サッチャー政権が実際に行った政策についても，福祉国家解体と言われるほどの改革をなし得ていないという見方が一般的である。

サッチャーが行った改革は，税制改革，労働市場改革，政府部門の縮小，金融・資本市場改革が代表的なメニューであり，年金改革や医療制度改革にも着手したとは言え，それが福祉国家の屋台骨を揺るがす程度のものには至っていない。英国にはすべての住民に原則無料で医療サービスを提供するNHSと呼ばれる医療制度があるが，サッチャー政権の時にも，行政機構の簡素化などの改革は進められたが，その根幹は維持されたままだった。

ピアソンも「1979年以降のサッチャー政府の記録に目を転じると，その政治的な実践は，必ずしも党のレトリックに一致したわけではない」[52] と分析して

いる。そして，サッチャーが取り組んだ年金改革にしても，「国家所得比例年金制度の廃止というよりも，むしろ規模の縮小だったということである」[53] と論じている。すなわち，サッチャー政権においては，「福祉国家政策の，重要で，主要な支柱的部分(公的年金と国民保健サービス)は，ほとんど無傷であり，社会支出においては，目に見えるほどの削減はなかったといってよい」[54] とのまとめができる。

ここまで述べてきたことを整理すれば，イデオロギーや政治姿勢は抜きにして，現実として採用された政策に焦点を当てれば，レーガン，サッチャー政権ともに福祉国家の解体に通じるような大胆な施策はとっていないことを改めて確認できる。

他方で，レーガン，サッチャーの政治思想を好ましいと思わない政治勢力が政権に就いた際でも，レーガン，サッチャー流の市場主義志向，福祉政策の再構築に取り組まざるを得ないという側面を見出すことができる。

ピアソンは，「……より決定的と思えたのは，社会主義政権や社会民主主義政権でさえ，右派〔保守〕政権の諸政策をそっくりまねたような〔緊縮財政〕を，公然と採用せざるをえなくなったという点である」[55] と指摘している。

当然のことながら，高度に発達した議会制民主主義国においては，政権交替があった場合でも，独裁政権や革命政権とは違って，以前の政権が行っていたことを根底から覆すことは不可能である。これから述べることでもあるが，クリントン政権やブレア政権にも見られるように，米共和党やいわゆる保守主義に基づく政党が長期にわたり政権につき，一つの危機を克服し，大きな流れを固めた後に，政権交代を勝ち取った政府が時計の針を逆転させるような政策を採用することは極めて困難であるとの仮説を立てることができる。

あるいは，冷戦が終結し，ボーダレス化が進み，世界経済の市場が単一の方向に収束しつつある現状においては，先進諸国で形成された政治の潮流に真っ向から逆らうことは，難しいと言える。そして，経済成長の停滞，少子高齢化の進展に直面しているとすれば，レーガン，サッチャー流の構造改革は，ほとんどの国において避けられないスタンスと言えよう。

(6) レーガン，サッチャー改革を特定の先進国が辿るべき通過点とする見方

　市場志向，福祉国家の再構築を強調したレーガン，サッチャー流の改革について，もう一つのとらえ方を設定してみよう。

　先進国共通の課題という流れと共通する面はあるし，そのバリアント（変形）と分類できないこともないが，敢えて別の切り口として論を進めていくことは，意義のあることと考えられる。

　すなわち，レーガン，サッチャー流の改革は，ある特定の条件を備えた国にとって，最低限クリアーすべき通過点ととらえる見方である。

　別の表現をするとすれば，市場に対する規制が多く，規制産業の比重が高い国にとっては，仮にその国が自由主義的な改革を志向するにせよ，社民主義的な改革を志向するにせよ，大胆な構造改革を実施しなければ，その国の経済，社会が行き詰まってしまうほど危機的な状況に陥っているとの発想に基づくものと位置付けられる。

　その証左として，レーガン，サッチャー流の改革は，社民主義を掲げる政党によっても着手されている。その典型的な例は，1984年に誕生したロンギ労働党政権によるニュージーランド内の一連の構造改革である。

　もともと，ニュージーランドは，歴史的な経緯からしても，英国と密接な関係を維持してきた。しかし，国際社会における英国の地位が低くなり，ニュージーランドと英国との関係は稀薄なものとなっていく。英国のEC加盟をきっかけとして，ニュージーランドの農業は英国への依存を弱めていく。政府は，国家主導の様々なプロジェクトに取り組むが，成功をおさめず，経済に悪影響を与えることとなった。

　それまで，ニュージーランドは，政府の役割が極めて大きく，基幹的な大規模事業の多くは政府によって運営されていた。製造業のみならず，銀行，ホテル，電信，郵便などのサービス業についても同じことが言えた。規制産業の経済全体に占める割合も極めて高かった。

　このように，ニュージーランドは，政府が経済に介入する度合が極めて高い特異な国であり，遅かれ早かれ市場志向の改革に取り組まざるを得なかったと

言える。経済的規制が大きければ大きいほど,その改革は大胆かつ急激でなければならない。

大胆な改革に着手したロンギ労働党政権は,選挙公約でそうした政策を掲げていたわけでもなかったし,むしろ失業問題の解決の優先を主張していたに過ぎなかった[56]。しかし,「ニュージーランドは,いわば商業部門を保護するための福祉国家といった状態だったし,全世界が開放に向かっている中でそれを維持していくのはもはや不可能だった。そこで,政府としても,ここから先は非常に急激な改革をせざるを得ないということに気付き,大衆一般もそれを理解したのだ」[57]とロンギ自身が語っているように,国家の厳しい経済・財政状況を認識し,思い切った改革に取り組んだと言える。そこには,労働党だから,勤労者を保護し,産業を擁護するために,改革を手控えなければならないというためらいは一切見られない。ただ目の前にある現実にどう冷厳に対処するかという姿勢を見出すことができる。

同様に,日本も経済的規制が多く,経済に占める規制産業の比率が高い国なので,大胆な改革を急激に進めなければならないというかつてのニュージーランドに似た状況に置かれていると言えるだろう。OECD諸国に関して経済的規制が経済に与える影響を比較した資料はないとの報告もあるが[58],日本が先進国の中で規制が多く,そのことが経済活動を阻害していることは事実と言えよう。

実際,日本については,規制産業のウェイトは極めて高い。『規制緩和白書』(2000年)は,規制部門を当該部門のすべてが規制を受けている事業部門に限定して規制に係る付加価値を小さく見積もる方法と規制部門を当該部門のすべてまたは一部が規制を受けている事業部門ととらえて大きく見積もる方法との両方を採用しているが,規制部門のウェイトは,1990年で35.5%ないし44.8%,1995年で34.1%ないし44.1%となっている[59]。公正取引委員会も同様の計算をしており,1989年の試算では政府規制分野のウェイトは,生産額で38.5%,付加価値額で40.8%となっており,さらに1990年産業連関表をもとに計算した1995年3月31日現在の数字は,生産額で39.4%,付加価値額で42.3%とな

っている[60]。

　他方，米国についてはブルッキング研究所の研究者による試算がある。1977年にGNPの17%を占めていた規制産業の比率は，運輸，通信，エネルギー，金融産業という広い分野における部分的，全面的規制緩和によって，1988年にはGNPの6.6%にまで下がっている[61]。

　この日米の数字を単純に比較することには，慎重な姿勢が必要であるものの，経済における規制産業のウェイトを試算するという手法には共通点が見られ，それなりに実態を反映した数字に近いと言えよう。米国を基準とすることに異論があるかもしれないが，日本が資源が少なく，自由貿易の恩恵を多大に受けている国であることに鑑みれば，米国並みの規制の少ない国となるべく，大胆な改革を急ピッチで進めなければならない課題を背負っていると受けとめるべきであろう。

　かつてのニュージーランドと同様，日本が規制の多い国であるとの前提に立てば，レーガン，サッチャー改革を理想的なモデルとして参考にする，しないは別として，急進的な市場志向の構造改革を目指さなければならない状況に置かれているのは事実であり，レーガン，サッチャー流の改革は否が応でもその通過点となるべきものという見方は可能である。

(7)　サッチャー改革の基礎を引き継いだ英労働党政権

　英国では，保守党政権の後，ブレア率いる労働党政権が18年ぶりに政権を奪還する。周知のように，ブレア内閣は社会主義的色彩の強い労働党の基本政策と決別し，サッチャー路線からの転換を標榜しつつも，現実的な改革路線を採用する。

　ブレア政権は「第三の道」を掲げて誕生したが，その第三の道が目指す経済政策については，第一勧銀総合研究所による著書が主なポイントを的確にまとめている[62]。すなわち，①基本的には市場の役割を重視する保守党路線を継承する，②これを補完するものとして，経済のサプライサイドの強化において，市場メカニズムだけでは果たしえない政府の役割を重視し，教育や技能訓練な

どによる労働の質の向上，研究開発の推進，投資を奨励する税制，経済成長の基盤となる規律ある財政・金融政策の実施を行う，③人々が自立し自らの責任を果たせるように積極的に手助けすべく，福祉制度の改革を行う，との3点である。

最も注目すべきことは，ブレア政権が保守党の基本路線を踏襲していることである。ブレア政権の経済政策は，過去の労働党の政策とサッチャー，メージャー政権のそれに近いかと問われれば，明らかに後者に近いと言えよう。ブレアの第三の道に大きな影響を与えた社会学者アンソニー・ギデンズは，第三の道が重視する価値に「哲学的保守主義」をあげ，それは「変化へのプラグマティックな対応を意味する保守主義である」[63]と述べている。

1995年，ブレアのリーダーシップによって，閉鎖的・硬直的なオールド・レイバーと手を切り，マルクス主義を引きずった労働党の綱領第4条は抜本的に改正され，「労働党は民主的社会主義者の政党である」(The Labour Party is a democratic socialist party)と位置付けられ，「生産，分配，交換手段の公有」が「少数者ではなく多数者の手に権力と富と機会を与える」に置き換えられ，「権利は義務を伴う」ことが盛り込まれるなど，現実的な政党への大転換が図られた[64]。

保守党と根本的な政策の違いがあるわけではないが，政策の方向性の違いよりも政策の切り口の違いを出そうと労働党が模索している姿が明らかになる。

ブレア政権は，2001年の総選挙で再び勝利し，政権を維持する。その際のマニフェストの「3 福祉国家」の部分について，触れてみよう。

最初の文章では，「社会が変化するにつれて，福祉国家も変わらなければならない。われわれは有効な福祉国家への10年ビジョンを持っている。すなわち，できる人のための労働，できない人のための保障，蓄え，進んでことにあたり，学び，訓練する人のための報酬を促進することである」[65]との基本的な姿勢が示されている。

また，最後の文章には，「われわれの福祉国家は，明確な価値観によって補強される。われわれは自ら助けることを助け，われわれは子供に投資し，われ

われは年金受領者を支援し，われわれはいかなるコミュニティーも考慮の対象外とされていてはならないと主張し，そして，われわれは不正と誤りを最小限にする。われわれの改革は強く，包括的な社会を構築するだろう」[66] と書かれている。

ここで，"inclusive"という単語が使われているが，労働党は社会的に排除された人々や孤立した人々を放置するのでもなく，単に弱者として施しを与えるのでもなく，そうした人々を社会に参加させていく"inclusion"（統合・包摂）という言葉が重要な鍵を握っている。労働党は，「排除される者のない社会」の建設を標榜している。アンソニー・ギデンズは，「第三の道の政治は，平等を包含（inclusion），不平等を排除（exclusion）と定義する」[67] と述べている。

また，ギデンズは，旧来の社会民主主義の限界を浮き彫りにし，「ボランティア組織を疑問視する傾きがあった」[68]「環境保全派を敵視しないまでも，友好的関係を築くことができなかった」[69]「その実戦においてグローバルな視点を欠いていた」[70] と述べている。

また，「……福祉国家にむけられる異議申し立ては，社会民主主義者にたいして，とりわけ痛烈なものとなっている。世界経済の変化によって，伝統的な経済学と社会民主主義がとってきた，概して改良主義的な戦略は，ともに信用を失ってしまった」[71] との論評のように社会民主主義がとってきた福祉国家路線が大きく見直しを迫られたことも事実である。

ここで指摘されている限界から脱却し，大胆な政策転換を図り，新しい政策を確立したからこそ英国労働党は圧倒的過半数を維持して，現在も政権政党となっているものと理解できる。また，「労働党や，党を取り巻くシンクタンクのスタッフによる政治社会状況に対する冷徹な分析，政治を導く政治原則や原理の構築。そして政策実現のための戦略的手続きの形成と実践などが，ブレア政権の実現と継続をもたらしたのだ」[72] という指摘の通り，したたかな政治手法も政権安定の強固な基盤となっていることに注目したい。

しかし，保守政党，社民主義政党を問わず，NPO，環境，国際経済への取

り組みは，今日的な重要課題となっており，いかなる政権政党であれ，過去に比べてそうした課題については一層積極的な取り組みをしなければならいという客観的情勢が存在することは事実である。

(8) 中道志向を貫いたクリントン政権

社民主義に立脚するわけではないが，共和党との対比において，より革新的な政党である米国民主党の動きについて，クリントン政権時代に焦点を当て論じてみよう。

クリントン政権時の政策を検証すると，従来の民主党のような労組依存，社会的弱者に肩入れした体質から脱却し，中道志向の改革に大胆に取り組んできたことが明らかになる。「クリントンは以前の民主党大統領とは異なり，自分の政策優先順位と組織労働者の政策優先順位との間に距離を設け，高い業績をもつ職場と高い技能をもつ労働力を生み出すコンセンサス重視の戦略をとった」[73]という指摘にもあるように，大統領自身のスタンスが政権に斬新な政策を選択できる柔軟性を与えたと言えるだろう。

クリントン政権が取り組んだ最も重要な改革の一つが1996年の福祉改革法である。これは，ニューディール時代以来60年ぶりの福祉制度の大改革であり，貧困者にとって厳しい内容を多く含んでいる。こうした改革を民主党の大統領が断行したことは画期的なことと言える。

この法律は，福祉給付期間を一生で通算5年に制限すること，連続して2年以上職業につかない場合は給付を原則打ち切ること，低所得層児童向けの福祉金給付は連邦政府から州政府に移管すること，連邦は定額補助金を州に交付すること，州政府は福祉関連支出を1994年の75％以下に抑えることなどを柱としている。特に，AFDCと呼ばれる扶養児童を持つ家族への援助制度を終わらせたことは象徴的な出来事と言える。

こうした政策を推し進めた要因として，クリントン大統領が巨額の財政赤字を解消することに重点を置き，93年包括財政収支均衡法，97年財政収支均衡法の成立に見られるように，徹底して財政規律を優先する政策をとったこともあ

げられる。好景気や冷戦終結による軍事費の削減も財政再建や社会保障制度の構造改革を進める上での追い風となった。

クリントン政権が旧来の民主党では取り組みが困難であったこの種の改革を実現できたのは，レーガン，ブッシュに至る共和党の長期政権にあせりを感じ，民主党自身が新しい時代に対応した政策転換を進めたことにもある。以下の文章にもあるように，穏健保守勢力が民主党内で影響力を増やしていったことが大いに関係している。

「レーガンとブッシュの手による敗北に茫然とした民主党員は，自分たちの存在意義を熟考し，彼らにとって福祉改革は，『新しい民主党員』を意味するものを考えなおす媒体になった。そのような民主党員は，アメリカの価値観に惚れていた税金をとって遣うことや大きな政府の弁解者が選挙を境に立場を変更することに抵抗はなかったであろう。この努力の先頭に立っていたのは，穏健で保守的な民主党の政治家および活動家によって1985年に組織された民主党指導者会議（DLC）であった。1992年までに，DLCは，政治的価値感としては共和党によって提言された，何でも切り捨てる福祉改革提案を利用していた。」[74]

また，クリントン大統領が就任した後，1994年の中間選挙で，共和党が40年ぶりに上下両院で過半数を制する劇的な勝利をおさめたことも，民主党の中道志向を一層確実なものにしたと言えよう。「1994年の驚くべき選挙結果は，ほとんど半世紀ぶりに初めて共和党員に全議会をコントロールする力を与えて，AFDC権利プログラムの運命を決定した」[75]という指摘通り，1996年の福祉改革法も議会の政治状況と大きく関わっていたことも軽視できない。

クリントン政権が共和党の主張とそれほど大差のない多くの政策を実現したのは事実だが，環境政策においては，新しい民主党らしさが発揮されたと見て良いだろう。とりわけ，副大統領のゴアが環境政策で果たした役割は大きい。その後のジョージ・W.ブッシュ政権の後退的な環境政策を見れば，クリントン率いる民主党政権が地球環境の問題に熱心に取り組んだこととは対照的だったと言える。

英国，米国の例だけに限って，しかもその一面だけから論を進めたに過ぎないが，他の主要な政党に比較して元来左派的な政党，すなわち欧州の社会民主主義政党，米国民主党などの勢力が中道志向を強め，過去の路線と決別し，新保守主義的な改革路線を採用するようになったことは先進諸国の経済財政政策の方向性にも大きな影響を与えたと結論づけられる。

また，福祉国家に関わる様々な思想や概念が流動的になってきた背景も関係していると言えよう。「福祉」「国家」「国民」という概念に関連する考え方が1940年代から1970年代にかけて確立されてきたが，1980年代，1990年代に不安定なものとなってきたこと[76]も，保守主義政党と社民主義政党の違いを曖昧なものに流れを加速したと言えるだろう。

3．日本財政に特有の諸問題

(1) 財政規律確保に本気で取り組まなかった日本政府

日本は，他の先進国が取り組んできた財政規律の厳格化，サプライサイドに立った流れから大きく逸脱してきた。特に，顕著なのが財政事情の著しい悪化である。

井堀利宏，土居丈朗著『財政読本』（第6版）においては，第二次世界大戦後から21世紀に至るまでの財政の歩みが以下のように6つに整理されている[77]。すなわち，経済復興と戦後財政の基盤整備（1945—54年），高度成長前期の均衡財政主義（1955—64年），高度成長期の裁量的財政政策（1965—74年），安定成長期の国債大量発行（1975—79年），財政再建，民営化，税制改革（1980—91年），バブル経済崩壊後の連立政権下の財政（1992年以降）である。

第二次世界大戦後，日本経済は高度成長の波にも乗り，税収も著しい伸びを示していた。終戦直後の混乱期はあったが，財政的には十分余裕のある状況が長年続いていた。しかし「昭和40年不況」の際に建設国債を発行し，それ以来，国債発行をせずに予算を組んだことはこれまでに一度もない。

また，それでも1970年代中頃までの財政事情は，それほど悪いものではなか

った。75年度においては，国債発行額は5.3兆円（特例公債2.1兆円，建設国債3.2兆円），国債残高は15兆円（特例公債2.1兆円，建設国債は12.9兆円）となっていた。1979年の第二次石油ショックを契機に財政事情の悪化は急速に進んだ。79年度においては，国債発行額は13.5兆円（特例公債6.3兆円，建設国債4.3兆円），国債残高は121.7兆円（特例公債53.1兆円，建設国債は68.6兆円）となっていた。

　1975年度補正予算で，初めて赤字国債が発行された。そもそも日本国憲法は，必ずしも財政均衡の原則を明確にしているわけではないが，憲法85条は，「国費を支出し，又は国が債務を負担するには，国会の議決に基づくことを必要とする」と定めている。

　これに基づき，財政法4条は，「国の歳出は，公債又は借入金以外の歳入を以て，その財源としなければならない。但し，公共事業費，出資金及び貸付金の財源については，国会の議決を経た金額の範囲内で，公債を発行し又は借入金をなすことができる」と規定している。

　この条文を素直に読めば，国が予算を編成した場合，その歳出の財源には公債金や借入金を充ててはならないということになる。それがどうしてもできない場合に限り，建設国債を発行できるという内容である。原則として財政均衡をうたい，例外として建設国債をやむなく認めるという枠組みになっている。注目すべきことに，財政法は赤字国債発行を全く想定していない。しかし，赤字国債発行を実施するため，政府は毎年，特例法を提出して，財政のつじつま合わせをしている。

　その後，政府は「臨調行革」による「増税なき財政再建」路線に転じ，シーリングによる緊縮路線がとられるが，赤字国債脱却の目標は達成されなかった。1985年9月のプラザ合意を契機に，先進諸国は日本の金融・財政政策の大幅見直しを迫った。そのため，日本政府は急激な円高を受け入れるとともに，景気対策の実施・補正予算の編成，公定歩合の引き下げを実施した。

　税制については，1988年，消費税導入，物品税など既存間接税の整理，所得税や法人税の減税など抜本的な改革法が成立した。これは2.6兆円の減税超過

型であり，増収を目的としたものではなかった。

その後，バブル経済の時期には，赤字国債脱却，プライマリーバランスの達成が実現を見ているが，一過性のものに終わる。バブル崩壊後は，日本経済は長期間低迷し，財政事情は急速なテンポで悪化していく。

(2) フロー，ストック両面で最悪の財政事情

今や世界の先進国の中では，日本の財政事情は最も悪い部類に属するに至っている。2003年度当初予算におけるフローとストック両面から日本の財政事情を見てみよう。

歳出としての国債費，すなわち借金の償還・元利払いは16兆7,981億円を計上している。一般会計予算の規模は81兆7,891億円となっているが，租税印紙収入は41兆7,860億円，その他の収入は3兆5,581億円にしかならない。それを補うために国債発行が行われている。政府が決めた限度額30兆円を突破した。内訳は，建設国債が6.42兆円，赤字国債が30.025兆円である。

政府が目標とした30兆円を超えたことは勿論，この額はプライマリーバランスという一つの歯止めを大きく超えるものである。国債依存度は44.6％となっている。プライマリーバランスについては，97年度から2001年度まで，▲2.2兆円，▲15.8兆円，▲18.3兆円，▲13.2兆円，▲12.8兆円と推移している。

他方，ストック面での問題点を見てみよう。長期債務残高については，2003年度末で，国は518兆円，うち，普通国債残高が450兆円となっている。そして地方の借金は199兆円となる。国と地方のだぶりが32兆円あり，最終的には国・地方の長期債務残高は686兆円となる。

この数字は，日本のGDPの約1.4倍にあたる。他の先進国と比べると，日本の財政事情の悪さは歴然となる。OECD／エコノミックアウトルックによると，GDPに対する国・地方の債務残高は2003年ベースで，日本は151.0％，米国は62.0％，英国は50.9％，ドイツは63.7％，フランスは68.4％，カナダは78.9％となっている。かつて，財政事情が悪いと言われてきたイタリアは108.1％となっている。

第3章　新時代に向けた福祉国家財政について　185

(3) 日本のみ財政再建路線が挫折

　日本を除く主要な先進国が厳格な財政規律を確立する道を選び，現在，日本よりも高い経済成長を遂げている事実を重く受けることが肝要である。

図表6　日本の経済成長と財政収支の推移

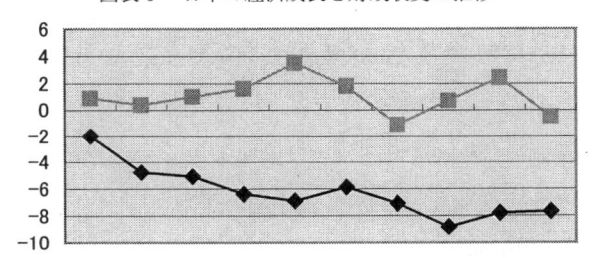

──◆── 財政収支　──■── 経済成長率

図表7　米国の経済成長と財政収支の推移

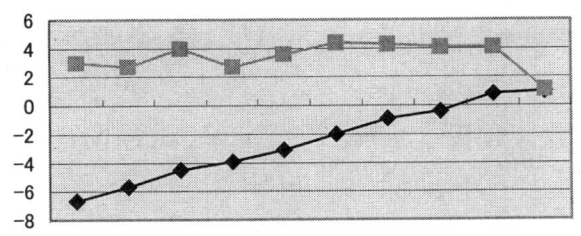

──◆── 財政収支　──■── 経済成長率

　図表6は，「日本の経済成長と財政収支の推移」を示したグラフであり，他方，図表7は「米国の経済成長と財政収支の推移」を示したものである[78]。経済成長については実質経済成長率，財政収支については国及び地方の財政収支（SNAベース，OECD／エコノミック・アウトルック〔68号（2001年12月）〕）の数字を使用している。横軸の数字は暦年，縦軸の数字は％である。

　グラフを見れば自明であるが，日本については財政赤字を拡大しつつも，経済成長率は低迷を続けてきた。対象期間においては，ゼロに限りなく近い成長

やマイナス成長が記録された年も少なくない。

他方，米国の場合は，財政赤字を着実に減少させつつ，高めの経済成長を維持してきたことである。両国のデータは対照的である。

図表 8 は，主要先進国の財政構造改革への取り組みを概括したものだが，日本の基準から見れば，これらの国々は厳しい緊縮財政路線をとってきたと言える。

詳細に論じることはしないが，主要国10カ国の財政再建策について手段ごとに横断的な整理をした渡瀬義男による「海外主要国の財政再建策」がある。これによると，財政再建目標については，均衡予算タイプ（米国，スウェーデン），財政赤字・公債残高の対 GDP 比制限タイプ（ドイツ，フランス，イタリア，オランダ，カナダ，イギリス，オーストラリア，ニュージーランド），歳出伸び率の上限設定タイプ（ドイツ，フランス，オランダ，イギリス）があること[79]，増税・増収策には，所得税率引き上げタイプ（米国，スウェーデン），VAT 増税タイプ（ドイツ，フランス，イギリス）があること[80]が理解できる。

わが国でも，一度は法律の縛りによって財政規律を確立しようというレールが引かれたことは事実である。1996年12月に，「財政健全化目標」が閣議で決定され，2005年度までのできるだけ早期に，財政赤字 GDP 比 3 ％以下及び特例公債脱却を目指すとの方向が示されている。翌年11月には，「財政構造改革の推進に関する特別措置法」が成立して，財政赤字対 GDP 比 3 ％以下及び特

図表 8 　主要先進国における財政構造改革への取り組み[81]

	財政健全化の目標	財政健全化に向けての取り組み
米　　国	連邦政府の財政収支を，2002年度までに均衡させる。 ※98〜2001年度と財政黒字を達成。	包括財政調整法（OBRA）により，医療保険などの個別の具体的な歳出削減策及び増税策を実施，Cap（シーリング制度）や pay‐as‐you‐go 原則（財源なくして増額措置なし）を導入。97年には一層の歳出削減等を盛り込んだ財政収支均衡法が成立。

第3章　新時代に向けた福祉国家財政について　187

英　　国	中長期的に公的部門の純債務残高の対GDP比を40％以下で推移させる。 ※2002年度見通しは，30.6％。また，98年度に公的部門の単年度の財政収支が黒字に転換。	サッチャー政権（保守党）以来，国・地方を通じた民営化やエージェンシー化（外局化）による歳出削減を実施。97年5月に成立したブレア政権（労働党）も緊縮財政路線を堅持，ゴールデン・ルール（公的借入を投資的経費の枠内に限定）の導入等を実施。98年からは特定経費についての各省ごとの限度額を含む3年間の歳出計画を発表。
ド イ ツ	一般政府の財政収支を2004年に均衡させ，債務残高の対GDP比を2004年に57％，2005年に55.5％とする。	各省からの概算要求に先立って，政府全体としての予算額の上限と，人件費及び物件費の伸率の上限を各省に提示する「予算回章」や，新規措置は同額の既存措置の削減によって認める「モラトリアム原則」を採用。99年6月，大幅な歳出削減措置と国家機関のスリム化等を内容とする「将来プログラム」が閣議決定され，2000年本格的に実施。
フランス	2004年に，一般政府の財政黒字（対GDP比0.2％）を達成し，債務残高の対GDP比を52.9％とする。	国防費や国家公務員の削減，社会保障関係費の抑制等により，歳出伸率を抑制すると共に，付加価値税の引上げや法人特別税の導入による増税を実施。
イタリア	一般政府の財政赤字の対GDP比を，2001年度1.0％，2002年度0.5％と引き下げ，2003年度には財政収支を黒字に転換。	オブリコ・コペルツーラ（新たな支出又は支出の増加については，その財源を示さなければならない）の適切な実施。歳出面では年金制度改革や医療制度改革，歳入面では増税や財務警察（黄色い炎）による脱税摘発を実施。
カ ナ ダ	連邦政府の累積債務残高の対GDP比を継続的に削減する（2002年度には約50％以下に）。 ※97—99年度と財政黒字を達成，累積債務残高についても97年度以降純減。	93年11月以降，各歳出項目について徹底した見直しを行うという観点から，社会保障関係費の抑制，国営企業の民営化，国家公務員の削減など行政改革を推進。追加的予備費を引き続き毎年計上するなど，今後も均衡財政を堅持。

（注）　EUは通貨統合の条件の一つとして，財政赤字の対GDP比を3％以下にするよう求めている。

例公債脱却は2003年度を目標とし,「集中改革期間」における主要な経費(社会保障,公共投資等)の量的縮減目標を具体的に明記するなど,他の先進国と足並みを合わせる途が確立した。

(4) 効果なき大型景気対策の乱発

日本の財政がここまで悪化するに至った主な原因として,金融危機,不況によって税収が伸び悩んできたこと,歳出構造の内容を大胆に見直すことができなかったことをあげることができる。

その一端として,政府が財政出動を伴う景気対策を執拗に繰り返してきたことを指摘せざるを得ない。図表9は「バブル経済崩壊後の経済対策リスト」である。ほとんどの場合,経済対策を実施する際には,補正予算が編成されてきた。このことが財政規律を乱す大きな要因となってきた。

当初予算から見た補正後予算の増額分を,1995年度から2001年度まで列挙すると,7兆469億円,2兆6663億円,1兆1432億円,10兆3224億円,7兆1588億円,4兆7832億円,3兆7002円となっている。補正予算編成によって,当初予算がいかに膨らんでいるかが理解できる。2002年度も補成予算が組まれ,3兆円規模のセーフティネット充実対策,公共投資等が盛り込まれた。

また,「多数の西側の経済学者は,日本の問題に対して,典型的なケインズ学派およびマネタリストの解決策を提案した。大恐慌の例にならって推論に基づき,彼らは多くの安いお金や財政支出が危機を解決するだろうと主張する。しかし,日本の状況においては,これらの解決策が根本的な問題を単に悪化させた」[82]との指摘にあるように,外国の識者によっても大盤振る舞いの景気対策を実現させられた一面があることも間違いではない。

そして,「ゼロコスト資本は,銀行と企業が不良債権を抱え,増やすことを奨励した。財政による刺激は,日本の保護された経済部門に補助金を交付し,非効率性を高める結果となった。(中略)刺激策は必要だったとしても,構造改革と一体となった時にのみ,それは有効となるだろう」[83]という状況に陥り,大盤振る舞いの金利政策,財政政策が日本経済にとって最悪の結果をもた

図表9　バブル経済崩壊後の経済対策リスト[84]

年　月　日	対　策　名	内　閣	事業規模等
92年3月31日	緊急経済対策	宮澤内閣	
92年8月28日	総合経済対策	宮澤内閣	10兆7000億円
93年4月13日	総合的な経済対策の推進について	宮澤内閣	13兆2000億円
93年9月16日	緊急経済対策	細川内閣	約6兆円
94年2月8日	総合経済対策	細川内閣	15兆500億円
95年4月14日	緊急円高・経済対策	村山内閣	約7兆円
95年9月20日	経済対策―景気対策を確実にするために―	村山内閣	14兆2200億円
97年11月18日	21世紀を切りひらく緊急経済対策	橋本内閣	
98年4月24日	総合経済対策	橋本内閣	16兆円超
98年11月16日	緊急経済対策	小渕内閣	23兆円
99年6月11日	緊急雇用対策及び産業競争力強化対策	小渕内閣	
99年11月11日	経済新生対策	小渕内閣	18兆円程度
00年10月19日	日本新生のための新発展政策	森内閣	11兆円程度
01年4月6日	緊急経済対策	森内閣	
01年10月26日	改革専攻プログラム	小泉内閣	国費一般会計1兆1億円程度　事業規模等5.8兆円程度
01年12月14日	緊急対応プログラム	小泉内閣	国費2.5兆円程度　事業規模4.2兆円程度

らしたと言えよう。

　そして，景気対策の効果がなかった理由として，たとえば，①民間設備投資の落ち込みが極めて大きく，急激に円高が進んだこと，②景気対策の規模の割には実際の公的資本形成に結びついていないこと，③財政構造改革と景気刺激策の両極端の間を政策が振幅し，政策の一貫性を欠いていたこと，④公共投資

の乗数効果が低下していること[85]との指摘がある。

　大盤振る舞いの財政出動をして，効果の少ない景気対策を続ければ，経済，財政両面に悪影響が出ることは至極当然のことと言えるだろう。

(5)　世界にも類を見ない少子高齢化の進展

　日本の経済財政運営に大きな影を投げかけているのは，他の先進国でも類を見ない急速な少子高齢化の進展である。『平成13年版　経済財政白書』の一節が現在および将来の日本の社会像を端的に物語っている。

　　「我が国の人口構成の推移をみてみると，70年に，国連が定義する『高齢化社会（総人口に占める65歳以上の割合（＝高齢化率）が7％以上）』へと突入し，99年では高齢化率が16.7％にも達している。この期間はわずか30年弱であり，世界に類を見ないスピードで我が国の高齢化が進展している。なお，高齢化率が7％から14％に達するまで，フランスは115年，スウェーデンは85年，イギリスは45年かかっている。また，出生率も近年低下しており，2000年での合計特殊出生率（1人の女性が生涯に何人の子供を生むかという推計値）は1.35で，現在の総人口を維持するために必要な水準（2.08）を大きく下回っている（36）。このように，我が国の人口構成は大きく変化してきており，『団塊の世代』が高齢層へと突入する2010年には，世界一の高齢社会になると推測されている。」[86]

(6)　社会保障費の増大

　こうした少子高齢社会の進展に伴って，経済財政政策に取り組んでいく上で多くの課題に直面することになる。

　第1に指摘できるのが，社会保障費の増大である。2003年度当初予算の社会保障費は，18兆9,907億円と膨大な規模になっている。『平成12年度　高齢化の状況及び高齢社会対策の実施の状況に関する年次報告』によると，年金・医療・福祉における「社会保障給付費」（国立社会保障・人口問題研究所）の推移を見ると，1998年度は72兆1,411億円であり，国民所得に占める割合は，

1970年度の5.8%から18.9%に急上昇している[87]。

なお，租税負担率と社会保障負担率をあわせた国民負担率は，2002年度見込みで38.3%となる見込みであるが，財政赤字分は8.6%となる[88]。これを全部税金で賄ったとすると，国民負担率は46.9%となる。その意味で，日本の実質の国民負担率は約4割ではなく5割に近いと言える。

(7) 経済・財政への悪影響

第2は，少子高齢社会の進展が経済の停滞に拍車をかけることである。労働力人口の比率が減り，年金を受け取ったり，高額医療を受けたりする人たちの割合が増えれば，経済成長にはマイナスに働く。昨今の失業率の増加傾向の一つの要因ともなっているだろう。

ただし，少子高齢化は，必ずしも労働生産性の低下を招くわけではない。先進諸国の労働力人口増加率と，労働生産性伸び率の関係について，1990年以降既に労働力人口が減少している7カ国すべての国で労働生産性は上昇し，平均伸び率は2%になっている[89]と財務省総合政策研究所の報告書で指摘されている。これについては，労働力人口の減少が誘因となり，労働力の一層の有効活用が図られ，労働節約的な技術革新が促進されるため[90]と結論づけられている。

第3は，税収の伸びが鈍り，財政の圧迫要因となることである。景気低迷によって起こる税収減，高齢者世帯が増えることによる納税者の比率の低下に起因する税収減など様々な側面からの現象が考えられる。後者は，これから述べる第4の論点とも関係している。

特に，現役のサラリーマンばかりが税負担を強いられ，年金受給者が軽い税負担で済んでいる状況については，これを是正すべきとの根強い意見がある。いわゆる『骨太の方針』でも「公的年金や企業年金等に対しては，一般の給与所得などとは異なり，特別の所得として扱われ，若年世代の給与所得者に比べ優遇した課税が行われている。この点を含めた年金税制のあり方について，世代間の公平や，拠出・運用・給付の各段階を通じた負担の適正化の観点から見

直していく」[91]との方向性が示されている。

(8) 世代間の不公平の拡大

　第4に，少子高齢化の進展が受益と負担の関係においても世代間の不公平を生んでいることである。

　医療制度の問題については，『年次経済財政白書』は，「我が国の医療制度については，保険料負担が所得等の負担能力に応じて決定されることから，一般的には高齢層よりも働き手である若齢層の負担の方が重い」[92]と述べている。さらに，「また，こうした高齢者の医療費は，『老人保健制度』により，その多くが医療保険者からの拠出金で賄われており，『後に生まれた世代』の負担が一部充当されている」と指摘している。今後の見通しとして，「したがって，今後も少子高齢化が進展していく中で，現在の給付水準を維持するとすれば，『後に生まれた世代』を中心に負担を重くせざるを得ない」[93]と厳しい将来像が描かれている。

　公的年金制度についても，「『先に生まれた世代』に対する年金給付財源として，一部，『自らが過去に負担した積立分』が充てられるが，ほとんどは『後に生まれた世代』の負担で賄われており，医療制度と同様，今後も少子高齢化が進展していくなかで，現在の給付水準を維持するとすれば，『後に生まれた世代』の負担を重くせざるを得ないからである」[94]と，現状においても世代間の不公平があり，将来はますますこの傾向が強くなると論じられている。

　『経済財政白書』は，将来世代の負担について，以下のようにシミュレーションを行っている。

　　「……将来世代（80年以降の生まれ）の生涯を通じた受益と負担の関係を推計すると，将来の各世代は4200万円（99年の現在価値評価）の負担超過の状態にあることが分かる。現在世代の20歳代世代（70～79年生まれ，1300万円の負担超過）よりも3倍以上，負担が重くなっている。」[95]

　　「最近時点の各世代（20歳代～60歳代）が享受する受益の世代別構造が，今後も続くとの前提を置けば，今後，将来世代全体として2100兆円（99年

の現在価値評価）にのぼる追加負担をしなければ，長期的な財政均衡は達成できないということになる。」[96]

　また，さくら総合研究所の研究によると，95年度に35％だった修正国民負担率は2025年度に45％程度に達し，全体で13ポイント上昇するが，このうち11％分を勤労者が負担し，高齢者はわずか2％しか負担しないだろうと分析している[97]。勤労者に過重のしわ寄せが強いられる未来像をはっきり描いていると言える。また，95年度時点で36％だった勤労者負担率は2025年度には実に約55％に達するとの予想を示している[98]。

(9)　政策当局固有の問題

　ここでは，財政事情の悪化を招いた主要因として，政策立案という側面から論を進めていきたい。少子高齢化の進展，高度成長の終焉など，客観的な経済社会情勢が財政事情に少なからぬ影響を与えることは当然のことと言えるが，こうした状況に直面しても，政策次第では，財政再建を強力に進め，適正な経済成長を保つことは全く不可能だったわけではない。これまで述べたことと重なる部分もあるが，やや角度を変えて，政策の手詰まりという点についても整理しておく必要があるだろう。

　第1に，政策当局者において，何にもまして財政規律を維持しようとする決意や使命感が欠落していることを指摘できる。

　かつては，赤字国債を発行することが異常事態であり，仮にこれを発行したとしても早期に償還して，赤字国債の痕跡を全部消し去ってしまおうという歯止めが政府内にあった。赤字国債を初めて発行した内閣の三木武夫総理が国会で以下のように答弁しているように，あくまでも臨時異例の措置と位置づけていることが理解できる。

　　「また，現行の財政法は赤字公債の発行を禁止して健全財政主義をとっているのに，赤字財政ということは非常に問題がある，今度の補正案も撤回して再提出せよという強いお話がございました。今回の赤字国債の発行というのは，税収の大幅な落ち込みの結果，やむを得ず特別公債の発行に

踏み切ることになったわけでございまして，財政の健全性を堅持することが国民生活の安定向上，経済の安定的な成長の基盤であることは言うまでもないことでございますから，できるだけ早い機会に特別公債に依存しなくてもよい状態に復帰するように努力をしたいと思います。」[99]

その後，赤字国債解消を導入目的とする一般消費税構想は挫折したが，赤字国債を発行したことに対する政府のあせりがいかに大きく，相当の危機感を抱いていたと受けとめられる。

90年代以降から今日に至るまでの状況は，「財政改革か景気回復かが二者択一の問題とされ，景気回復イコール『何でもあり』と位置付けられたところに，大きな誤りがあった」[100]ということに尽きるだろう。何が何でも財政規律を維持しつつ，その枠の中で最大限景気回復を図るための政策を確立しようという発想には至らなかった。

第2は，予算編成や政策立案において，政策当局が大胆な切り込み，転換ができない点をあげることができる。

予算編成においては，省庁や部局の縦割りの所管ごとに，過去の政策を前提とした積み上げ方式を基本としているため，大胆な切り込みや見直しは困難な状況にある。各省庁の公務員も国全体の利益よりも既得権を守る体質，換言すれば「省あって国なし」「局あって省なし」の体質がある。縦割りの所管を是正し，官邸主導のトップダウン方式で，しがらみを断ち切ってゼロベースで予算を編成する仕組みが確立しないうちは，硬直的・固定的な予算が踏襲されることとなる。

米国が聖域である軍事費に大胆に切り込んだのに，日本は聖域である公共事業に十分メスを入れていないとの指摘はよく聞くところである。

ホワイトハウスのwebサイトでデータを見てみよう。"BUDGET AUTHORITY BY FUNCTION AND SUBFUNCTION: 1976-2007-Continued" という表によると，米国の予算は1990年度で総額は約1兆2,862億ドルであり，国防費は約3,033億ドルで比率は23.58％となる。2001年度については，予算総額は約1兆9,597億ドルで，国防費は約3,290億ドルで，比率は

16.79％までに下がっている[101]。

　日本の場合，当初予算ベースで見ると，1990年度は一般会計予算総額が約69兆6,512億円，一般会計公共事業費は7兆4,447億円となり，比率は10.69％である。他方，2001年度は，一般会計予算総額が約82兆6,524億円，一般会計公共事業費は9兆5,248億円となり，比率は11.53％と却って増えている。

　米国について，90年度から94年度の国防費を年度ごとに見ると，3,033億ドル，2,889億ドル，2,951億ドル，2,811億ドル，2,633億ドルと推移している。日本に比較すると，米国はインフレ率の高い国なので，予算規模を一定に保つことは実質上の削減を意味するし，削減した場合はその削減率以上に実質上は削減していることになる。

　米国の国防費[102]と日本の公共事業費を全く同じ土俵で論じる必然性は必ずしもないが，それぞれが両国にとって侵すことのできない既得権益となってきたことに鑑みれば，こうした比較を行うことはあながち無意味とも言えない。ここで強調したいのは，米国の国防費と日本の公共事業費の類似性ではなくて，時代に対応して歳出の内容をダイナミックに変えることのできる政治的なリーダーシップが発揮されているか否かという点である。ケインズ主義に関連して，政府の賢明さを前提とした「ハーヴェイロードの固定観念」という言葉があるが，日本の政策当局を見る限り，この前提は全く当てはまらないと言える。

　第3は，第2の要因と切り離せない点だが，政策立案に臨む発想や考え方が古いままで，政策に斬新さを吹き込めない側面である。

　その一つの背景として，政策立案者や関係機関に問題があると言える。政府の政策は，ほとんどの場合，行政府の官僚において立案されており，民間シンクタンクの活用は中途半端なものとなっている。もっとも，日本のシンクタンクは金融機関系列で株式会社の形態をとっているところが多く，米国のブルッキング研究所などに比べると見劣りする存在となっている。政府と離れて独立的に政策を立案していない日本のシンクタンクをシンクタンクとみなすべきでないとの意見[103]が数多くあることも事実である。

また，日本の経済政策にはマクロ経済学の理論がほとんど反映されていないこと，政策当事者に法学部出身者が多いこと，学界との連携がとれていないこと[104]を強調する見解もある。

　以上，政策立案に関わる問題点について論じたが，当然のことながら政治家のリーダーシップが発揮されているかどうかが一番重要である。総理大臣をはじめとする官邸が真に主導権をとって，政策を立案しているのか否かが問われなければならない。ある意味では官庁が縦割りであるのは当然であって，政治にこそ総合調整能力が求められている。各省庁の意見が異なるから，ダイナミックな政策転換ができないというのは，政治のリーダーシップの欠如を示す言い訳に過ぎないと言える。

(10) 外部団体及び政策の枠組みの問題

　第4に，国の財政政策を著しく歪める組織，団体が存在することである。第1の要因とも関係があるが，日本の官庁は特定の業界団体との結びつきが強い。そこに族議員が手を突っ込み，特殊な利権構造を生んでいる。また，労働組合も産業別に組織されており，業界団体に負けるとも劣らず業界の利益を追求する傾向にある。

　本来は公正取引委員会がもっと強力で，普遍的な競争ルールを確立するために一層役割を果たさなければならないはずだが，そうなっていないことも政官業の癒着を深める要因となっている。

　また，自主税源を十分に持っていない地方自治体の存在も国政を大きく歪めている。規模からすれば，わが国の地方政府は連邦制をとっている国に遜色のないものとなっている。それがゆえに，国政と地方政治，国会議員と地方議員のつながりがあまりにも深く，首長や地方議員が頻繁に東京に陳情に来るという不自然な事態をもたらしている。

　日本におけるケインズ政策のコストについて論じた井堀利宏の論文で，以下のような指摘が行われている。

　　「すなわち，わが国の財政システムは，地域間，世代間，個人間でも，

受益の対象となる主体と負担の対象となる主体とが分離されている。したがって、ケインズ的な拡張政策のように、裁量のきく自由度の高い予算編成の場合には、受益と負担の分離された財政システムのもとで予算をできるだけ多く獲得することがその利益団体、地域、地方公共団体にとってメリットとなる。その結果、一定の予算の配分をめぐっての政治的な競争が過大となり、そこに投入される資源が国民経済全体にとってのコストになる。さらに、公共投資などの配分が経済的な合理性とは無縁の世界で決定されているために、資源配分上の非効率性も生じてしまう。」[105]

折にふれて、地方分権に関する改革が進められているが、根本的な改革には至っていない。

第5に、第3の要因を別の視点からブレークダウンするものとなるが、政策の体系が固定的な枠にはまり過ぎていることである。

ここでは、年齢、性別、世帯による枠組みについて簡単に触れてみたい。年金、医療制度の行き詰まりは、高齢者ほど社会的弱者、若い世代ほど社会的強者という前提からの転換がきちんとできていないこととも関連している。

図表10は、高齢者世帯と勤労者世帯との貯蓄額現在高分布を比較したものである。高齢者世帯は貯蓄面において勤労者世帯を上回っており、平均的には勤

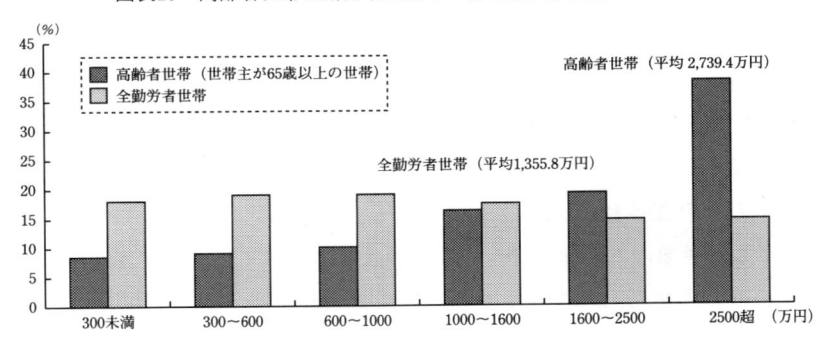

図表10　高齢者世帯と勤労者世帯との貯蓄額現在高分布の比較[106]

(出典)　総務省統計局『貯蓄動向調査（平成12年度）』

労者世帯の約2.0倍の貯蓄を保有している。世帯当たりの平均貯蓄金額（2000年）は，高齢者世帯貯蓄額は2,739万円となっているが，勤労者世帯貯蓄額は1,356万円である。

　こうした事例に鑑みれば，少子高齢化という時代の大きな流れにダイナミックに対応することができず，小手先の改革と数字の辻褄あわせに終始している政策立案そのものに問題がある。また，介護保険制度が導入されたが，従来から不満の多かった若い人への介護へは対応できない。65歳以上という枠にこだわり過ぎた制度設計そのものが限界に達していると言える。

　また，様々な制度改革によって高齢者がもっと働くようにインセンティブを与えて，社会の活力を与えるべきとの考え方もあるが，そうした政策誘導の効果がどれくらいあるのか検証することが重要である。

　山田篤裕慶應大学教授とバーナード・キャセイ LSE 教授が OECD において著わした論文 "Getting Older, Getting Poorer ? A Study of the Earnings, Pensions, Assets and Living Arrangements of Older People in Nine Countries —"（Labour Market and Social Policy Occasional Paper No. 60）は，過去に高齢者の雇用率が改善したことについては，早期退職を制限した年金改革ではなく，労働市場が活況だったことを主要な要因として見ている。

　この論文は，「過去2年か3年にいくつかの国々で高齢者の雇用割合の向上が若干見られるが，早期定年機会を封じて制限することを目指した公的年金スキームの改革に起因するものではないだろう。それらは，関係国の非常に活気づいた労働市場に起因するもので，持続的で好調な経済実績が『おこぼれ』をつくり，高齢労働者さえを含めた労働市場の需要の高まりに結びついた」[107]と分析している。

　もっともその背景として，「主要な論点として，収入は年齢とともに落ちていくが，引退年齢の人々が労働可能年齢の人々よりおそらく，本質的に裕福であるということを見出すことができる」[108]という指摘が行われている。社会保障制度の果実により高齢者が経済的に豊かな生活をしていることを直視し，今後の改革においては，年齢による線引きのあり方について議論を深めていく

必要がある。

　他方で，女性の社会進出を阻んでいる制度のあり方を問題視する声が日増しに高まっている。配偶者特別控除は，いわゆる内助の功を評価し，専業主婦のアンペイドワークを税制度において制度化したものであるが，女性の勤労を抑制する効果も有している。そこで，配偶者控除上乗せ分については廃止されることとなった。また，専業主婦の年金権も同様の意味合いを持っている。

　終身雇用制度，年功序列制度が大きく崩れ，女性の社会進出への必要性が高まっている今日，こうした政策体系は手詰まりの状況に直面している。夫婦がどのように役割分担をするかは，それぞれの世帯の自由であるが，諸制度が特定の家族形態に著しく有利，あるいは不利になることは，経済財政政策を遂行するに当たっては適当とは言えない。

4．競争力確保，福祉充実を両立させる財政政策の確立

(1) 裁量的財政政策に終止符を

　これまで述べてきたことをふまえて，活力ある福祉社会を維持していく視点を中心に新しい財政政策のあり方を論じてみたい。

　日本経済がこれからも半永久的にゼロ成長，マイナス成長を続けて行く可能性はそれほど高くないと思われるが，日本が世界でも最も急激に少子高齢化が進んでいる国であることを勘案すれば，先進国の中では経済成長が低い部類に属する傾向は続くだろう。

　日本の財政事情が極めて悪化していること，従来のケインズ主義的な景気浮揚策の効果が小さかったことを直視し，「財政再建か経済再建か」という二分論から脱却して，あくまでも財政再建を最優先に位置付けて，その上でいかにして経済社会の活力を最大限に引き出すかという姿勢で臨むべきである。そのためには，これまでの財政政策を根本から見直す必要がある。

　財政制度審議会から1996年に出された『財政構造改革を考える──明るい未来を子どもたちに──』は，財政の役割には，ビルト・イン・スタビライザー

機能と裁量的財政政策があることに触れ,「このビルト・イン・スタビライザー機能を超えてまで,積極的に財政が経済の安定のための役割を果たす裁量的財政政策を行うべきかどうかです。欧米諸国では,このような財政政策を行っている国は,無くなってきています」[109]と明言している。

まずは,ここでいう裁量的財政政策に終止符を打つことが不可欠である。財政再建路線が景気後退を招いたという指摘が本当に正しいのかどうか再考すべき時に来ているだろう。

財政再建が景気後退の大きな要因ではないと主張するエコノミストがいることも事実である。新保生二元経済企画庁審議官は,「財政政策がデフレ的に作用したことを否定するつもりはないが,消費税引き上げ,所得税減税停止,公共投資抑制などの財政措置が景気後退の主因だったとは思わない」[110]と結論づけている。そして,97年秋からの景気悪化の要因の3つとして,97年半ばからの金融機関の貸出態度の著しい厳格化,97年11月の大型金融機関の破綻による消費者の雇用不安の高まりと消費性向の著しい低下,これまでの景気の大きな下支えだった輸出の減少をあげている[111]。

また,同様の趣旨ではあるが,「しかし,こうした見解をアカデミックな検証に耐えうるレベルで,説得的に実証分析した研究は見当たらない。単に,1997年に公共投資の抑制や消費税・社会保険料の引き上げがあったという表面的な現象に注目して,財政再建策が景気後退の主犯であると断定しているにすぎない」[112]との井堀利宏の指摘も傾注に値する。

第二次石油ショックを契機に,1980年度は「財政再建元年」と位置づけられ,その後緊縮財政路線が続き,1987年度までゼロシーリング,マイナスシーリングが続くが,この間の経済成長率は極端に低いものではない。経常収支の黒字という国際的な批判が強かったために,その後,政府は積極財政路線に政策転換を図るが,シーリング時代の日本経済が極端に悪いものではなかったことを思い起こす必要があろう。

(2) 「財政再建か経済再建か」の二分論からの脱却を

しかし，経済が失速し，金融不安が加速する状況の中で，財政再建と経済再建を二者択一論が横行し，98年5月，「財政構造改革の推進に関する特別措置

図表11　財政構造改革法をめぐる動き[113]

1996年12月19日 「財政健全化目標について」を閣議決定 ・2005年度までのできるだけ早期に，財政赤字対GDP比8％以下及び特例公債脱却等 ・財政健全化の方策についての原則（歳出全般の聖域なき見直し等）
1997年3月18日 第4回財政構造改革会議で総理から「財政構造改革五原則」を提示 ・財政赤字対GDP比3％以下及び特例公債脱却は2003年度を目標とする旨明記 ・「集中改革期間」（1998—2000年度）における主要な経費について具体的な量的縮減目標を定める旨明記等
6月3日 第8回財政構造改革会議で「財政構造改革の推進方策」を決定 これを受けて「財政構造改革の推進について」を閣議決定
11月28日 「財政構造改革の推進に関する特別措置法」が成立 ・財政赤字対GDP比3％以下及び特例公債脱却は2003年を目標とする旨明記 ・「集中改革期間」における主要な経費（社会保障，公共投資等）の量的縮減目標を具体的に明記等
1998年5月29日 「財政構造改革の推進に関する特別措置法改正法」が成立 ・特例公債発行枠の弾力化を可能とする措置 ・財政健全化目標の達成年次を2005年度まで延長 ・11年度当初予算の社会保障関係費の量的縮減目標を「おおむね2％」から「極力抑制」とする
12月11日 「財政構造改革の推進に関する特別措置法停止法」が成立 ・財政構造改革法全体の施行を当分の間停止 ・停止解除の時期は，我が国経済が回復軌道に入った後に，経済・財政状況等を総合的に勘案して判断 ・停止解除に当たっては，停止後の経済・財政状況等を踏まえて，再施行のために必要な措置を講ずる旨規定

法改正法」が成立し、特例公債発行枠の弾力化を可能とする措置、財政健全化目標の達成年次を2005年度まで延長する措置などが盛り込まれた。さらに、同年12月には「財政構造改革の推進に関する特別措置法停止法」が成立し、経済が回復軌道に入るまで法律そのものを停止することとなった。図表11は、財政構造改革法を巡る動きについて、概括したものである。

財政構造改革法により、財政再建路線がいったんは確立したが、これが骨抜きになり、ついには凍結されてしまった経緯が明らかになる。財政構造改革法そのものに全く問題がないとは言えないが[114]、「経済再建か財政再建のどちらを選ぶのか」「経済再建をしている間は財政再建はできない」という"all or nothing"の発想がこうした無原則な政策転換につながっていくことが見てとれる。そこには、過去の財政政策の哲学・理念・発想を根本的に見直すこと、財政再建を達成しつつも何とかして経済社会の活力を引き出すこと等の柔軟かつ斬新な姿勢は見られない。

従来の日本の行政は右肩上がりのインクリメンタリズム（増分主義）を前提としており、そこから脱却ができていないことに今日の財政危機の根があると言えよう。「右肩上がりの所得拡大を前提にしていると、既に形成された既得権の構図を維持しながら、新しく配分される予算や政策のあり方だけを議論する体質ができてしまう。このため、政策あるいは事業としてすでにスタートした分の見直しについての意思決定が欠落し、新しい配分の獲得に向けた省庁間、部局間、業界間、地域間の競合だけが存在する結果となる」[115]との宮脇淳の指摘は、まさに日本の政策立案全体に共通する問題点を明らかにしている。

また、インフレ頼みで、財政再建を進めるという発想も安易にとるべきではないだろう。シカゴ大学のコクレーン教授などによる「物価水準決定の財政理論」（FTPL）によると、大量の国債残高があると、償還負担が将来の税収と均衡するように、自然と物価水準が上昇することとなり、緩やかなインフレは、国債管理政策に左右される部分が大きいとする見方がある[116]が、インフレの債務削減効果に懐疑的な考え方として、「なぜなら、インフレーションに

よる政府の実質債務の削減の効果は，新規発行される国債金利が上昇するために減殺されるからである」[117)]という指摘が説得力を持っている。

『平成13年版　経済財政白書』は，財政赤字を「循環的」部分と「構造的」部分とに区分しているが，景気が良くなってもなくならない構造的財政赤字は8割以上に達し，今後日本経済が潜在成長率に復帰して，循環的な赤字がなくなっても，抜本的な財政の構造改革がないと，GDP比で6割の構造的赤字が残るとの見通しを示している[118)]。

日本社会において急激な少子高齢化が進んでいることを考えれば，右肩上がりの時代の発想からの転換は急務であるし，またこれができないとすれば経済財政運営において少なからぬ弊害が生じることは必至となる。

また別の角度から論じれば，旧来の「福祉国家」型の財政からの脱却という発想が必要となる。「こうした福祉国家の誕生は，中央集権と規制強化の行政体質を形成し，同時に財政主導型の経済体質を生み出すことになる」[119)]「一方政治的な側面からみれば，福祉国家の台頭には，恐慌という危機的状況を背景とした大衆民主主義の形成，そして政策の執行機関である行政機関の権限と官僚体質の強化が密接な関係を持っている」[120)]という宮脇淳の指摘の通り，福祉国家は，経済的にも政治的にも大きな問題を残したものと言える。

わが国で財政改革が進まない理由として，①国民の民意と政治を支配する民意との乖離，②市場の圧力が弱い，③連立政権の先送り現象を指摘する見方があり[121)]，政治改革，経済改革も含めた抜本的な改革なくして，財政再建は進まないであろう。

(3) 産業擁護の福祉政策と本来の福祉政策との峻別を

日本での福祉国家や経済財政政策を巡る議論を見ていると，様々な論点が交じり合って，きちんと整理されないままに，論争が行われている場合が少なくない。

特に，産業政策と福祉政策の混同が見られる。ニュージーランドの改革について論じた際にも触れたが，日本はGDPに占める規制産業の比率が高いが，

歴代政府が古い産業を徒に守り過ぎてきたきらいがある。そして，そのことが福祉を増進させるものと受け取られている面があったことが否めない。

ドイツでは，ナチスの教訓もあって，戦後は統制経済を忌み嫌い，経済的規制の徹底した整理が行われた。そうした経済的規制を小さくしていく一方で，労働組合の経営参加の手法を着実に根付かせてきた。しかも，ドイツでは，社会民主党が度々政権についていることもあって，職場での労働時間の管理もきちんと行われている。管理職から現場の労働者まで，有給休暇の取得がほぼ完全に行われ，育児休暇や介護休暇も社会に定着している。このように，ドイツでは，経済的規制は極力減らして，時代の要請に古い産業を守ったり，市場から拒否された企業を温存するような政策は採用しなかった。他方で，勤労者の権利をしっかり守るというメリハリのある政策が行われている。

それは，スウェーデンについても同様のことが言える。同国の社民主義についても，産業育成・発展を通じて，完全雇用と高い所得を提供することがスウェーデン型福祉社会の前提である[122]。社民政治への信頼を醸成したものの中に，「協調を基線にした労働市場とそれと連動した産業構造の再編・転換」[123]をあげることができる。

長年にわたって政権についてきた自由民主党が経済的規制を増やしてきており，規制緩和等を含む構造改革にそれほど熱心でないことも，政策議論における複雑な様相を呈している。日本の場合は，ベクトルが全く逆になっている。勤労者の権利に関わる制度が未成熟で，労働組合の経営参加のルールが確立されていない反面，経済的な規制が多く残っており，古い産業・企業が過度に擁護されており，新産業育成のための施策が不十分である。

図表12[124]は，主要国の自営業者の増加数である。欧米諸国と比べて，日本がいかに自営業者が育っていないか，それどころか自営業者が減っているかが一目瞭然である。

福祉国家の活力の源は，新しい企業を中心に，民間企業がどれだけ育っているかが鍵となる。市場万能主義にはブレーキをかけ，公的部門やNPOを一層重視する社会を目指すにしても，新しい自営業者や民間企業が生まれてこない

図表12　自営業者数の増加を通じて見た欧米の新規企業の創出状況（1980年＝100）

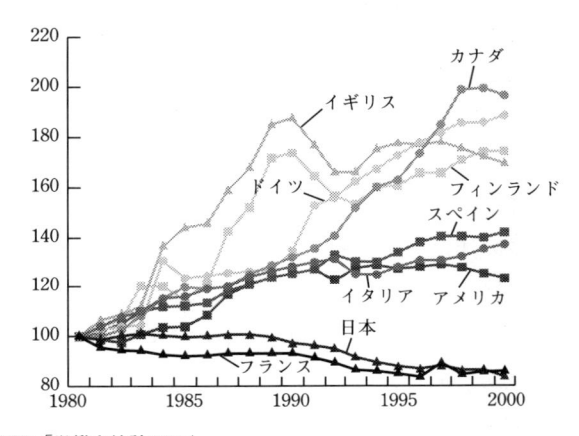

資料：OECD「労働力統計2000」
（注）　自営業者は Employers and persons working on own account と定義されている。

状況では，活気ある社会の確立はおぼつかない。

　「第三の道」の政策でも，起業支援を重視する立場をとっている。近年，日本でも様々な起業家・ベンチャー支援策が講じられているが，従来の枠を超える大胆な政策には結び付いていない。それどころか，「産業再生」の名のもとに，古い産業・大企業を守ることに重点が置かれているきらいがある。

　こうした議論の枠組みがあるため，規制緩和に取り組むことに及び腰になるし，多くの経済的規制を温存することが，勤労者に優しい政策になるとか，社民主義に近い政策につながるというおかしな論理になっていく。

　問題なのは，規制緩和が中途半端に行われており，その効果が不十分で，デメリットばかりが表に出ている段階で，規制緩和が大胆に行われた状況と同一視して，議論が行われていることである。

　規制緩和が十分進まなければ，失業者が出たという面ばかりが強調され，マイナスの評価だけが先行するおそれもある。本来，大胆に規制撤廃を行えば，新産業創造，新雇用創出などにおいて大きな成果が得られる可能性があるのに，それを中途半端にしか実現していない状況を判断して，規制緩和のデメリ

ットばかりを取り上げるのは問題だろう。

　議論が混乱しているのは，これまで政府が，低い失業率にかまけて，単に雇用が安定していること自体を「福祉そのもの」と位置付けてきたこととも関係している。だから，一時的に失業率が高くなったり，雇用が流動化したりすることにつながる政策，あるいはそのことを容認したりする政策を福祉の後退と結び付けることになりやすい。

　良く言えば，企業の活力を利用して，悪く言えば，企業に社会保障をおしつけてきたと表現できよう。エスピン・アンデルセンは「市場による福祉供給という点では，日本型レジームはアメリカの自由主義モデルにたいへん似ている」[125]と論じている。さらに，「アメリカと非常によく似ているのは，民間セクターによる福祉が大きい点である」[126]と述べている。

　福祉における民間セクターの比重が高いことが問題ではないし，この枠組みを維持していくことは賢明な選択と言えるが，特に大企業を中心とした職場任せの福祉は根本的に改めるべきである。いずれにせよ，終身雇用制度，年功序列制度が瓦解していく流れにおいては，こうした動きは必然的なものとなるだろう。

　したがって，長年大企業などに勤め，多くの退職金をもらえるようなサラリーマンを想定して政策体系をつくるような発想は，時代遅れというよりも，そもそも実態に合っていなかったと言える。現在ほど雇用の流動化は進んでいない時期でも，もともと中小企業に勤めるサラリーマンは転職率も高く，そのようなモデルとはかけ離れた生活を送っていたと言える[127]。その意味で，国民のほとんどが大企業社員や公務員であるかのような前提で政策を組み立ててきたことも考え直して，政策体系を組み替える必要があるだろう。

　企業に福祉を押しつけてきたからこそ，その企業が潰れてしまっては福祉が後退してしまうので，何が何でも企業を存続させるという政策がとられてきたと言える。こうした歪んだ政策体系を是正して，古い産業は淘汰し，新産業を育て，社会の活力，国全体の競争力を高めていく中で，国が責任をもって，個々の人間に対する福祉・雇用対策をしっかり講じていく制度に改めていくべ

きである。

(4) 「レーガン，サッチャー改革」と「第三の道」の同時達成を

　今後の日本の経済財政政策のあり方を語る際に，市場原理を徹底して重視するのか，そうした立場には否定的でもっと政府の適切な介入を是とする政策を選択するのか，こうした二分論にこだわり過ぎたり，この二つの道を徒に対立軸にすることは賢明ではないだろう。

　まず，先進諸国の中でも日本は経済，財政ともに最も厳しい状況に置かれていること，経済的な規制がまだまだ多いこと，少子高齢化が急速に進んでいること，自由貿易や市場開放を進めていかなければならない立場にあること等に鑑みれば，観念的なイデオロギー的な思考に溺れるのではなく，政治的リアリズムの立場に立って，大胆な改革を進めていくことが不可欠と言える。

　市場志向の構造改革を徹底して進めるという前提条件に立った上で，さらに自由で公正な市場を確立するという発想も必要だろう。そのためには，公正取引委員会の強化，日本版SECやFCCの創設なども急がねばならない。いずれにせよ，経済財政政策の実施においては，日本の競争力[128]を落とすような政策は絶対に回避しなくてはならない。福祉，医療，労働政策を実施するにおいても，それは至上命題である。経済社会の活力を維持することには最大の優先順位を置かなくてはならない。

　ギデンズが，「古典的社会民主主義者は，経済的安全保障と富の再分配に主たる関心を注ぎ，富の創出を二の次に回してきた。他方，新自由主義は，競争力の強化と富の創出に最大の力点を置く。第三の道の政治もまた，これら二つを大いに重視する」[129]と述べているように，いわゆる保守であれ，革新勢力であれ，国の経済をいかにして強化するかという視点がなければ，政権政党たる資格はないだろう。

　しかし，その一方で，福祉国家の核となる部分は，国家がしっかり責任をもって維持し，これを再構築しながら，充実していく必要がある。現実的な立場に立って，新しい時代の福祉に取り組んでいる「第三の道」の政策も大いに参

考とすべきである。

　日本においては,短期間で「レーガン,サッチャー改革」と「第三の道」的改革[130]を同時に実施するような基本姿勢が求められる。単なる数字合わせ,企業が繁栄するだけの活力,既得権益の擁護などを優先させる従来の政治を転換し,長期的な視点に立って,どんな経済財政運営をしようとしているのか,はっきり国民に示す必要がある。その際の負担,給付はどうなるのか,どうあるべきなのかを明確にすべきである。

　市場原理を最大限に生かして,その上で福祉国家をどのように再構築していくかという発想に立つべきだろう。

　「市場主義のダイナミズムは,伝統的な権力構造を掘り崩し,地域社会を解体する。新自由主義者は,気にする必要はないと市民に言いつつも,こうして新たなリスクと不確実性をつくりだす」[131]とギデンズは指摘しているが,単に市場を放任するではなく,そこにどのようなルールを組み合わせていけば,国民が最も自由で豊かな生活を送れるかという視点を重視すべきである。

　新しい福祉国家には,これまで軽視されてきた環境政策との調和という視点が不可欠である。佐和隆光は,次のように述べている。

　　「旧左派の最大の支持基盤である労働組合は,あくまでも生産者の側に立つがために,えてして環境よりも経済を優先しがちである。それゆえ,環境問題に熱心な市民団体と旧左派政党は,これまでは対立しこそすれ,共闘する契機を本来的に欠いていた。他方,新右派は,何のためらいもなく,市場原理主義を環境問題にも適用し,市場メカニズムの調整機能に委ねておけば,一切の環境問題は自動的に解決されるかのように言う。」[132]

　環境対策や地球環境保全を厄介なものとして扱うのではなく,これをばねにして,新産業,雇用創出につなげていくことが,新しい福祉国家のあり方と言えるだろう。すなわち,「社会保障・社会福祉についても,経済成長の成果の公平な分配による所得水準の継続的上昇の保障を目的とする制度・事業から,資源と環境の制約への配慮を優先しなければならない成熟した社会における『安心』の事業へと,基本的機能を転換することが求められている」[133]という正村

公宏が主張する発想で，環境問題に正面から立ち向かう福祉国家のあり方が問われていると言える。

ギデンズは，まず「その発展を英国におけるエリザベス時代の救貧法に起源を見出すことができる福祉国家は，基本的にリスクマネジメントシステムである」[134]との前提を置いた上で，新しい時代が直面するリスクとして，「つくられたリスク」(manufactured risk) に着目している。ギデンズは，「つくられたリスクは私たちが歴史的経験としてほとんど直面したことのないリスク状況である。地球温暖化と結び付いているような大部分の環境のリスクは，このカテゴリーに区分される」[135]と指摘している。

ギデンズは，「われわれの時代は，以前の世代ほど危険やリスクに満ちているわけではないが，リスクと危険のバランスが変化した。われわれは，自らがつくり出した危険が，外側から来ている危険と同様，あるいはそれ以上に脅威のある世界に生きている」[136]と述べ，「つくられたリスクが広がるにつれて，各国政府はそれを管理するのは自分たちの仕事ではないとは主張できない。そして，新しいスタイルのリスクは国境と関係のないものはほとんどないから，各国政府は協力する必要がある」[137]と強調している。

なお，ギデンズは，科学に敵対的な姿勢をとる思想的，宗教的な動きには否定的であり，「グローバル時代に生きることは新しいリスクの状況の多様性に対処することを意味する。科学的革新や他の変化を支持することにおいては，われわれは極めて頻繁に慎重であるよりも，大胆であることを必要とする」[138]として，グローバル化に真っ向から反対したり，科学の発展を全面的に否認するような態度とは一線を画している。

グローバリゼーションという流れの中で，福祉国家を運営していくためには，一国だけでの対応では不可能であり，国際協調によって新しいリスクをいかに克服していくかという視点が重要な意味を持つと言える。

新時代の福祉国家は，新しいリスクに機動的に柔軟に対応できる政府を必要とする。たとえば，ギデンズが強調する「つくられたリスク」の一例として，BSE（狂牛病）に見られるような食の安全の問題をあげることができるが，

旧来の枠を脱し切れなかった農水省の対応はお粗末そのものだった。国際金融，情報通信の発達によっても，人々は大きな恩恵を得る一方，これらに起因する様々なトラブルに直面していることも事実である。時代の変化の流れとともにつくられる新しいリスクに迅速に対処することがかつてないほど強く求められている。

(5) 「福祉ミックス論」は重要だが，国家軽視論は非現実的

　福祉国家の危機や限界とも関連して，国家の解体論や役割を軽視する潮流が一部に存在することは事実である。旧左翼の思想を引きずった反国家的な立場，NPOや地方分権を徹底して重視する立場，伝統的な保守主義に立つ立場などにそうした傾向が見られる。

　日本の福祉政策を振り返ってみると，1970年代初頭までは，若い世代の比率が高く，福祉の担い手となる企業にも勢いがあり，農村などを中心に家族のつながりも強かった時期があり，国民が高い社会保障負担を強いられずに，高い福祉を受けることが可能であった。

　しかし，その後，石油危機等による経済成長の減速など社会状況の変化に直面し，医学や栄養条件が良くなり，平均寿命が高くなり，長寿社会を迎える一方，国民医療費が急増し，社会全体が重い負担を背負うこととなった。国などの行政機関が一元的にコントロールする福祉サービスが限界に突き当たっていることは事実である。

　こうした状況から，福祉多元主義や福祉ミックス論が生まれてくることは至極当然と言える。すなわち，市場を中心としたもの，国家を中心としたもの，地域住民を中心としたもの，それぞれが三位一体となって，全体として社会を支え，無駄の少ない，きめ細かな要求にこたえる福祉を供給し，急増する社会保障費を抑制するというメリットも持った福祉ミックス論は，説得力のある考え方ではある。

　しかし，日本では，単に税金や社会保険料を払うことに抵抗するだけの動きがあったり，社会保障についての国民的な論議がきちんと行われてこなかった

経緯もあり，うわべだけのバランス論に陥っているきらいもないわけではない。

　急激に少子高齢化が進み，多くの問題を抱える日本社会においは，多元主義福祉論，福祉ミックス論を基本に据える以外に選択の余地はないだろう。他の先進国においても，福祉における多元主義が模索されており，日本特有の現象と言えるものでもない。NPOをはじめとする市民的な運動，地方分権の確立なども考慮すれば，福祉ミックス論は新しい時代にふさわしいものと言える。

　特に，税金を払って全部行政に裁量権を与えるのではなく，税金の優遇措置を使って，本来払うべき税金をNPOなどの非営利法人に寄付する仕組みを拡大していくことが，新しい時代の財政政策の要であるとも言える。「民間か政府か」という選択肢を前提とした混合経済論が優勢だった時期もあるが，民間部門，行政部門，NPOをいかに組み合わせていくかという視点が，経済財政運営上，重要になってきている。

　日本について言えば，まだまだ非営利団体の活動やこれらの組織に対する寄付の拡大の余地がある。経済団体が「1％クラブ」という言葉を使って，寄付などを通じて社会貢献しようとする動きがあるが，たったの1％では不十分だとの受けとめ方もできる。その背景として，税制上の問題点を指摘する意見が多い。米国と比較すると，日本の企業の非営利法人への寄付はあまりにも少ない。1996年度GMは財団に94億円の寄付をしているが，日本のある財閥系財団についての助成は97年度でわずか4.7億円にとどまっている[139]との実例がある。

　他方で，準行政組織に課税権を与えて，まちづくりなどを進める方策も検討に値しよう。米国の一部の地域では，商店街の活性化，ダウンタウンの美化・治安維持を含めたハード・ソフト両面における環境を整備し，経済産業基盤を強化し，雇用を創出するためにDID（Downtown Improvement District）という手法が広がっている[140]。

　とはいえ，中途半端な論議にとどまったり，曖昧な政策体系をつくってしまうと，誰もが日本の福祉に対して責任を持たなくなるという危険性にもつなが

る。福祉ミックス論そのものに問題があるわけではないが，これを口実に福祉国家を安易に解体してしまおうとする動機が背後にあることには注意しなけらばならない。

ギデンズは，「圧倒的な国家権力から個人を守ってくれるのは，健全な市民社会なのである。とはいえ，一部の人が軽々しく思い描くように，市民社会は秩序や調和を湧出する泉ではない。コミュニティーの再生は，固有の問題と緊張関係を生み出す」[141)]と述べている。ラディカルな思想を伴った過剰な権利の主張が社会生活の安全・安定を脅かす危険性もあるし，反科学・反技術主義，環境主義，地域閉鎖主義などの動き，動物実験の一切の禁止，妊娠中絶絶対反対の立場のような過激な市民運動も見られる[142)]。

また，ギデンズは，「政府はまた，市民社会につきものの利害対立から個人を保護しなけらばならない。市民社会が政府を呑み込んでしまうということはあり得ない」[143)]と現実的な立場に立って，市民社会に対する過度な幻想を抱くことを戒めている。ギデンズは，「ポジティブ・ウェルフェアとしての福祉給付に関しては，政府単独ではなく，企業をはじめとする非政府組織（NGO）と連携して活動する政府によって，その資金源が担保され，配分される」[144)]と述べており，決してNPOを軽視しているわけではないし，最大の期待をしていることも事実なのである。

今後，中央集権型の行政を変えていくこと，官僚主導の仕組みを変えていくことは重要だが，そのことが国家と国民（市民）を対立させるような思考に短絡的に結びつくのは問題と言えるだろう。NPOや市民団体がそう主張するのは構わないが，政府，政権にある党もしくは政権を目指す政党が反国家的な立場に立つなら，国民多数からの信頼は得られないだろう。福祉国家という根幹をしっかり維持するためにも，政治家や行政に携わる者は，安易な国家解体論には与すべきではない。

「非営利としてのNPOは，福祉の実現を目的として，重要な役割を果たしているが，あくまでもボランティアによるものであるから，制度体ではない。かくして家族の機能喪失を埋めるものは，国家のほかには存在しない」[145)]と

いう富永健一が強調する福祉国家の基本をしっかり見極めるべきであろう。カリフォルニア州の福祉系NPOの中には，予算収入に占める政府助成金の割合が60％，90％を占めるケースもある[146]が，政府がしっかり助成をすることでNPOの役割が一層高まる事例であり，政府とは全く別の次元でNPOが存在するものではないことが確信できる。とはいえ，日本の公益法人等に関連して，高級官僚が天下ったり，補助金をめぐって行政と癒着が生じたりしている反省をふまえ，官が恣意的にNPOに影響力を行使することのないような配慮がなくてはならない。

　行財政改革を断行して，小さな政府を志向することは時代の流れに即していると言えるが，政府がしっかり優先順位をつけて，限られた予算の枠内で，国が最低限やるべき社会保障・福祉政策に責任をもって取り組んでいくべきである。

　ギデンズが「福祉国家をめぐる問題は，たんに誰が金を払い，誰が得をし，誰が損をするのかということだけではなく，安心感とリスクのバランスを――リスクの本質が変わりはじめている世界の中で――どのように保つべきかということでもあるのです」[147]と指摘しているように，目先の損得勘定だけではなく，どんな形での福祉を実現し，どのようにその負担を国民が分かち合うかを議論すべきであろう。

　また，今後は国民の間で権利関係が複雑になってくることに鑑み，単に行政だけではなく，司法制度も新しい時代に対応したものに組み替えていく必要がある。日本が米国のような訴訟の多い社会になるかどうかは確かではないが，国民が司法に関わる様々なリスクに直面する可能性が増えることは間違いないだろう。その意味で，新しい福祉国家においては，単に行政府のあり方を論じるだけではなく，司法制度も大きな鍵を握ると言える。法曹人口の拡大，国民の司法参加，行政訴訟改革，司法アクセスの改善，被害者救済，裁判の適正・迅速化などの課題についても早急に結論を出すべきである。

(6) 「モラルハザード防止」「国民のやる気を引き出すこと」にも重点を

　今後，福祉国家を運営していく上で，モラルハザードの防止や国民のやる気を引き出すことに留意して，政策を展開していく必要がある。高い経済成長や税収増が望めず，効率的・重点的な施策を実施しなければならない状況においては，ばらまき福祉ややる気のない人ほど恩恵を受けるような政策を回避することが不可欠である。

　英国労働党などの「第三の道」がそうした視点にかなり力点を置いていることは注目すべきであり，日本においてもこうした切り口を一層重視していく必要がある。

　ギデンズは，「指針とすべきなのは，生計費を直接支給するのではなくて，できる限り人的資本（human capital）に投資することである。私たちは，福祉国家のかわりに，ポジティブ・ウェルフェア社会という文脈の中で機能する社会投資国家（social investment state）を構想しなければならない」[148]と述べているが，ここに従来型の施し型福祉との違いがはっきり見て取れる。

　スウェーデンや英国などでは，社民主義政党の政府による年金改革等が実施されている。日本では，甘い面だけを評価するような見方が少なくないが，これらの施策は国民の勤労意欲を高めたり，やる気のない人にはそれなりのものしか与えないという厳しい面も大いに参考になる。

　スウェーデンでは，1999年に年金改正が行われている。基礎年金の上に所得比例年金を積み上げるという従来の二階建て構造を，所得比例型に一本化し，低所得者に対しては新設の最低保障年金によって，国が支給額を補助する方式に変更になった。拠出と給付の結びつきが強化され，現役世代の働く意欲を引き出す制度となった。

　また，65歳だった支給開始年齢について，61歳以降なら個人が自由に設定できるように改正された。65歳支給開始年齢の年金額は100％，61歳では71％，70歳開始では158％となっている。年金がエイジフリーの制度になったわけだが，働けるうちは，できるだけ働いてもらおうというインセンティブを盛り込んだ制度と言える。保険料も全国民一律に賃金の18.5％と定められ，過剰な平

等主義は是正されている。

　英国労働党政権によっても年金改革が実現した。ブレア政権は,「老後への備えを自力で行える者は自分でなすべき」「公的年金は自分で備えをできない人に対して与えるべき」との基本原則に立って,報酬比例年金を廃止し,「国営第二年金」を設置した。低所得者に現在の2倍水準の年金を与える一方,中・高所得者に対しては支給率を半分にした。しかし,「ステークホルダー年金」と呼ばれる使い勝手のよい新型私的年金を用意している。政府が年金の枠組みや最低基準を設定し,民間部門が運営を行うという仕組みである。

　「第三の道」は,ある程度の格差も是認する傾向にある。ドイツでも,社会民主党の基本価値委員会が,自由な選択による同等条件下の結果として全体の福祉に増進するような「不平等」は,「公正な不平等」という概念によって制限的であれ,活性化や競争力強化のための「不平等」を容認するようになった。

　レーガン,サッチャー改革が強調したように,これからの福祉政策においては,「怠け者はケアしない」「働く気があるなら支援する」と言った視点を重視すべきである。これはブレア政権などにも引き継がれている。雇用政策においては,ワークフェアという考え方を積極的に取り入れていくべきである。ワークフェアは,1960年代以降,就労可能な者が公的扶助を受ける条件として労働に従事する制度を指し,受給者を抑制するために労働を課すべきとの考え方の強い米国で普及した[149]。

　雇用政策においては,「雇用を守る政策」よりも「雇用をつくる政策」に重点を移していくべきである。たとえば,雇用調整助成金などのような制度は徹底して切り込んでいく必要がある。雇用調整助成金は,不況によって一時的に余剰人員を抱えた企業を助け,景気が回復して人材が必要になるまで雇用を確保させることを目的としているが,このような発想は現在の経済状況にはそぐわないものとなっているし,こうした制度は衰退産業・企業を延命させるものという批判が強まっている。

　一般に,社会の平等と経済の効率性の間にはトレードオフの関係にあるが,

あまりにも福祉政策を手厚くすると，どちらにもマイナスに働くという見方もある。

これについては，Radim Bohacek (2002) による，計量的なシミュレーションを行って，精緻に検証した論文"The Efficiency-Equality Tradeoff in Welfare State Economies"がある。「この論文は，閉鎖経済における一般均衡モデルにおける異なるレベルの社会保険が効率性と資源の分配に及ぼす影響を研究するもので，異種の行為者とモラルハザードを盛り込んでいる」[150]と冒頭で説明が行われている。そして，「福祉国家をとっている経済と関連付けられる効率性と平等とのトレードオフは成り立たないことを示す」[151]と目的を説明している。

この論文においては，福祉がどれだけ充実しているかの指標として，失業給付が平均所得の何％に当たるかという数値を使用している。失業の最初の1年間の失業給付について見ると，OECD諸国の中では，欧州諸国がこの数値が高く，欧州以外の国ではこの数値が低い傾向になっている。具体的な国をあげていくと，米国は個人だと29％，世帯だと31％，日本は個人だと29％，世帯だと31％，英国は個人だと41％，世帯だと70％，ドイツは個人だと45％，世帯だと50％，スウェーデンは個人だと96％，世帯だと96％という数字が示されている[152]。この数値で見ると，日本は高いレベルの福祉国家ではないし，スウェーデンは高いレベルの福祉国家ということになる。

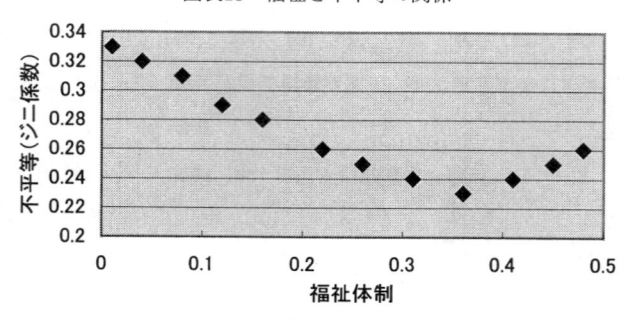

図表13　福祉と不平等の関係

図表13「福祉と不平等の関係」[153]は，この論文で示されたデータを使って，作成してみたものである。経済モデルにおける福祉体制と不平等（ジニ係数）との関係を示したものである。福祉体制は，平均的な消費の何％が最低保障されるかという指標によって定義されている。

「主な結果は，不平等さは社会保険の度合いに応じて単一的に下がるわけではないことである。ジニ係数は，低福祉体制の0.33から平均消費の36％を保障する中福祉体制で0.23まで下がる。その後，ジニ係数は高福祉体制で0.26まで上がる」[154]という興味深いシミュレーションが示されている。なお，効率性については，福祉体制が強化されるにしたがって下降の一途をたどる。したがって，福祉国家における保障が高くなり過ぎると，効率性が落ちるだけでなく，不平等さも増していき，一兎も二兎も追えずという結果になる。

高福祉になると，却って不平等になってしまうことについては以下のような説明がなされている。「最終的に，最も寛大な福祉体制においては不平等さが増す。なぜなら，ほとんど全ての行為者は，最低限保障される消費によって限定される実益を受ける資格があるため，一層低い境界線の近くに集中するからである。他方で，生産性の成果における風変わりな幸運によって豊かになる者もいるからである」[155]との記述がなされている。

詳細には触れないが，最後に結論部分について見てみよう。「この要点は，福祉国家の改革を評価するための重要な結論を有している。たとえば，フリーマン，トペル，スウェーデンボルグ（1977）が『大いなるスウェーデンの福祉国家は貧困を除去するために必要だったものを超えてしまった』そして，1990年代のスウェーデンの危機への解決策に『福祉国家を小さくすることを必要とした』と結論づけている」[156]として，スウェーデンで行われた福祉改革が正当化されている。

また，「シュミレーションされた経済は，平均消費の25～35％の間に最低保障する消費を定めれば，効率性のロスと不平等との間に合理的な妥協点となることを示している」[157]「最終的に，最も寛大な社会保険をこのレベルまでに下げることが経済の効率性の大きな改善にもなると思われる」[158]として，結論

的には，あまりにも寛大な福祉国家をつくることを戒めている。

　第二次世界大戦後，一貫して福祉政策を拡大してきた先進諸国が今，福祉政策の再構築を迫られている状況を理論づける意義ある論文と言える。ここでは失業給付の水準だけで福祉国家の度合を定めているが，実際の政策判断に際しては，さらに年金，医療，介護なども含めた社会保障政策が経済の効率性，所得や資産の分布にいかなる影響を与えるかを考慮すべきことは当然のことと言えよう。

　一例として，英国労働党のブレア首相は，一人親が手当に依存せず，働けるように手助けすることを基本に立ち，労働党から47人の造反者を出しつつも，歳出制限を守る視点からも，一人親世帯への手当てを削減する法案の成立を断行している[159]。

　日本においても，今後，福祉国家を運営していく上で，モラルハザードにつながるような寛大な施策は慎むべきである。国が基礎的な社会保障には今以上に責任をもって取り組むべきであるが，税金や社会保険料を敢えて払わないような人たち（フリーライダー）が恩恵をこうむるような仕組みだけはつくらないようにすべきである。

小　　結

　日本の福祉国家としての財政問題について論じることが主たる目的であるが，先進諸国の取り組み，レーガン，サッチャー改革等についても，かなりの部分を割いた。日本の財政問題は，日本特有の問題であると同時に，先進諸国共通の課題の中でとらえるべき側面も大きいと考えられるからである。

　日本をはじめとする多くの先進諸国は，人口高齢化，福祉の重圧に直面しており，経済財政政策上，福祉政策の根幹は守りつつ，いかに活力ある高齢化社会を維持していくかという取り組みが重要な位置を占めている。そうした基本的姿勢に立って，先進諸国全体では財政出動から構造改革へのシフトが進んでいる。

こうした動きは，レーガン，サッチャー改革によって緒についた流れとも大きく関わっている。レーガン，サッチャー改革の根底には，福祉国家に反対する思想的なバックボーンがあるが，現実にこれら政権が実施した政策は，福祉国家そのものを解体したわけでもなく，現実的，漸進的な福祉制度の再構築を進めたと言った方が正確である。ニュージーランドでは社民勢力たる労働党によって市場志向の改革が始められたことからも，単にイデオロギーによるものだけではなく，経済，財政状況に対するリアリズムを見出すことができる。

　こうした事実に鑑みれば，レーガン，サッチャー改革は，「イズム」としてとらえることもできるが，先進諸国の共通課題への取り組みの中でとらえる見方，特定の先進国が辿るべき通過点とする見方など多面的なとらえ方が可能である。英ブレア政権，米クリントン政権もレーガン，サッチャー改革の基礎的な方向を継承し，中道路線をとることによって，現実的な改革路線を歩んできた。

　日本に目を転じると，フロー，ストック両面で最悪の財政事情に陥り，経済の長期低迷が続いている。他の先進国が本気で取り組んだ構造改革を棚上げし，効果なき大型景気対策を乱発するという悪循環に陥っている。日本では，世界にも類を見ない少子高齢化が進展しており，過去の手法と政策を踏襲するだけでは，事態はますます悪化するのは当然と言える。

　政府として最低限の財政規律を確保することは当然であり，まず裁量的財政政策に終止符を打つことが求められる。特に，「財政再建か経済再建か」の二分論からの脱却が不可欠である。

　近年，レーガン，サッチャー改革を真正面から否定する意見が目立つが，日本のように，こうした改革が十分実現されていない場で，かかる結論を下すのは拙速と言える。かつてのニュージーランドのように経済的規制比率の高い日本においては，レーガン，サッチャー流の改革は避けて通れないものと言える。他方で，「第三の道」についても参考とすべき点が少なくない。結論から言えば，日本にとっては，レーガン，サッチャー流の改革と「第三の道」的改革を同時達成することが求められている。したがって，新自由主義的な改革を

否定して，古い形での社民主義を掲げることは，現実離れしていると言える。また，英国のような大きな貧富の差こそ二大政党の温床との指摘[160]もあり，貧富の差がそれほど大きくない日本で社民主義に基づく政策を全面的に展開するのは難しい面もある。

もちろん，「第三の道」に関しては，それほど実態のあるものではないとの批判があることも事実である。「『第三の道』という言葉自体は目新しいものではなく，時代や時期，立場によって，『資本主義と社会主義の中間』『社会民主主義と新自由主義の間』など，様々な意味合いで用いられてきた」[161]というとらえ方も決して間違いとは言えない。また，英国労働左派から示されているような，首尾一貫した思想ではない，柔軟なレトリックやキャッチフレーズである等々との批判[162]がそれなりに核心をついていることも事実である。とは言え，イデオロギーが曖昧なものとなり，不透明な時代の中では，英国労働党やドイツ社民党が保守勢力とは異なる切り口を模索しつつ，現実的な政策をとって，政権を維持している姿勢は大いに評価して良いのではないか。

近年，欧州で軒並み社民政党が選挙で敗北した原因として，高福祉・高負担の福祉政策，グローバル化に対応した経済構造改革に消極的であった[163]との指摘もあり，いわゆる保守主義に立つにせよ，社民主義に立つにせよ，構造改革を否定するような経済政策を持っている政党が，政権政党となるのは困難であろう。

他方で，日本は徒に米国流の市場万能の社会を志向するのではなく，もっと人間の顔をした欧州の資本主義を目指すべきとの意見も根強い。確かに，「米欧の対立の基軸は，同じ資本主義の中でも，市場原理のあくなき貫徹をより重視するか，それとも福祉充実による社会の安定をより重視するか，という対立である」[164]ことはそれなりに真実である。

とはいえ，日本はEUの加盟国でもないし，そうした米欧の対立に与していける立場にあるのかどうかはもう少し慎重に論議していく必要があるだろう。環境政策，労働雇用政策等で欧州諸国から参考にすべき点は少ないと言える。その意味では，欧州の様々な諸制度やその背景となっている理念，思想を学ぶ

ことは無益ではないだろう。しかし,「米国が間違っていて,欧州が正しい」と一方的にどちらかに加担するような姿勢で政策論を議論していくことは現実的ではないと言える。

また,市場原理だけの米国社会を日本の目指すべきモデルとすべきでないとの意見も少し短絡的な面があると言える。確かに,経済だけの視点でとらえると,米国は外見上,「市場万能」「弱肉強食社会」に見える。しかし,日本以上にサブシステムが発達していることを忘れてはならない。健全なコミュニティー,NPOの層の厚さは,日本を遙かに凌駕している。独占禁止政策,証券市場政策等では,日本以上に厳しいルールが確立していると言える。少数民族,女性,障害者などに対するきめ細かな政策も散見される。直接金融市場が発達して,ベンチャー企業を起こしやすい環境にあるし,事業に失敗してもやり直しができる土壌もある。見方によっては,日本の方が米国以上の「弱肉強食」社会とも言える。環境,安全,公正なルール確立等,今まで以上に規制を強化していくべき分野もあると言える。

社会保障政策の今後に関しては,財政上の制約も一つの要因であるが,「福祉ミックス論」に立脚して,政策を展開していくことが現実的な選択と言える。その際には,NPOを一層活用していくことが不可欠である。今しがた述べたこととも重なるが,層の厚いサブシステムを確立していくことに全力を尽くしていく必要がある。福祉,教育,政策立案,市場原理の弊害の除去などにおいて,今後,NPOをはじめとする非営利セクターはますます大きな影響を果たしていくことになろう。

とはいえ,国家解体論や国家不要論は非現実的と言わざるを得ない。福祉国家の再構築は重要課題であるが,政府が中心的な役割を担うという基本からはずれてしまっては,責任ある福祉社会の運営は不可能となってしまう。ただ,かつてのように行政府だけのあり方を論じるだけでは不十分と言える。国民の間での権利関係が複雑になっている現代社会においては,時宜に応じた司法制度改革がなくては,新しいリスクに対応することは困難である。

経済がボーダレス化し,激しい国際競争が行われている今日のような厳しい

時代においては，財政政策，福祉政策に取り組むにあたっても，社会の活力や産業競争力を損なうことのないような視点が最優先されなければならない。そのためには，福祉政策を実施するに際しても，モラルハザードの防止や国民のやる気を引き出すことに通じるような施策が不可欠である。英国のブレア労働党政権が重視している国民のスキル不足克服等の施策が最優先されるべきだろう。

ギデンズが強調するように，右派，左派の区分が消滅したわけではなく，不平等や市場型社会の限界等に対する考え方に相違がある一方，他方で，エコロジーの問題のように右派，左派にまたがる問題もある[165]。その意味で，イデオロギーや政治思想に基づいた政策論争を行うことは無意味なことではない。

しかし，国際的な流れをしっかりと見極め，日本の経済財政が世界的に見て，他の先進国に比較して，どのような問題点を抱えているかという視点を最も重視して，今後の経済財政政策のあり方を問い詰めていくべきだと考える。

そうした側面を軽視して，情緒的に「弱肉強食社会に反対する」「米英流の市場万能主義は問題だ」というような表看板を立てて，構造改革に否定的な態度をとるのは，日本を取り巻く国際情勢や産業競争力の向上などを軽視することにつながりかねないものである。

終身雇用制度一つとっても，第二次世界大戦後に定着したものであって，戦前のサラリーマンの多くが転職を繰り返していたと言われる。こうした事例もあり，「日本の風土」とか「日本人のメンタリティー」といったものにとらわれ過ぎて議論をすることには慎重でなければならないと考える。むしろ新しい日本にふさわしいサブシステムをつくり，市場と組み合わせて，自由で公正な最適の社会をつくるという発想が重要になるだろう。もちろん，急激な社会変動に対する緊急的な措置を全面的に否定するものではないが。

この章においては，財政政策を巡る骨太の議論からはみ出さないように，敢えて税制改革，地方分権，社会保障，労働雇用等に関わる各制度には深入りしなかった。必ずしも，きれいに割り切れるような論点や方向性を示せたわけではないが，近年，あまりにも各論に入りすぎて，瑣末な論議に終始している政

治家，政党，研究者などの論議に一石を投じ，日本の今後の経済財政政策，社会保障政策を考える際の参考となれば幸いである。

注

1) ピアソン，クリストファー，田中浩・神谷直樹訳（1996）『曲がり角にきた福祉国家』，未来社，337頁。
2) ピアソン，前掲著，337頁。
3) OECD（2000），阿部敦訳『OECD諸国・活力ある高齢化への挑戦』，ミネルヴァ書房，3頁。
4) OECD，前掲著，29頁。
5) OECD，前掲著，14頁。
6) 『8ヵ国デンヴァー・サミットコミュニケ』（1997），6月22日，外務省webサイトより。
7) Dixon, John (1999) *Social Security in Global Perspective*, Praeger Publishers, Westport, p. 271.
8) *Ibid.*
9) ピアソン，クリストファー，前掲著，412頁。
10) Dixon, *op. cit.*, pp. 265-266.
11) *Ibid.*, p. 266.
12) 田島哲也（2001）『世界経済読本』大学教育出版，204-206頁。
13) クラウディングアウトとは，財政資金需要と民間資金需要の合計したものが民間貯蓄よりも大きい場合，財政資金と民間資金の間で資金の奪い合いが生じ，金利が上昇して，それによって利益が出ない民間の資金がはじき出されることを指す。
14) 「G7首脳声明」（2001），7月20日，外務省webサイトより。
15) 「構造改革，自由貿易及び国際的な経済協力の強化を通じ」との部分は，英文では，"through structural reform, free trade and strengthened international economic co-operation" となっている。
16) 第一勧銀総合研究所（2001）『世界の経済・財政改革』，東洋経済新報社，3-8頁。
17) 総務省統計局の統計センターwebサイトの「2-2 世界の人口・年齢構成の推移」「4-2 国内総生産の実質成長率」のデータをもとに作成。
18) 総務省統計局の統計センターwebサイトの「2-2 世界の人口・年齢構成の推移」「4-2 国内総生産の実質成長率」のデータをもとに作成。
19) ここで示されているR^2は，相関係数Rを二乗したもので決定係数。

20) 富永健一（2001）『社会変動の中の福祉国家』，中公新書，128頁。
21) 岡本英男（2001）「アメリカにおける福祉国家財政の再編」『社会保障と財政』，日本財政法学会編，龍星出版，41頁。
22) The Central Intelligence Agency の web サイトにおける "The World Factbook2001" のデータをもとに作成。英国は1991年，スウェーデンは1992年，日本と韓国は1993年，イタリアとフランスは1995年，米国は1997年の数字。
23) The Central Intelligence Agency の web サイトにおける "The World Factbook2001" のデータをもとに作成。英国は1991年，スウェーデンは1992年，日本と韓国は1993年，イタリアとフランスは1995年，米国は1997年の数字。
24) World Development Indicators 2002 (The World Bank) と総務省統計局統計センター web サイトの「4-2 国内総生産の実質成長率」のデータをもとに作成。ジニ係数は，米国は1997年，日本は1993年，ドイツは1994年，英国，フランス，イタリアは1995年，韓国は1993年，スウェーデンは1992年。
25) ジニ係数とは，所得や資産分布の不平等度を示す指標である。x 軸に全人口に占める所得者数の割合をとり，y 軸に全所得額あるいは全資産額中に占めるその人口の所得あるいは資産額の割合をとってグラフを描くと，$y = x$ の直線の右下にローレンツ曲線が描かれる。この直線とローレンツ曲線によって囲まれる面積を分子とし，この直線と x 軸，y 軸を辺とする三角形の面積を分母とした数字をジニ係数と呼ぶ。もし，全員が同じ所得ないし資産を保有している場合はジニ係数は 0 となり，ジニ係数が 1 に近づくほど不平等度が強まることとなる。
26) 第一勧銀総合研究所，前掲書，3-4頁。
27) 『朝日新聞』（1987），10月27日付。
28) 第一勧銀総合研究所，前掲書，96頁。
29) Pechman, A. Joseph (1998) "Introduction", *World Tax Reform — A Progress Report —*, Pechman, A. Joseph. ed., The Brooking Institution, Washington, D. C, p. 13.
30) Ishi, Hiromitsu (1989) *The Japanese Tax System : Second Edition*, Clarendon Press, Oxford, p. ⅱ.
31) 井堀利宏，土居丈朗（2001）『財政読本』（第6版），東洋経済新報社，22-25頁。
32) Sykes, Lee Patricia (2000) *Presidents and Prime Ministers : Conviction Politics in the Anglo-American Tradition*, University Press of Kansas, Lawrence, pp. 116-117.
33) *Ibid*., p. 117.
34) 阿部斉（1986）『アメリカ現代政治〔第2版〕』，東京大学出版協会，166頁。
35) 阿部斉，前掲著，177頁。

36) 阿部斉，前掲書，187頁。
37) 黒岩徹（1998）『指導者達の現代史　イギリス現代政治の軌跡』，丸善ライブラリー，178頁。
38) 黒岩徹，前掲書，166頁。
39) Holmes, Martin (1989) *Thatcherism*, Macmillan, London, p. 14.
40) ピアソン，クリストファー，前掲書，97-98頁。
41) ギデンズ，アンソニー，佐和隆光訳（1999）『第三の道』，日本経済新聞社，34頁。
42) 阿部斉，前掲書，181頁。
43) 阿部斉，前掲書，181頁。
44) 阿部斉，前掲書，227頁。
45) Milkis, M. Sidney and Nelson, Michael (1999) *American Presidency*, Congressional Quarterly, Incorporated, Washington, D. C., p. 341.
46) *Ibid*.
47) *Ibid*.
48) 阿部斉，前掲書，225頁。
49) 豊永郁子（1998）『サッチャリズムの世紀』，創文社，3頁。
50) 豊永郁子，前掲書，3-4頁。
51) Minogue, Kenneth and Biddiss, Michael. ed. (1987) *Thatcherism*, Macmillan, London, p. 1.
52) ピアソン，クリストファー，前掲書，315頁。
53) ピアソン，クリストファー，前掲書，315頁。
54) ピアソン，クリストファー，前掲書，315-316頁。
55) ピアソン，クリストファー，前掲書，292頁。
56) 山田宏，中田宏，長浜博行（1996）『ニュージーランド行革物語』，PHP研究所，34頁。
57) 山田宏，中田宏，長浜博行，前掲書，35-36頁。
58) OECD (1992) *Regulatory Management and Reform Series No. 1, Public Management Occasional Papers*, Paris, p. 15.
59) 『規制緩和白書』（2000年），126頁。
60) 伊地知淳（1995）「政府規制分野等のウェイト試算」『公正取引』，No. 539, 48頁。
61) Clifford Winston (1993) "Economic Deregulation: Days of Reckoning for Microeconomists", *Journal of Economic Literature*, Vol. XXXI, September, p. 1263.
62) 第一勧銀総合研究所，前掲著，88頁。

63) ギデンズ，アンソニー，前掲書，120頁。
64) 船場正富（1999）『ブレアのイギリス―福祉のニューディールと新産業主義―』，PHP新書，9-23頁。
65) "Ambitions for Britain, Labour's Manifesto 2001", 英国労働党のwebサイトより，p. 24。
66) Ibid., p. 29.
67) ギデンズ，アンソニー，前掲書，173頁。
68) ギデンズ，アンソニー，前掲書，28頁。
69) ギデンズ，アンソニー，前掲書，31頁。
70) ギデンズ，アンソニー，前掲書，31頁。
71) ピアソン，クリストファー，前掲書，363頁。
72) 谷藤悦史（2001）「2期目に突入した英ブレア政権―日本が学べる『組織的改革モデル』」『週刊東洋経済』，7月28日号。
73) 岡本英男，前掲論文，37頁。
74) Heclo, Hugh (2001) *The Politics of Welfare Reform : The New World of Welfare*, Brooking Institution Press, Washington, D. C., p. 186.
75) Ibid., p. 191.
76) Gordon Hughes. ed. (1998) *Imaging Welfare Futures*, the Open University, London and New York, pp. 3-4.
77) 井堀利宏，土居丈朗，前掲書，259-271頁。
78) 財政収支は，『財政の現状と今後のあり方』（2001，財務省）のデータを使用して作成。
79) 渡瀬義男（2002）「海外主要国の財政再建策」『ISSUE BRIEF』，NUMBER 385, MAR 15, 国立国会図書館，1-3頁。
80) 渡瀬義男，前掲論文，7-8頁。
81) 出典：『財政の現状と今後のあり方』（2001），財務省。
82) Overholt, H. William (2002) "Japan's Economy at War With Itself", *Foreign Affairs*, January/February, p. 139.
83) Ibid.
84) 『国政関係統計ハンドブック』（2002，衆議院調査局予算調査室編）より作成。
85) 小川一夫，竹中平蔵編（2001）『政策危機と日本経済』，日本評論社，126-128頁。
86) 内閣府編（2001）『平成13年版 経済財政白書』，財務省印刷局，167頁。
87) 内閣府webサイトより。
88) 『国政関係統計ハンドブック』
89) 財務総合政策研究所（2002）「少子高齢化の進展と今後のわが国経済社会の展

望」研究報告書，11月16日，財務総合政策研究所の web サイトより。
90) 財務総合政策研究所，前掲論文。
91) 『今後の経済財政運営及び経済社会の構造改革に関する基本方針』(2001)，6月26日，21頁，内閣府 web サイトより。
92) 『平成13年版　年次経済財政白書』，168頁。
93) 『平成13年版　年次経済財政白書』，168頁。
94) 『平成13年版　年次経済財政白書』，169頁。
95) 『平成13年版　年次経済財政白書』，176頁。
96) 『平成13年版　年次経済財政白書』，176頁。
97) 平野正樹，近藤学，宮原信吾 (1999)『受益と負担の経済学—税制・年金改革のシナリオ—』，日本評論社，14頁。
98) 平野正樹，近藤学，宮原信吾，前掲書，14頁。
99) 参議院本会議 (1975)，10月20日。
100) 小川一夫，竹中平蔵，前掲書，135頁。
101) "Fiscal Year 2003 Historical Tables, Budget of the United States Government", ホワイトハウス直属の行政予算局（OMB）の web サイトより。
102) 2001年9月の同時多発テロに関連して，米国では再び国防費を増大させて，今後予算が赤字となる動きがあることは事実である。それでも，日本の予算よりは遙かに財政赤字の比率が小さいことを認識すべきである。
103) たとえば，上野真城子「NPO と政策形成：政策を人々のものにするために」(2001)『NPO 研究2001』，日本 NPO 学会編集委員会編，日本評論社，98頁。
104) 小川一夫，竹中平蔵，前掲書，135頁。
105) 井堀利宏 (1998)「ケインズ政策の政治的コスト」『フィナンシャル・レビュー』，March，大蔵省財政金融研究所，15頁，財務省 web サイトより。
106) 財務省 web サイトより。
107) Casey, Bernard and Yamada, Atsuhiro (2002) "Getting Older, Getting Poorer? A Study of the Earnings, Pensions, Assets and Living Arrangements of Older People in Nine Countries" —*Labour Market and Social Policy Occasional Paper*— No. 60), 14-Aug p. 27., OECD の web サイトより。
108) *Ibid*. p. 4.
109) 財政制度審議会・財政構造改革特別部会長　石弘光監修 (1996)『財政構造改革白書』，東洋経済新報社，10頁。
110) 新保生二著 (2001)『日本経済失敗の本質』，日本経済新聞社，61頁。
111) 新保生二，前掲書，61-62頁。
112) 井堀利宏 (2000)『財政赤字の正しい考え方』，東洋経済新報社，207頁。
113) 財務省 web サイトより。

114) 財政構造改革法は，数字の辻褄合わせによる財政再建を至上課題とした結果，一律かつ硬直的な歳出削減を促進するものであり，非効率な固定的・硬直的な予算配分を是正することに資するものとはならなかった。
115) 宮脇淳（2001）『財政投融資と行政改革』，PHP新書，34頁。
116) 小林慶一郎（2002）「経済教室―不良債権処理，政策総力で―」『日本経済新聞』，4月23日付。
117) 藤木裕（2000）「財政赤字とインフレーション―歴史的・理論的整理―」『金融研究』，日本銀行金融研究所，64頁，日本銀行webサイトより。
118) 『平成13年版 年次経済財政報告』，141-143頁。
119) 宮脇淳，前掲書，72頁。
120) 宮脇淳，前掲書，72頁。
121) 井堀利宏，前掲書，261-279頁。
122) 久塚純一，岡沢憲芙（2001）『世界の福祉』，早稲田大学出版部，12頁。
123) 久塚純一，岡沢憲芙，前掲書，7頁。
124) 出典：『中小企業白書2002年版』，経済産業省のwebサイトより。
125) アンデルセン，G．エスピン，岡沢憲芙・宮本太郎監訳（2001）『資本主義の三つの世界』，ミネルヴァ書房，viii頁。
126) アンデルセン，G．エスピン，前掲書，ix頁。
127) たとえば，1993年度の中小企業白書によると，男子高卒の45-49歳層で，勤続年数が10年未満の者の比率は，大企業では43.1%となっているが，中小企業では僅か1/10の4.2%となっている。
128) スイスのビジネススクールであるIMDが発表した2002年の競争力のランキングでは，日本は30位になった。日本はかつて8年連続首位だった。
129) ギデンズ，アンソニー，前掲書，169頁。
130) 「レーガン，サッチャー改革」と「第三の道」については，必ずしもその「イズム」を全面的に評価しているわけではない。あるいは，これらから演繹されるべき財政政策，経済政策等のビジョンがはっきりしたイメージを持っているわけでもない。しかし，その現実的な政治姿勢はかなり評価すべき点があると言える。その意味で，ここで「レーガン，サッチャー改革」と「第三の道」的改革という言葉を用いた。
131) ギデンズ，アンソニー，前掲書，38頁。
132) ギデンズ，アンソニー，前掲書，263頁。
133) 正村公宏（2000）『福祉国家から福祉社会へ』，筑摩書房，207-208頁。
134) Giddens, Anthony (2002) *Runaway World —How Globalisation is Reshaping Our Lives—*, Profile Books, London, p. 24.
135) *Ibid*., p. 26.

136) *Ibid.*, p. 34.
137) *Ibid.*
138) *Ibid.*, p. 35.
139) 中田謙司（1999）『大人読本　税金を払おう』，日本経済新聞社，97-98頁。
140) たとえば，ニュージャージー州，レッドバンクのリバー・センター（River Center）は，非営利の組織で，不動産に対する課税からあがる原資で運営されている。デッド・バンク（Dead Bank）と揶揄されたこともあるが，街の再起を賭けて，Special Improvement District（S. I. D.）を創設し，現在では，美しい商店街のあるダウンタウンが形成されている。
141) ギデンズ，アンソニー，前掲書，148頁。
142) 宮本孝二（1999）『ギデンズの社会理論』，八千代出版，215頁。
143) ギデンズ，アンソニー，前掲書，149頁。
144) ギデンズ，アンソニー，前掲書，213頁。
145) 富永健一，前掲書，49頁。
146) 松永有介「アメリカの福祉系NPO」（2001）『NPO研究2001』，日本NPO学会編集委員会編，日本評論社，68頁。
147) ギデンズ，アンソニー・ピアソン，クリストファー，松尾精文訳（2001）『ギデンズとの対話』，而立書房，254-255頁。
148) ギデンズ，アンソニー，前掲書，196-197頁。
149) 池上岳彦（2001）「ワークフェア概念と福祉国家論の転換―分権的『福祉政府』へ向けて―」『「福祉国家」の射程』，社会政策学会誌第6号，社会政策学会編，ミネルヴァ書房，45頁。
150) Bohacek, Radim (2002) "The Efficiency-Equality Tradeoff in Welfare State Economies", CERGE-EIのwebサイトより，Prague, p. 1.
151) *Ibid.*
152) *Ibid.*, p. 26.
153) *Ibid.*, p. 27, "Table2: Steady state statistics for the welfare state"より作成。
154) *Ibid.*, p. 17.
155) *Ibid.*, p. 17.
156) *Ibid.*, p. 22.
157) *Ibid.*, p. 22.
158) *Ibid.*, p. 22.
159) 藤森克彦（2002）『構造改革ブレア流』，TBSブリタニカ，93頁。
160) 森田浩之（2002）「現代西欧社民主義の盛衰」『研究レポート』，No. 11，シンクネットセンター21，16頁。

161) 第一勧銀総合研究所，前掲書，19頁。
162) 福島清彦（2002）『ヨーロッパ型資本主義』，講談社新書，176-177頁。
163) 高橋進（2002）「『改革』混迷で欧州右旋回」『日本経済新聞』，7月12日付。
164) 福島清彦，前掲書，54頁。
165) ギデンズ，アンソニー・ピアソン，クリストファー，前掲書，257-258頁。

主要参考文献

【和　文】

阿部斉（1986）『アメリカ現代政治〔第2版〕』，東京大学出版協会

アンデルセン，エスピン，岡沢憲芙・宮本太郎監訳（2001）『資本主義の三つの世界』，ミネルヴァ書房

池上岳彦（2001）「ワークフェア概念と福祉国家論の転換―分権的『福祉政府』へ向けて―」『「福祉国家」の射程』，社会政策学会誌第6号，社会政策学会編，ミネルヴァ書房，43-58頁

伊地知淳（1995）「政府規制分野等のウェイト試算」『公正取引』，No. 539，48-49頁

井堀利宏（2000）『財政赤字の正しい考え方』，東洋経済新報社

井堀利宏，土居丈（2001）『財政読本』（第6版），東洋経済新報社

井堀利宏（1998）「ケインズ政策の政治的コスト」『フィナンシャル・レビュー』，March，大蔵省財政金融研究所，財務省webサイトより，1-21頁

OECD，阿部敦訳（2000）『OECD諸国・活力ある高齢化への挑戦』，ミネルヴァ書房

岡本英男（2001）「アメリカにおける福祉国家財政の再編」，『社会保障と財政』，日本財政法学会編，龍星出版，9-90頁

小川一夫，竹中平蔵編（2001）『政策危機と日本経済』，日本評論社

ギデンズ，アンソニー，佐和隆光訳（1999）『第三の道』，日本経済新聞社

ギデンズ，アンソニー　ピアソン，クリストファー，松尾精文訳（2001）『ギデンズとの対話』，而立書房

黒岩徹（1998）『指導者達の現代史　イギリス現代政治の軌跡』，丸善ライブラリー

財政制度審議会・財政構造改革特別部会長　石弘光監修（1996）『財政構造改革白書』，東洋経済新報社

小林慶一郎（2002）「経済教室―不良債権処理，政策総力で―」『日本経済新聞』，4月23日付

財務総合政策研究所（2002）「少子高齢化の進展と今後のわが国経済社会の展望」，『研究報告書』，11月16日，財務総合政策研究所webサイトより

衆議院調査局予算調査室編（2002）『国政関係統計ハンドブック』
新保生二（2001）『日本経済失敗の本質』，日本経済新聞社
第一勧銀総合研究所（2001）『世界の経済・財政改革』，東洋経済新報社
高橋進（2002）「『改革』混迷で欧州右旋回」，『日本経済新聞』，7月12日付
田島哲也（2001）『世界経済読本』，大学教育出版
谷藤悦史（2001）「2期目に突入した英ブレア政権―日本が学べる『組織的改革モデル』」『週刊東洋経済』，7月28日号，114-116頁
富永健一（2001）『社会変動の中の福祉国家』，中公新書
豊永郁子（1998）『サッチャリズムの世紀』，創文社
内閣府編（2001）『平成13年版　経済財政白書』，財務省印刷局
中田謙司（1999）『大人読本　税金を払おう』，日本経済新聞社
日本NPO学会編集委員会編（2001）『NPO研究2001』，日本評論社
ピアソン，クリストファー，田中浩・神谷直樹訳（1996）『曲がり角にきた福祉国家』，未来社
久塚純一，岡沢憲芙（2001）『世界の福祉』，早稲田大学出版部
平野正樹，近藤学，宮原信吾（1999）『受益と負担の経済学―税制・年金改革のシナリオ―』，日本評論社
福島清彦（2002）『ヨーロッパ型資本主義』，講談社新書
藤木裕（2000）「財政赤字とインフレーション―歴史的・理論的整理―」『金融研究』，日本銀行金融研究所，1-46頁，日本銀行webサイトより
藤森克彦（2002）『構造改革ブレア流』，TBSブリタニカ
船場正富（1999）『ブレアのイギリス―福祉のニューディールと新産業主義―』，PHP新書
正村公宏（2000）『福祉国家から福祉社会へ』，筑摩書房
丸尾直美『総合政策論』（1997），有斐閣
宮本孝二（1999）『ギデンズの社会理論』，八千代出版
宮脇淳（2001）『財政投融資と行政改革』，PHP新書
民主党ネクスト・キャビネット（2002）『欧州政策検討プロジェクトチーム中間報告』
森田浩之（2002）「現代西欧社民主義の盛衰」『研究レポート』，No. 11，シンクネットセンター21，16-20頁
山田宏，中田宏，長浜博行（1996）『ニュージーランド行革物語』，PHP研究所
渡瀬義男（2002）「海外主要国の財政再建策」『ISSUE BRIEF』，NUMBER 385，MAR 15，1-15頁，国立国会図書
『規制緩和白書』（2000）
『今後の経済財政運営及び経済社会の構造改革に関する基本方針』（2001），内閣府

webサイトより

『財政の現状と今後のあり方』(2001年), 財務省

【英　文】

Bohacek, Radim (2002) "The Efficiency-Equality Tradeoff in Welfare State Economies", Prague, pp. 1-28, CERGE-EI の web サイトより

Casey, Bernard and Yamada, Atsuhiro (2002) "Getting Older, Getting Poorer ? A Study of the Earnings, Pensions, Assets and Living Arrangements of Older People in Nine Countries—", *Labour Market and Social Policy Occasional Paper* No. 60, 14-Aug, pp. 1-70., OECD の web サイトより

Dixon, John (1999) *Social Security in Global Perspective*, Praeger Publishers, Westport

Giddens, Anthony (2002) *Runaway World -How Globalisation is Reshaping Our Lives-*, Profile Books, London

Heclo, Hugh (2001) *The Politics of Welfare Reform : The New World of Welfare*, Brooking Institution Press, Washington, D. C.

Holmes, Martin (1989) *Thatcherism*, Macmillan, London

Hughes, Gordon. ed. (1998) *Imaging Welfare Futures*, the Open University, London and New York

Ishi, Hiromitsu (1989) *The Japanese Tax System : Second Edition*, Clarendon Press, Oxford

Milkis, M. Sidney and Nelson, Michael (1999) *American Presidency*, Congressional Quarterly, Incorporated, Washington, D. C.

Minogue, Kenneth and Biddiss, Michael. ed. (1987) *Thatcherism*, Macmillan, London

OECD (1992) *Regulatory Management and Reform Series No. 1, Public Management Occasional Papers*, Paris

Overholt, H. William (2002) "Japan's Economy at War With Itself", *Foreign Affairs*, January/February, pp. 134-147

Pechman, A. Joseph. e. (1988) *World Tax Reform -A Progress Report-*, The Brooking Institution, Washington, D. C.

Sykes, Lee Patricia (2000) *Presidents and Prime Ministers : Conviction Politics in the Anglo-American Tradition*, University Press of Kansas, Lawrence

Winston, Clifford (1993) "Economic Deregulation : Days of Reckoning for Microeconomists", *Journal of Economic Literaure*, Vol. XXXI, September, pp. 1263-1289

執筆者略歴 (執筆順)

眞鍋貞樹 (まなべ　さだき)　　第1章執筆

　1956年広島県生まれ。1980年早稲田大学法学部卒業，2000年中央大学大学院総合政策研究科博士前期課程修了。前小平市市議会議員。2003年中央大学大学院総合政策研究科博士課程後期在学。中央大学政策文化総合研究所準研究員。論文に「合意を巡る議会制民主主義理論の類型とその意義」『中央大学大学院研究年報』(2001)，「地方自治体の国際交流における新たな局面」『中央大学政策文化総合研究所年報』(2001)，「ラディカル・デモクラシーにおける議会制民主主義」『中央大学大学院研究年報』(2002)，「自治体の合併と地区議会の創設」『中央大学政策文化総合研究所年報』(2002)，「地方版独立行政法人 (エージェンシー) の課題」『法政論叢』(2002) 日本法政学会編，「The Dual Meaning of Council」『中央大学大学院研究年報』(2003)。

竹本善次 (たけもと　よしじ)　　第2章執筆

　1957年熊本県生まれ。1981年早稲田大学政治経済学部卒業，1996年早稲田大学大学院社会科学研究科修士課程政策科学論専攻修了，1999年東洋大学大学院社会学研究科修士課程福祉社会システム専攻修了。松蔭女子大学講師。福祉・社会保障総合研究所代表。著書等に『介護保険100％活用ガイド』(共著，中央経済社，2000年)，『社会保障入門』(講談社現代新書，2001年)，「福祉国家の昨日・今日・明日」(拓殖大学海外事情研究所『海外事情』第50巻第5号，2002年4月)，「社会保障政策総合化の視点」(「週刊社会保障」第56巻第2205号，2002年10月)。

岩佐充則 (いわさ　みつのり)　　第3章執筆

　1960年愛知県生まれ。1982年神戸市立外国語大学ロシア学科卒業，1984年筑波大学大学院地域研究研究科修士課程地域研究専攻修了。経済評論家。著書に『新千年期の選択』(近代文藝社，1995年)，『生活リストラが日本を救う―「懸命」から「賢明」の国へ―』(新風舎，1995年)，『日本経済の構造改革がわかる本―痛みが不安な一億人のための教科書―』(あさ出版，2001年)。

福祉国家再生への挑戦

2003年4月30日　発行

著　者　眞　鍋　貞　樹
　　　　竹　本　善　次
　　　　岩　佐　充　則

発行者　中央大学出版部
代表者　辰　川　弘　敬

東京都八王子市東中野 742-1
発行所　中央大学出版部
電話 0426 (74) 2351　FAX 0426 (74) 2354

Ⓒ　2003　〈検印廃止〉　十一房印刷工業株式会社

ISBN4-8057-6144-x